Die rhetorische Architektur erstinstanzlicher Strafentscheidungen

Recht und Rhetorik

Herausgegeben von Katharina Gräfin von Schlieffen

Band 5

PL ACADEMIC RESEARCH

Lewis Atholl Johnston

Die rhetorische Architektur erstinstanzlicher Strafentscheidungen

PL ACADEMIC RESEARCH

Bibliografische Information der Deutschen Nationalbibliothek
Die Deutsche Nationalbibliothek verzeichnet diese Publikation in der Deutschen Nationalbibliografie; detaillierte bibliografische Daten sind im Internet über http://dnb.d-nb.de abrufbar.

Zugl.: Hagen, Fernuniv., Diss., 2014

Diese Publikation wurde finanziell unterstützt
von der FernUniversität Hagen.

D 708
ISSN 1619-389X
ISBN 978-3-631-65671-6 (Print)
E-ISBN 978-3-653-04983-1 (E-Book)
DOI 10.3726/978-3-653-04983-1

PL Academic Research ist ein Imprint der Peter Lang GmbH.

Peter Lang – Frankfurt am Main · Bern · Bruxelles · New York · Oxford · Warszawa · Wien

Diese Publikation wurde begutachtet.

www.peterlang.com

Inhaltsverzeichnis

Danksagung

Zum Ende einer Arbeitsphase und zu Beginn der eigentlichen Schrift gehört es sich, allen wie auch immer Beteiligten für ihren Einsatz zu danken. Wiewohl es dann nicht möglich scheint, allen, die sich verdient gemacht haben, angemessen zu danken, und wiewohl es sich dann nicht gehören dürfte, Einzelne hervorzuheben, gibt es dennoch einige Personen, denen ich ganz besonders zu Dank verpflichtet bin.

Allen voran danke ich meiner Doktormutter *Katharina Gräfin von Schlieffen* für ihr nie versiegendes Interesse an dieser Arbeit. Für die gestrengen Ermahnungen ob des Zeitfortschritts und für die freundliche Lenienz bei der Zeiteinteilung bin ich gleichermaßen dankbar. Ihre stetige Bereitschaft zu angeregter Fachdiskussion und der so praktizierte wissenschaftliche Austausch haben große Teile dieser Schrift mitgeformt. Sehr verbunden bin ich auch der Zweitgutachterin, Prof. Dr. Gabriele Zwiehoff, die stets ein offenes Ohr, ehrliches Interesse am Fortschritt der Arbeit und ermutigende Worte für mich parat hielt.

Bei aller Theorie wäre diese Arbeit allerdings rein praktisch nicht ohne den unermüdlichen Einsatz von *Denis Hadzalic* zustande gekommen, der die Excel-Tabellen-Vorlage für die Analysemethode entworfen und programmiert sowie zahlreiche Male angepasst und repariert hat. Für seinen stundenlangen technischen Einsatz bei gleichbleibend guter Laune danke ich ihm ganz besonders.

Mein Dank gilt außerdem *Matthias Stehr*, der mich in die Arkana von Microsoft Visio einwies und der einen oder anderen Entgleisung schnell und effektiv entgegenzuwirken wusste.

Besonderer Dank gilt der FernUniversität in Hagen, deren Förderung diese Publikation erst ermöglicht hat.

An dieser Stelle danke ich all meinen Kollegen am Lehrstuhl und außerhalb, die mich zuweilen inspiriert haben, die stets ein offenes Ohr oder bestärkende Worte gefunden haben, um mich voranzutreiben. Dieser Dank geht an *Dr. Stefan Kracht, Dr. Stefan Baufeld, Andrea Heups, Christian Nierhauve, Stefanie Haaß, Christoph Smets, Jonas Keil, Denise Hammerschmidt, Sabrina Brenken, Andrea Schmeinta, Jenny Nolting, Jens Fischer, Benjamin Stemmer* und *Christian Kurrat*.

Zuletzt gäbe es diese Arbeit nicht, wenn mir nicht aus meiner Familie und meinem Freundeskreis stete und unbeirrbare Unterstützung zuteil geworden wäre. Ich danke meiner Mutter, *Roslyn Johnston*, meiner Schwester, *Celia Johnston*, *Robert Lahmert* und *Lukas Behler* sowie allen anderen Lieben, die mich mit kraft- und mutspendenden Worten und Taten angespornt und mir in der Schreibphase Verständnis für meine „soziale Abwesenheit" entgegengebracht haben.

Lewis Atholl Johnston

A. Einführung

„Rem tene,
verba sequentur.“
(Behalte die Sache im Blick, die Worte werden folgen.)

— Marcus Porcius Cato

Diese Analyse ist nicht der Anfang der rhetorischen Entscheidungsanalyse. Schon zu Beginn der Neunziger Jahre führte *Katharina Gräfin von Schlieffen* mit einer Schar von Helfern ein Projekt zur Erforschung der rhetorischen Zusammensetzung von Entscheidungen des Bundesverfassungsgerichts und journalistischer Vergleichstexte durch[1]. Bald darauf, zu Beginn der 2000er Jahre, folgten mit Unterstützung der VW-Stiftung Analysen zahlreicher Verwaltungsgerichtsentscheidungen[2]. Inzwischen ist das Forschungsfeld auf Entscheidungen des Bundesgerichtshofs[3] und des Bundesfinanzhofs[4] ausgeweitet.

Bis heute werden die meisten Juristen auf die Frage, wie sie juristische Erkenntnis gewönnen, in etwa antworten: „durch Subsumtion des Lebenssachverhalts unter eine Gesetzesnorm“ oder „streng logisch“ oder „zwingend deduktiv“. Dass dies *so* nicht der Fall ist, sondern dass ein Gutteil juristischer Praxisarbeit von Rhetorik geprägt ist, soll Leitgedanke und Hauptthese dieser Arbeit sein.

Zeichnet man die lange Geschichte rhetorischer Tradition bis zu ihren durch Schriften nachweisbaren Wurzeln nach, gelangt man in eine Zeit, da auch das Recht vor allem mit dem gesprochenen Wort erzeugt wurde. Die Ursprünge dieser Tradition sind bis weit in die Antike zurückverfolgbar, die förmliche Gerichtsrede immerhin bis ins 5. Jahrhundert vor Christus nach Griechenland[5]. Sie ist eine der drei Redegattungen, die *Aristoteles* in seiner bis heute maßgeblichen

---

1 Vgl. hierzu *Katharina Sobota (von Schlieffen)*, Rhetorisches Seismogramm – eine neue Methode in der Rechtswissenschaft, in: JZ 5/1992, S. 231 bis 237; *dies.*, Argumente und stilistische Überzeugungsmittel in Entscheidungen des Bundesverfassungsgerichts, in: Joachim Dyck/Walter Jens/Gert Ueding (Hrsg.), Rhetorik. Ein internationales Jahrbuch, Bd. 15, Juristische Rhetorik, Tübingen 1996, S. 115 (118 ff.).

2 Vgl. Erste Hagener Rhetorikstudie, VW-Stiftung 2004.

3 Hierzu *Hauke Käding*, Diss. Hagen 2015 (im Erscheinen).

4 Hierzu *Caroline Stepputat*, Diss. Hagen 2015 (im Erscheinen).

5 Dazu *Josef Martin*, Antike Rhetorik. Technik und Methode, München 1974, S. 52 ff.; vgl. auch *Werner Eisenhut*, Einführung in die antike Rhetorik und ihre Geschichte, 5. unver. Aufl., Darmstadt 1994, S. 8 ff.

Analyse des Vorgangs der Überzeugung, seiner „Rhetorik“, niedergeschrieben hat. Dabei war seine Absicht nicht etwa, einen Leitfaden oder ein praktisches Handbuch der Rhetorik zu verfassen, zumal vermutet wird, dass es unzählige solcher Werke bereits gab[6]. Nein, er näherte sich dem Thema reflektierend und beleuchtete geradezu szientifisch – wie es seine Art gewesen zu sein scheint – die Mechanismen der Überzeugung in Wort und Schrift.

Die Verbindung von Recht und Rhetorik[7] tritt nun also bereits in der „Rhetorik“ des *Aristoteles*, auch und gerade durch die Behandlung der Gerichtsrede, deutlich hervor, und auch *Ciceros* Werk „Über den Redner“ verflicht beides immer wieder miteinander.[8] *Schlieffen* postuliert, Recht und Rhetorik seien Äste desselben Stammes[9], *White* bezeichnet das Recht gar als „Ast der Rhetorik“[10]. Über die Säkularisierung und Aufklärung der Frühneuzeit und die Logifizierungsbemühungen, die mit ihnen einhergingen, geriet die Rhetorik indes zunehmend ins Hintertreffen, bis sie schließlich im Hinblick auf juristische Entscheidungserzeugung als Verschleierungs- und Manipulationskunst von der gesamten juristischen Welt verleugnet wurde. Die „neue“[11] Lehre *erkannte* Recht aus Gesetz und Lebenssachverhalt und bediente sich, so die noch immer landläufige Meinung, lediglich der *logischen* Überzeugungskraft der Verbalisierung juristischer Zusammenhänge ohne Rückgriff auf „verpönte“ Manipulationstechniken der Rhetorik. Lange war damit die Rhetorik, jedenfalls nominell, aus der europäischen Rechtspraxis verbannt. Nachdem Recht und Rhetorik in einer Jahrhunderte währenden Tradition stets gemeinsam gewirkt hatten, sollte nun Recht aus dem Gesetz erkannt werden und nicht Spielball auf dem Austragungsfeld der großen Wortfechter sein. Und dies, so war man sich bis vor Kurzem (fast) einig, gelang auch.

---

6 Dazu *Aristoteles* selbst: Rhet. I.1, 1354a 10 ff., 1354b 15 ff.

7 Dazu u. a. *Wolfgang Gast*, Juristische Rhetorik, 4. Neubearbeitete Auflage, Heidelberg 2006, Rn. 1.

8 Vgl. *Marcus Tullius Cicero*, De Oratore (Über den Redner), Ausgewählte Werke Bd. IV, hrsg. u. übers. v. Theodor Nüßlein, Düsseldorf 2008, passim.

9 *Katharina von Schlieffen*, Rhetorische Analyse des Rechts, in: Rouven Soudry (Hrsg.), Rhetorik: Eine interdisziplinäre Einführung in die rhetorische Praxis, Heidelberg 2006, S. 42 ff. (47).

10 *James Boyd White*, Heracles' Bow: Essays on the Rhetoric and Poetics of Law, University of Wisconsin Press, Madison, WI., (Neudruck 1989), S. 29.

11 Das Erkennen seienden Rechts war freilich schon damals nicht neu, insofern handelt es sich hier nur um eine zur Wiedergeburt erstarkte Strömung, die Jahrtausende alte rhetorische Einflüsse auf die Rechtsfindung zu verdrängen suchte.

Erst der pionierhafte Vorstoß des Mainzer Rechtswissenschaftlers *Theodor Viehweg*, der mit seinem Werk „Topik und Jurisprudenz“ das Bollwerk des juristischen Entscheidungsfindungsverständnisses in der Rechtspraxis mit einem subtilen Fragezeichen versah, rief die Rhetorik wieder ins Bewusstsein wirkender Rechtswissenschaftler und Juristen. Damit begann eine erneute Diskussion zur Herstellung und Darstellung der Rechtsfindung, die bereits vor dem Ersten Weltkrieg mit der Freirechtsschule angeklungen war. Kurz und prägnant zusammengefasst, weist *Viehweg* nach, dass das Vorgehen der Jurisprudenz eben nicht (nur) logisch und deduktiv ist, sondern topisch – und damit rhetorisch. Erst Jahrzehnte später, nachdem das Werk so gut wie kaum positiv rezipiert worden war, entwickelte sich aus dem Funken, den *Viehweg* entfacht hatte, eine Strömung in der Rechtstheorie, auf der später die oben erwähnten Analysen und auch die vorliegende fußen sollten: die Rhetorische Rechtstheorie. Sie wirft Fragen betreffs jurisprudenziellen Handelns auf und bemüht sich in einer neuerlichen Anstrengung, eine Theorie der Praxis zu entwickeln, die in der Rechtstheorie bislang fehlt[12]. Zahlreiche empirische Textanalysen in verschiedenen Bereichen sammeln sich zu einer Grundlage für dieses große Vorhaben. Diese Arbeit möchte hierzu einen kleinen Beitrag leisten, indem sie die Analysearbeit in einen weiteren juristischen Tätigkeitsbereich hineinträgt: die strafrechtliche Praxis. Um also auf den Auftakt zurückzukommen, ist die Arbeit insofern eben nicht *der* Anfang; den haben andere gemacht. Aber sie ist *ein* Anfang[13].

12 Zu den Bemühungen in diese Richtung bereits Werner Krawietz/Martin Morlok (Hrsg.), Vom ScheiteRn und der Wiederbelebung juristischer Methodik im Rechtsalltag – ein Bruch zwischen Theorie und Praxis?, Rechtstheorie 32 (2001), Heft 2/3.

13 Frei nach *Robert Jordans* „The Wheel of Time“.

B. Zielsetzung der Arbeit

Wie einige Arbeiten zuvor in anderen Rechtsgebieten will sich die vorliegende Schrift kritisch mit diesem Fragenkreis „Rhetorik und Recht" auseinandersetzen und die hartnäckige These, das Recht, speziell die Rechtsprechung, sei frei von oder jedenfalls arm an Rhetorik[14], widerlegen oder zumindest erschüttern. Spezifisch stellen sich für die Analyse von strafgerichtlichen Urteils- und Beschlusstexten die folgenden Leitfragen für die Untersuchung:

1. In welchem Maß setzen Strafrichter in ihren Texten überhaupt rhetorische Wirkmittel ein?
2. Welchen Anteil haben die rhetorischen Wirkmittel Logos, Ethos und Pathos an der Begründung in derartigen Texten?
3. Ist die Argumentation syllogistisch oder enthymematisch aufgebaut?
4. Wie verhält sich das Maß des eingesetzten Pathos zum Logosanteil von strafrechtlichen Texten? Welche Erkenntnisse über die Überzeugungskraft oder die Intensität der Überzeugungsintention können in diesem Zusammenhang gewonnen werden? Genauer: Gestattet das Zusammenspiel von Quantität und Qualität von Logos und Pathos Rückschlüsse auf den „Entscheidungskorridor" des Textes – den Teil, der den Tenor hauptsächlich trägt?
5. Welche Konklusionen lassen sich aus dieser Untersuchung für die Methodenlehre und die Praxis der Jurisprudenz ziehen?

Diese Fragestellungen erwachsen aus den zuvor geführten Untersuchungen verfassungs- und verwaltungsgerichtlicher Urteile und dem Ansatz der Rhetorischen Rechtstheorie, in Sonderheit den Untersuchungen von *Schlieffen* zum Rhetorischen Seismogramm[15] und zum Enthymem[16]. Dabei kann es nicht realistische Zielsetzung dieser Arbeit sein, statistisch belastbare Untersuchungsergebnisse[17]

---

14 Vgl. hierzu etwa den „Sine-ira-et-studio"-Hinweis von *Meyer-Goßner* und *Appl*: *Lutz Meyer-Goßner/Ekkehard Appl*, Die Urteile in Strafsachen, 27. Auflage, München 2002, Rn. 240.

15 Vgl. *Katharina Sobota (von Schlieffen)*, Fn. 1 (Seismogramm).

16 Jüngst *Katharina von Schlieffen* in: JZ 3/2011, S. 109 ff.; zum derzeitigen Verständnis- und Erkenntnisstand des Enthymems in der Rechtwissenschaft und Philosophie siehe: Das Enthymem: Zur Rhetorik des juridischen Begründens, Rechtstheorie, 42. Jahrgang, hrsg. v. Katharina von Schlieffen, 4/2011.

17 Die Visualisierungen der Argumentstruktur und sämtliche Ergebnisse der Textuntersuchung sind unter www.rechtsrhetorik.de abrufbar.

zur wenigstens einigermaßen sicheren Beantwortung dieser Fragen zu liefern – allein die Zahl der untersuchten Texte müsste sich dafür mindestens oberhalb der dreistelligen Grenze bewegen; vielmehr soll die empirische Untersuchung einiger strafrechtlicher Texte jedenfalls solche Ergebnisse liefern, die Anlass und Rechtfertigung für weitere Untersuchungen in dieselbe Richtung geben könnten. Insofern sollen die Resultate immerhin indiziell wirken. Bevor aber der empirische Teil der Arbeit beginnen kann, müssen nunmehr die Grundsteine der Untersuchung gelegt werden. Wiewohl jedoch eine vollständige Beleuchtung der Genese des genannten rhetorischen Ansatzes den vorgegebenen Rahmen der Arbeit sicherlich strapazieren würde, ist es m. E. unerlässlich, die Silhouette der Rhetorischen Rechtstheorie im Folgenden zumindest in ihren Grundzügen nachzuzeichnen.

C. Die Rhetorische Rechtstheorie

> „Ohne sonderliche Parteinahme kann man
> die Rückkehr der Rhetorik an ihren geistesgeschichtlich angestammten Platz
> in der okzidentalen Geistigkeit als eines der hervorragendsten
> intellektuellen Ereignisse unserer Zeit betrachten."
>
> — Ottmar Ballweg

Die Rhetorische Rechtstheorie, die auch dieser Arbeit als Idee und Anstoß zugrunde liegt, ist kein Produkt eines einzelnen Geistes oder Werkes, sondern ein Konglomerat aus vielen Ansätzen im Umfeld der Idee eines topisch-rhetorischen Rechts. Um diese zu verstehen, um zu verstehen, wohin sie führt, muss zunächst erläutert werden, woher sie kommt.

I. Entwicklung einer Idee

In zeitgenössischen Publikationen liest man immer wieder Sätze wie „Recht ist Rhetorik"[18] oder „Recht ist ein Zweig der Rhetorik"[19]. Wiewohl diese Formulierungen relativ neu sind, ist es die Idee freilich nicht. Bereits *Aristoteles* betrachtete die Rhetorik „als die Disposition (Dynamis), das an jeder Sache Glaubwürdige zu erkennen"[20]. *Van Zantwijk* erläutert zur späteren römischen Rhetorik, dass „die Rhetorik als *ars bene dicendi* so eng mit der Fähigkeit der richterlichen Urteilsfindung verknüpft [war], dass das wichtige rhetorische *officium,* in jeder Rede zu einem ausgewogenen Urteil zu gelangen, kurzerhand als Urteilsvermögen des Richters (*iudex*), das heißt als *iudicium* terminologisch fixiert wurde"[21]. So nimmt es nicht wunder, dass jedenfalls die frühe Rechtslehre sich weniger als

---

18 Etwa *Katharina von Schlieffen*, Zur topisch-pathetischen Ordnung juristischen Denkens. Resultate empirischer Rhetorikforschung, in: Die Sprache des Rechts Bd. 2, hrsg. v. Kent D. Lerch, Berlin/New York 2005, S. 405–448 (405).

19 So z. B. *James Boyd White*, Law as Rhetoric, Rhetoric as Law: The Arts of Cultural and Communal Life, in: The University of Chicago Law Review Vol. 52, 3/1985, S. 684–702, S. 684.

20 *Temilo van Zantwijk*, Das Enthymem: Fragmentarische Ordnung und rhetorische Wahrscheinlichkeit, in: Das Enthymem. Zur Rhetorik des juridischen Begründens, hrsg. v. Katharina von Schlieffen, Rechtstheorie, 42. Band, 4/2011, S. 438.

21 Ebd. (Hervorhebungen im Original).

Wissenschaft denn als Klugheitslehre[22] verstand – eben als Jurisprudenz[23] und nicht als Rechtswissenschaft.[24] Sie war eine praktische Handlungsklugheit, ein Weg, für auftretende (Rechts-) Probleme durchführbare Lösungen zu finden, indem sie auf Erfahrungssätze zurückgriff. Die Praxis der Rechtsgewinnung pflegte, auf anerkannte Meinungen, empirisch erforschte Zusammenhänge, Wahrscheinlichkeiten und Erwartungen zu rekurrieren, und verließ sich zur Auffindung dieser Glieder auf die bereits in der Antike praktizierte und auch nachweislich beschriebene Topik. Diese *ars inveniendi*[25] ermöglicht als Technik die Erschließung von Prämissen für die Begründung einer Rechtsfalllösung, indem sie sowohl den Prozess der Begründungsgenese umschreibt als auch Praxisbewährtes – die oben erwähnten Meinungen, Empirien, Wahrscheinlichkeiten – zur Verfügung stellt. Sie ist, so *Schlieffen*, „gelehrte Fähigkeit, anerkannte Rechtsregeln aufzuspüren und deren konkrete Sachbeziehung argumentativ zu belegen"[26]. Dieses Verfahren der Rechtsgewinnung hatte, ganz unabhängig von der Frage, ob Recht auch heute noch so gewonnen werde, einen ganz erheblichen Vorteil: Obwohl es nämlich ungeordnet erscheinen mag und unübersichtlich sein kann und auch Widersprüche hervorbringen muss, hält es eine große Vielfalt an Begründungsmöglichkeiten vor, die je nach zeitgeschichtlichem und gesellschaftspolitischem Usus flexibel einsetzbar sind und – *mutatis mutandis* – auch bleiben.[27] Nun wich man aber – sicher nicht *wegen*, aber jedenfalls *im Zuge* der Aufklärung – mit dem Blickwechsel von der täglich sichtbaren Demonstration juristischen Handelns auf die Betrachtung des Konstruktes Recht allmählich von der selbstverständlichen Heranziehung von Erfahrungssammlungen ab. Recht sollte nun Wissenschaft, nicht mehr „nur" Klugheit sein, und bedurfte eines verlässlichen, geschlossenen, allprinzipienhaltenden Systems: einer Methode, die „aus ersten Wahrheiten begriffspräzise deduziere".[28] Hierin findet sich die zum damaligen Zeitpunkt vorstoßende Lesart, alles sei *more*

---

22 Zur *Rechts*klugheit *Christian Nierhauve*, Diss. Hagen 2015 (in Arbeit).

23 Von lat. iuris prudentia – svw. Rechtsklugheit; altgr. φρόνησις (phronäsis) – Klugheit. Zur griechischen Lautsprache in dieser Arbeit: Der Verfasser hat sich entschieden, das Eta („η") in der Aussprache als „ä" zu transkribieren, um eine bessere Unterscheidung vom Epsilon („ε") zu ermöglichen.

24 So *Katharina von Schlieffen*, Rhetorische Rechtstheorie, in: Gert Ueding (Hrsg.), Historisches Wörterbuch der Rhetorik, Bd. 8, Tübingen 2007, Sp. 197–214 (199).

25 Buchstäblich „Auf-/Erfindungskunst"; *Katharina von Schlieffen* ebd.

26 *Katharina von Schlieffen*. a. a. O.

27 Vgl. *dies*., ebd.

28 Vgl. *dies*. ebd., Sp. 199 f.

geometrico[29] zu betrachten, nach einem mathematischen (sprich hier: kartesischen[30]) Denkstil sortierbar[31]. Die daraus resultierende, zur „juristischen Methode" erklärte Herangehensweise an den Umgang mit und die Betrachtung von Recht bewirkte das oben beschriebene Abrücken von der Topik durch den Verlust des „Bewußtsein[s] für die Verbindung von Recht und Rhetorik und die topische Organisation ihres Wissensbestandes".[32] Gut dreihundert Jahre sollte es dauern, bis sich die ersten Stimmen der lange nicht tradierten Methoden besannen und damit begannen, diese Methoden in das widerwillige, aber kollektive Gedächtnis der Juristen zurückzurufen. Es war *Theodor Viehweg*, der – einem Hinweis von *Giovanni Battista Vico* folgend –[33] in einer kritischen Betrachtung nicht dessen, was in der theoretischen Lehre als Recht *bezeichnet* wird, sondern dessen, was *in praxi* als Recht *begründet* und *gesprochen* wird, feststellt, dass die heutige Rechtspraxis topisch orientiert ist. *Viehweg* postulierte, dass heutige Rechtsprechung nämlich situativ, das heißt jeden Fall einzeln, entscheide[34], problemorientiert denke und vielleicht auch trotz starrer Gesetze pragmatisch auf veränderte Verhältnisse reagieren könne[35] – alles Merkmale einer die Prudentien

---

29 Der Begriff *more geometrico* (auf geometrische Art und Weise) geht wohl auf den griechischen Mathematiker *Euklid* zurück, wurde aber im 17. Jahrhundert von *Baruch de Spinoza* aus dem mathematischen in einen philosophisch-deduktiven Zusammenhang der Logik übertragen, vgl. z. B. schon die Werktitel „Renati Descartes principiorum philosophiae mori geometrico demonstrata" oder „Ethica more geometrico demonstrata"; freilich hat auch *Gottfried Wilhelm Leibniz* ein so betiteltes Werk verfasst („Principia philosophiae: more geometrico demonstrata").

30 Kartesisch: nach der Philosophie René Descartes.

31 Dazu wiederum *Katharina von Schlieffen* a. a. O., Sp. 200.

32 *Dies.* ebd., [Hervorh. v. Verf.].

33 *Dies.* ebd, Sp. 201; vgl. dazu insbesondere auch *Theodor Viehweg*, Topik und Jurisprudenz. Ein Beitrag zur rechtswissenschaftlichen Grundlagenforschung, 5., durchges. und erw. Aufl., München 1974, § 1 I.

34 Hier werden die Parallelen zur Rhetorik, die auch nur situativ entworfen wird und ebenso situativ wirkt, bereits deutlich.

35 *Hubert Rodingen* formuliert hierzu passend: „Das Gesetz wird, was es war, und im Grunde – wenn auch verdeckt – immer ist: eine Aufzählung von Lösungsmöglichkeiten, die je nach Lage einzeln oder teilweise herangezogen oder verworfen werden können", *Hubert Rodingen*, Von der Rationalität der Topik, in: Ottmar Ballweg/ Thomas-Michael Seibert (Hrsg.), Rhetorische Rechtstheorie, München 1982, S. 185; sinngemäß ähnlich auch *Chaïm Perelman*, Juristische Logik als Argumentationslehre, übers., bearb. u. erg. v. Jan M. Broekman, München 1979, S. 222: „Gesetze sind lediglich wichtige Instrumente, die dem Richter für eine konkrete Lösung zur Verfügung stehen."

beachtenden und anwendenden Judikative: einer Juris*prudenz*. Um diese Beobachtung viabel zu machen, beruft sich *Viehweg* auf *Aristoteles*; die Fallstricke bald 2500-jähriger Philosophiegeschichte und -interpretation umgehend, greift er auf die „Topik" des Stagiriten (und auch auf den ciceronischen Katalog, den *Viehweg* als historisch weitgreifender bezeichnet[36]) zurück, um ohne ein Missverständnisse beschwörendes Vorverständnis Kriterien zu versammeln, nach denen potenziell begründungsstützende Sätze ermittelt werden können.[37] Er entwickelt in seiner Analyse der Topik, dass sie eine „Techne des Problemdenkens"[38] sei, und zeigt zugleich unter Bemühung *Nicolai Hartmanns* die Schwierigkeiten der Problemlösung (und nichts anderes ist Jurisprudenz) unter Einsatz eines bereits existierenden und den Problemfall umgebenden Lösungssystems.[39] *Viehweg* unterscheidet mit *Hartmann* „Problemdenken" und „Systemdenken" und gewinnt hieraus Prämissen, unter denen sich das Rechtsdenken, und in der logischen Fortentwicklung auch und gerade die Rechtsfindung, als topisch erweist. Unter „Systemdenken" versteht er ein deduktives Vorgehen auf Grundlage eines in sich geschlossenen Konzepts, das mit ersten Wahrheiten ausgestattet ist, für alle in ihm auftretenden Fälle systemimmanente Wahrheiten als ableitbare Lösungen bereithält und als Gesamtwerk frei von Widersprüchen sein muss.[40] Fehle dieser Ableitungszusammenhang, gelinge die Problemlösung nicht, ja scheitere schon die Problem*stellung*.[41] In der Rechtspraxis sei aber die Nichtlösung des Problems, also die juristische Nichtentscheidung des Falles, kein akzeptables Ergebnis – der Richter unterliegt im justizförmigen Verfahren einem Entscheidungszwang[42].[43] Dieses Conundrum führe im Ergebnis dazu, dass so lange gedrängt werde, bis der Jurist eine geeignete lösungsträchtige Prämisse finde, und zwar, wenn sich das eine System als unergiebig erweist, aus einem anderen als dem ursprünglich avisierten.[44] Damit entstehe eine Pluralität kleiner und kleinster Systeme, ohne

---

36 Vgl. *Theodor Viehweg*, Fn. 33, § 2 II. 1.

37 Vgl. *Katharina von Schlieffen* a. a. O., Sp. 201 f.

38 *Theodor Viehweg*, Fn. 36, § 3 I.

39 Vgl. *ders.* ebd.

40 Vgl. *Katharina von Schlieffen*, Fn. 24, Sp. 203 f.

41 Vgl. *dies.* ebd, Sp. 204.

42 Dazu statt vieler *Christian Starck* in: Gerd Roelleke/Christian Starck/Rupert Scholz/Eberhart Schmidt-Assmann (Hrsg.), Die Bindung des Richters an Gesetz und Verfassung, Veröffentlichungen der Vereinigung der Deutschen Staatsrechtslehrer (VVDStRL) Bd. 34, Berlin/New York 1976, § 19.

43 Vgl. *Katharina von Schlieffen*, Fn. 24, Sp. 204.

44 Vgl. *dies.* ebd.

dass man sie einem Gesamtsystem, sozusagen einem alle bindenden Allquantor, zuordnen könnte.[45] Die Topik umgeht mit ihrem Prinzip der Sammlungen und des Auffindens von Prämissen am Sitz der Argumente[46] dieses Problem, stößt dabei aber auf ein anderes, wenn mit ihr die juristische Methode auf den Prüfstand gestellt wird: Als These von der topischen Struktur des Rechtsdenkens verneint sie dessen Erkenntnisfunktion und bezeichnet sie als den lebensklugen Handlungslehren zugehörig – damit sei sie nicht Wissenschaft, sondern Prudenz –[47]; das Ergebnis des Prozesses der Rechtsgewinnung sei insofern nicht wahrheitsfähig, sondern stets situativ, handlungsbezogen und meinungsmäßig.[48] Diese Behauptung löste bei Verfechtern der „Juristischen Methode" Unbehagen aus, das bis heute nicht ganz aus der Welt zu schaffen ist. *Viehwegs* Werk wurde – wohl auch, weil er die provokanten Thesen seiner Theorie im Hinblick auf ihre Wirkung auf das damals wie heute herrschende Rechtsverständnis mitigieren wollte[49] – zunächst kaum rezipiert; erst die Hinzunahme der Rhetorik als Instrument der Betrachtung von praktischer Jurisprudenz in der fünften Auflage bereitete den Weg[50] für das, was später als *Rhetorische Rechtstheorie* bekannt werden sollte.

II. Inhalt und Funktion der Rhetorischen Rechtstheorie

Die namhaften Vertreter der Strömung, die als Rhetorische Rechtstheorie bekannt ist, sind ihr Anstoßgeber *Theodor Viehweg*, seine Schüler *Ottmar Ballweg* sowie *Hubert Rodingen*, *Heino Garrn*, *Thomas-Michael Seibert*, *Wolfgang Gast*, *Waldemar Schreckenberger*, *Dieter Horn* und in der nächsten Generation *Ballwegs* Schülerin *Katharina von Schlieffen* (geb. *Sobota*). In der methodischen Dimension nehmen alle diese Forscher an, dass die Rechtslehren zwar vermitteln wollen, wie Recht erzeugt werden *sollte*, nicht aber vermitteln, wie es erzeugt *wird*. Dieses „realistische", aufklärerische Ziel leitet jedoch die Rhetorische Rechtstheorie. Ihr Instrumentarium entwickelt sie folgerichtig aus den wirkungsbezogenen Analysekategorien, die *Aristoteles* in seiner „Rhetorik" versammelt, darunter die Trias Logos, Ethos und Pathos und das Enthymem. Diese Begriffe gestatten es

45 Vgl. *Theodor Viehweg*, Fn. 33, § 3, S. 33.

46 *Marcus Tullius Cicero*, Topica II.7, (Cicero's Topica), übers. v. Tobias Reinhardt, Oxford 2003. „quasi sedes, e quibus argumenta promuntur".

47 Vgl. *Katharina von Schlieffen*, Fn. 24, Sp. 204 m.w.N. (etwa *Ottmar Ballweg*).

48 Vgl. *dies*. ebd.

49 Vgl. *Katharina von Schlieffen a. a. O.*

50 Vgl. *dies*. ebd. Sp. 205 ff.

bis heute, sprachliches Verhalten in seiner interindividuellen und sozialen Wirkkraft zu beobachten, was die Erzeugung von Recht als sprachkonstruierte, ontische Wirklichkeit einschließen muss. *Ballweg* konturiert noch schärfer: „Das Recht sei Teil der aus Sprache geschaffenen Wirklichkeit, die sich im Medium der Meinung konstituiert; es zähle zu den materialen, praktischen Rhetoriken, für deren Untersuchung die Analytische Rhetorik bzw. Rhetorikforschung definitionsgemäß die geeignete Disziplin sei."[51] Immerhin ist die richterliche Zielrichtung des – aus Sprache konstruierten – Rechtstextes die – sprachliche – Überzeugung eines Auditoriums von der Richtigkeit seiner – mit Sprache erzeugten und dargestellten – Entscheidung. Die Vertreter der Rhetorischen Rechtstheorie vereinigt die Ansicht, dass sie „im Recht einen sich durch Selbstbezeichnung selbst erzeugenden, sich selbst wahrnehmenden Handlungs- und Zeichenzusammenhang"[52] sehen. Folgerichtig stellt etwa *Ballweg* zeichentheoretische Überlegungen an, die sich anschicken, die Beziehung zwischen Subjekten (S) und Zeichen (Z) und aus Zeichen gewonnenen Objekten (O) im Recht zu untersuchen, wie sie sich nämlich zueinander im rhetorischen Raum verhalten (Analytische Rhetorik).[53] Solche semiotischen Ansätze finden sich auch in Untersuchungen von *Seibert* und *Schreckenberger.*[54] Die Untersuchungen kommen allesamt mehr oder minder zu dem Ergebnis, dass der pragmatische Aspekt der Klugheiten und auch der Topik nicht genügend von den Methodenlehren berücksichtigt wird, die Situativität der Rechtsfindung, wie sie in der Tat in vielen Entscheidungen nachweisbar ist, mithin keinen Platz in der Sollensordnung der rechtswissenschaftlichen Selbstwahrnehmung hat.[55] Damit lautet die Aufforderung der Vertreter der Rhetorischen Rechtstheorie, diesen topisch-situativen (= problem- statt prinzipienorientierten) Ansatz zu berücksichtigen.[56]

III. Vom Syllogismus zum Enthymem

Im Zuge dieses Appells greift *Schlieffen*, die Lehre von den Zeichen zunächst anderen überlassend, die Frage auf, wie in der Jurisprudenz denn nun *tatsächlich*

---

51 *Katharina von Schlieffen*, Fn. 24, Sp. 205 m.w.N.

52 *Katharina von Schlieffen*, Rhetorik und Stilistik in der Rechtswissenschaft, in: Rhetorik und Stilistik, hrsg. v. Ulla Fix/Andreas Gardt/Joachim Knape, 2. Hlbbd., Berlin 2009, S. 1815.

53 Vgl. *Katharina von Schlieffen*, Fn. 24, Sp. 206.

54 *Dies.* ebd.

55 Vgl. *dies.* ebd.

56 Vgl. *dies.* ebd.

begründet wird, und postuliert, dass der rhetorische Schluss, das Enthymem, wie es schon *Aristoteles* beschrieb, eine geeignete Erklärung für die ureigene Beschaffenheit juristischer Entscheidungen hergebe. *Schlieffen* stellt sich damit gegen die hartnäckige, weil (jedenfalls früher noch) weit verbreitete Ansicht, dass *syllogistisch* begründet werde.[57]

1. Syllogismus und Justizsyllogismus

Das formallogische Ursprungsmodell des Syllogismus als analytische Schlussoperation entstammt der „Analytica Priora“ des *Aristoteles.* Der Syllogismus besteht aus drei Gliedern, die in wechselnder Folge in einem Obersatz, einem Untersatz und einem Schlusssatz zueinander in Beziehung gesetzt werden und dabei Global- und Partialschlüsse erlauben.[58] Ein Beispiel für einen Globalschluss:

(Obersatz): A=B	Das Kabinett (A) besteht aus den Ministern (B).
(Untersatz): B=C	Alle Minister (B) sind Politiker (C).
(Schlusssatz): A=C	Das Kabinett (A) besteht aus Politikern (C).

Und ein Beispiel für einen Partialschluss:

(Obersatz): A=B	Einige Politiker (A) sind korrupt (B).
(Untersatz): B=C	Alle Korrupten (B) sind gierig (C).
(Schlusssatz): A=C	Einige Politiker (A) sind gierig (C).

Der Syllogismus erlaubt indes keine singulären Schlüsse, da diese Schlussform ein viertes Schlussglied verlangte, das die formale Logik des Schlusses aufheben würde. Die Juristische Methode indes lebt geradezu von singulären Schlüssen, was ohne Weiteres in dem Konglomerat Tatbestand, Rechtsfolge, Subsumtion, Konklusion offenbar wird – Subsumtion und Konklusion sind aus *Einzelfällen* gebildete Abgleiche mit der Regel (Tatbestand → Rechtsfolge) und damit naturgemäß singulär. Dies und ihre typische Viergliedrigkeit zeige das folgende Beispiel:

---

57 Eine konzise Übersicht über die Ansätze zur juristischen Argumentation bietet *Ulfrid Neumann*, Juristische Argumentationslehre, Erträge der Forschung Bd. 244, Darmstadt 1986, S. 16 ff.

58 *Aristoteles*, Analytica Priora, I.4 ff.

(Obersatz): A=B	Diebe (A) sind zu bestrafen (B).
(Untersatz): T=C	Dieser Täter (T) ist *ein* Dieb (C).
(Schlusssatz): T=B	Also ist dieser Täter (T) zu bestrafen (B).

Als „Syllogismus" funktioniert dieser Schluss nicht, weil er das Allgemeine (A) mit dem Besonderen (C) nicht schlusslogisch in Verbindung zu bringen vermag. Der Syllogismus ist dreigliedrig, wohingegen der soeben demonstrierte Schluss viergliedrig (*quaternio terminorum*) und damit gerade nicht syllogistisch ist – es fehlt am verknüpfenden Mittelbegriff.[59] Diesem Problem begegnet man in der Methodenlehre zum Teil mit einem alten Konzept: Man gibt dem Kind einen neuen Namen. Dies sei eben die spezifische Schlusslogik der Jurisprudenz und sei ein „Justizsyllogismus". An diesem Begriff wird zum Teil auch heute noch festgehalten, wiewohl ein Teil des methodenlehrenden Schrifttums mittlerweile eine andere Schlussform für rechtsspezifisch hält: den *modus (ponendo) ponens.*[60]

2. Modi ponentes und tollentes

Diese Art des Schließens verlässt sich auf existente Regeln und setzt nur die erste Prämisse, die die Regel auslöst. Vereinfacht visualisiert, verhält sich dies dann so:

(Regel A→B)	Proponiert man A, so erhält man B.
(Prämisse A)	Es sei A, …
(Folge →B)	…daher folgt B.

Während die zugehörigen anderen Modi *(modus tollendo tollens, modus ponendo tollens* und *modus tollendo ponens)* als Alltagssätze in Entscheidungstexte (und auch unser tägliches Leben) Eingang gefunden haben[61], wird der *modus ponendo ponens* zum Archetyp der juristischen Argumentation stilisiert. Sieht man aber mit *Neumann* und *Schlieffen* zutreffend ein, dass erstens der Syllogismus zwar ein hervorragendes gedankliches Mittel zur Konklusion sein kann, er aber in der Darstellung der Konklusionsgenese schon sprachlich versagt, und dass zweitens die Darstellung des Schlusses mit syllogistischen Formen den Anschein erweckt,

59 Ebenso *Udo Heyder* (zur Analogie), Gültigkeit und Nutzen der besonderen juristischen Schlussformen in der Rechtsfortbildung, Bonner Rechtswissenschaftliche Abhandlungen, Neue Folge, Bd. 6, Göttingen 2010, S. 63.

60 *Katharina von Schlieffen*, Fn. 16, S. 111.

61 Dazu unten D.III.2.

als solle die einzelfallbezogene Behauptung mit der Regel begründet werden, die die Konklusion auslöst, gelangt man schnell auch zu dem Ergebnis, dass der *modus ponendo ponens* am selben Symptom krankt wie der Syllogismus. *Aichele* formuliert hierzu: „Allerdings besteht in einem solchen Schluß [modus ponens oder tollens] dasselbe Problem. Denn auch hier dürfen keine, jedenfalls keine echten, singulären Terme auftreten – wenn denn die Conclusio apodiktische Gewißheit beanspruchen, also mit Notwendigkeit wahr sein soll."[62] Erhellend stellt *Neumann* dar, dass nach *Alexy* „die Ableitung der Konklusion aus den Prämissen [...] ausdrücklich als *Begründung*, als Rechtfertigung der Konklusion verstanden" werde[63]; „das Urteil werde mit einem allgemeinen Rechtssatz begründet"[64]. Ohne nun die Prädikatenlogik bemühen zu wollen, soll kurz der Versuch unternommen werden, das Kernproblem dieser Annahme anhand eines Beispiels darzustellen.

> A wird vorgeworfen, einen Diebstahl begangen zu haben. Er wird angeklagt und zu einer Geldstrafe verurteilt. Die richterliche Begründung wird sich so lesen:
>
> Satz 1: „A wird zu einer Geldstrafe von ... verurteilt."
>
> Satz 2: „Er hat sich des Diebstahls strafbar gemacht."
>
> Satz 3: „§ 242 StGB droht Freiheitsstrafe oder Geldstrafe dem an, der eine fremde bewegliche Sache einem anderen in der Absicht wegnimmt, die Sache sich oder einem Dritten rechtswidrig zuzueignen."
>
> Satz 4: „So liegt es hier." (Alternativ folgt eine Beschreibung der Wegnahmehandlung: „A nahm 300 Euro aus der Tasche der Zeugin, als diese abgelenkt war.")

Die Juristische Methodenlehre versteht Satz 3 als Begründung des Satzes 2. *Neumann* stellt dies zutreffend richtig, wenn er feststellt, solche Sätze *begründeten* nicht die Konklusion (hier Satz 2), sondern *behaupteten* sie gerade.[65] *Expressis verbis*: A hat sich nicht des Diebstahls strafbar gemacht, weil sich jeder des Diebstahls strafbar macht, der die Voraussetzungen des § 242 StGB (und weitere Strafbarkeitsvoraussetzungen) erfüllt; vielmehr hat A sich strafbar gemacht, weil

---

62 *Alexander Aichele*, Enthymematik und Wahrscheinlichkeit. Die epistemologische Rechtfertigung singulärer Urteile in Universaljurisprudenz und Logik der deutschen Aufklärung: Christian Wolff und Alexander Gottlieb Baumgarten, in: Das Enthymem: Zur Rhetorik des juridischen Begründens, Rechtstheorie, 42. Jahrgang, hrsg. v. Katharina von Schlieffen, 4/2011, S. 495.

63 *Ulfrid Neumann*, Fn. 57, S. 18, m.w.N. [Hervorh. im Orig.].

64 *Ders.* ebd.

65 *Ders.* ebd., S. 19.

er 300 Euro aus der Tasche der Zeugin nahm. Die Regel (Satz 3) also rechtfertigt (überbrückt) den Schluss von Satz 4 zu Satz 2, begründet allerdings nicht. Dieser Befund wird durch eine weitere Beobachtung gestützt, die bereits andere Urteilsanalysen hervorgebracht haben und die auch in der hier vorliegenden durchaus gemacht worden sind: Diese nach herrschender Ansicht *begründende* Regel, Kern der Argumentation, der Rechtssatz, wird in vielen Fällen in Entscheidungstexten nicht in *einem* Wort erwähnt.[66] Eine wie auch immer beschaffene Theorie der juristischen Argumentation dürfte diesen Umstand bei der Eruierung der Frage, *wie* begründet wird, nicht außer Acht lassen. Bliebe man nämlich bei der fehlgehenden Annahme, der Rechtssatz enthalte die Begründung, so wären jedenfalls alle bislang analysierten Urteile (es dürften mittlerweile über 100 sein) lückenhaft, da sie die „Begründung" zumeist vermissen ließen – *Schlieffen* bezeichnet dieses Phänomen trefflich als eine „Leiter, der Sprossen fehlen"[67].

3. Enthymem

Keine ernstzunehmende Kritik kommt ohne Lösungsansatz aus, und so liefert ihn *Schlieffen* im selben Atemzug: das Enthymem. Als zentraler Begriff der *Schlieffen'schen* Herangehensweise an rhetorische Urteilsanalysen wird uns das Enthymem durch die gesamte Untersuchung begleiten und immer wieder aufscheinen. Um Vorgreiflichkeiten und in der Tat auch Wiederholungen so gut es geht zu vermeiden, soll an dieser Stelle nur ein kurzer Abriss zu Fügung und Funktion des Enthymems erfolgen. Seine Wirkzusammenhänge sollen aber dem Methodikteil vorbehalten sein, dessen strukturelle Beschaffenheit im Logos auf dem Enthymem als Argumentationsweise eines jeden Entscheidungstextverfassers fußt.

Üblicherweise beginnt die Klärung eines Begriffs mit seiner Etymologie, die auch hier nicht vorenthalten werden soll. *Kraus* liefert eine Herkunftserklärung: Der Begriff „Enthymem" gehe auf ἐν θυμῷ („en thymo" – im Geiste) oder ἐνθυμεῖσθαι („enthymeisthai" – sich etwas in den Sinn rufen, bedenken, beherzigen, erwägen) zurück.[68] Dies im Hinterkopf behaltend, ist das Enthymem

66 *Katharina von Schlieffen*, Fn. 16, S. 112.

67 *Dies.* ebd.

68 Vgl. *Manfred Kraus*, Deduktion, Reduktion, Kontradiktion: Rhetorische Theorien des Enthymems, in: Rechtstheorie, 42. Jahrgang, hrsg. v. Schlieffen, 4/2011, S. 419; oder auch: *Joachim Knape/Thomas Schirren*, Aristotelische Rhetorik-Tradition: Akten der 5. Tagung der Karl-und-Gertrud Abel-Stiftung vom 5.–6. Oktober 2001, Tübingen, S. 322; all diese freilich zurückgehend auf ältere Schriften, z. B. *Marcus Fabius*

ein zweigliedriger Schluss, der eine Behauptung mit einer Begründung (oder mehreren) stützt, oder mit den Termini der Rhetorik und Topik ausgedrückt, ein rhetorischer Schluss, der eine Meinung mit einer anderen Meinung stützt. Weder dies noch die Beobachtung, dass der Urteilsstil, ja Argumentation überhaupt, genauso zu verfahren pflegt, wäre besonders aufregend, schon gar nicht neu, wenn es nicht einige weitere Elemente gäbe, die ein Enthymem erst zu einem solchen machen. Da wäre zum einen das Verschweigen aller oder einiger Prämissen, die erklären könnten, *warum* die Begründung Begründung ist – ein Phänomen, das lange zu dem Irrglauben Beitrag leistete, es handele sich um einen um eine Prämisse beschnittenen Syllogismus („truncatus"). Ein Enthymem ist bereits durch seine Nomenklatur ein Schluss, der die Rechtfertigung, die Plausibilisierung der Beziehung zwischen Behauptung und Begründung, im Geiste ablaufen lässt. Prämissen werden (oft) nicht ausgesprochen, sondern beim Adressaten als gegeben *vorausgesetzt*.

Zum anderen handelt es sich nicht um einen formallogischen und auch nicht um einen quasilogischen Schluss, sondern um einen rhetorischen. Dies liegt aber nicht etwa darin begründet, dass das Enthymem besonders pathetisch daherkommt – das kommt zuweilen vor, darf aber nicht als Voraussetzung oder gar Erkennungsmerkmal des Enthymems missverstanden werden. Nach der Auffassung des Verfassers sind es Aspekte des Ethos, die hier eine Rolle spielen: Das Enthymem wirkt nicht immer, nicht überall, sondern situativ zu einer bestimmten Zeit an einen bestimmten Adressatenkreis gerichtet. Setzt der Rhetor die verschwiegenen Prämissen bei seinem Auditorium voraus, dann muss er sein Auditorium kennen und einschätzen können, welches Wissen, welche Ansichten bei gerade *diesem* Auditorium vorhanden sind und damit, welche Schlüsse ohne Nennung ihrer Prämissen für genau dieses Auditorium plausibel sind. In gewisser Weise determiniert dies bereits die Behauptungen, die ausgesprochen werden *können*, und wie diese begründet werden *dürfen*, um (noch) zu überzeugen.

Ein dritter Aspekt, der das Enthymem nach Auffassung des Verfassers für die Rechtsprechung attraktiv macht, ist seine schlichte sprachliche Eleganz. Im Gegensatz zum Syllogismus, der von Wiederholungen, Umständlichkeiten und Banalitäten geprägt ist, begnügt sich das Enthymem mit einer kurzen, konzisen Ausdrucksweise und erlaubt genau diejenigen Lücken, die aus Sicht eines Adressatenkreises ohnehin nur mit Unnötigem gefüllt wären. Nach Bedarf können Prämissen expliziert werden, und diesen Bedarf gibt nicht etwa ein

---

Quintilianus, Ausbildung des Redners (institutio oratoria), lateinisch und deutsch, hrsg. u. übers. v. Helmut Rahn, einbd. Sonderausgabe, 5. Aufl. 2011, V 10, 1 ff.

Formerfordernis des Enthymems, sondern das Ermessen des Formulierenden mit Blick auf sein zu überzeugendes Auditorium vor.

Schließlich viertens: Dass Rechtsprechung topisch vorgeht, wurde bereits als Ansicht der Rhetorischen Rechtstheorie (und auch des Verfassers) ausgemacht; was das mit einer enthymematisch argumentierenden Jurisprudenz zu tun hat, soll nun kurz angerissen werden. Während der Syllogismus und auch die *modi ponentes und tollentes* die Explizierung ihrer sie tragenden Regelhaftigkeiten erfordern, ist das Enthymem von diesem Erfordernis bereits *per definitionem* befreit. Betrachten wir, was das im Einzelnen bedeutet: Die Aufführung einer entscheidungsleitenden Regel macht sie manifest und damit angreifbar. Wer die Validität der Regel bezweifelt – oder gar ihre Existenz –, wird von der Begründung durch sie nicht überzeugt werden. Er wird dies vielleicht sogar aussprechen und damit den Überzeugungserfolg bei anderen gefährden. Dies klingt wie ein für die Rechtsprechung eher unüblicher Fall? Das mag so sein, jedenfalls wenn man davon ausgeht, dass es um eine Rechtsregel im Sinne einer kodifizierten Vorschrift geht. Was ist aber mit den Fällen, in denen die Regelungen des Rechts hinter den Entwicklungen der Politik, der Gesellschaft oder der Technik zurückbleiben? Das sind die Fälle, in denen die Rechtsprechung, üblicherweise durch „Auslegung", zu zeitgemäßen Ergebnissen gelangt, lange bevor die zur Verhandlung gebrachten Fälle eine Kodifikation auslösen. Die zeitgemäße Lösung wird dabei einer problemorientierten Einzelfallbetrachtung entstammen und also über topische Denkansätze zustande kommen. Hier wäre die Herleitung über explizite Regelhaftigkeiten schwierig (da es keine gäbe), wenn nicht gar fehl am Platz. Die entscheidungsleitenden Gedanken würden dennoch plausibilisiert, indem das Gericht seine topischen Überlegungen preisgäbe, ohne damit eine Regelhaftigkeit schaffen zu wollen, die wiederum angreifbar wäre. Die fehlenden Prämissen würden vom Auditorium ergänzt, aber dies wären die Prämissen, die zur Überzeugung jedes Einzelnen notwendig wären. Das stete Streben des Menschen nach dem Verstehen dessen, womit er konfrontiert wird, führt dabei dazu, dass er sich in diesen Dingen bemüht, das jeweils augenfällig Plausibelste anzunehmen und danach erst zu entscheiden, ob seine eigenen Plausibilisierungsbemühungen ausreichen, um den präsentierten Schluss überzeugen zu lassen. Dieser Prozess wird durch die Explizierung regelhafter Prämissen gehemmt, durch ihr Verschweigen aber geradezu in Gang gesetzt. Nach alledem ist der Verfasser also der Meinung, dass das Enthymem der topisch-problemorientiert denkenden Jurisprudenz eine Möglichkeit verschafft, den Adressaten durch Anregung eigener Gedankengänge zu überzeugen, auch und gerade wenn die Gesetze schweigen.

Ausgehend von diesem Begriffsbild des Enthymems soll nun der weitere Weg von der Idee, juristische Argumentation könnte enthymematisch verlaufen, zu der bei *Schlieffen* und dem Verfasser dieser Schrift herrschenden Sicherheit, dass dem so sei, nachgezeichnet werden.

Auf der Suche nach einem Modell der juristischen Argumentation stößt der Enthymeminteressierte neben den Schriften zahlreicher Philosophen auch auf das Werk *Toulmins*[69]. Der Ansatz *Toulmins* übernimmt ohne Kenntnis die Grundform des Enthymems, also die Stützung einer Behauptung mit einer Begründung, und erweitert sie durch zwei Bestandteile; genau genommen handelt es sich bei diesen Bestandteilen nur um *eine* Erweiterung, die andere ist die bereits bekannte verstandesbezogene Plausibilisierung der Schlussbeziehung zwischen Behauptung und Begründung. *Toulmins* Erweiterung des Enthymems besteht in der Formulierung einer Schlussregel, die Behauptung (q) und Begründung (p) mit einem Wenn-Dann-Satz (p→q) verknüpft. *Toulmin* nennt diesen Satz „*warrant*", also „Garantie". Die Garantie wird manchmal, nicht immer, ihrerseits von Regeln flankiert, die im Hintergrund der Beziehung p→q wirken (Backings).[70] Dieser Hintergrund ist das, was das Auditorium an Regelhaftem heranziehen könnte, um den Schluss von p zu q zu plausibilisieren. Dieser Hintergrund ist also keine *Erweiterung* des Enthymems, sondern nur eine alternative Bezeichnung und Darstellung dessen, was wir bereits über das Enthymem wissen. Die folgende Abbildung soll bildlich darstellen, wie *Toulmin* den Aufbau eines Enthymems ausgestaltet hat.

Abbildung 1: Toulmins Argumentationsmodell.[71]

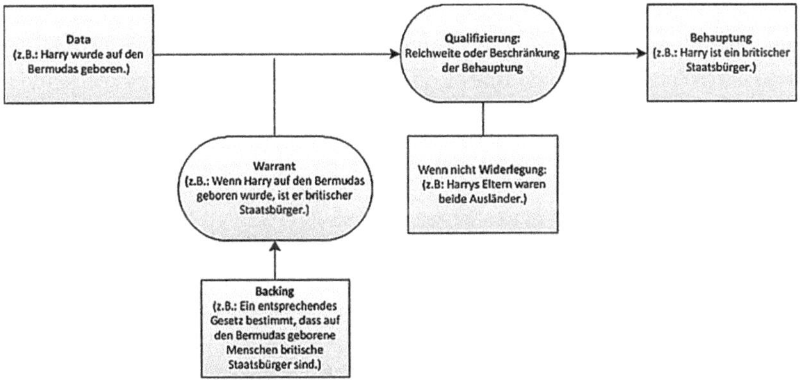

69 *Stephen E. Toulmin*, The Uses of Argument, Updated Edition, New York 2003.

70 Zum Ganzen *Stephen E. Toulmin a. a. O.*

71 Nach *dems.*, a. a. O., S. 97.

Lange wurde in der Visualisierung der Stützungsstruktur von Entscheidungstexten in den Hagener Analysen dieses Modell verwendet, und immer wieder stießen die Analysierenden[72] dabei auf Schlussregeln, die schlicht keinen Sinn ergaben[73], obwohl die Begründungsbeziehung p→q *juristisch* offenbar war. Beispielhaft seien die Okkurrenzen solcher Sätze wie „So liegt es hier" oder „Das ist hier der Fall" genannt. Diese eine zuvor genannte Rechtsregel *en passant* auf den Lebenssachverhalt anwendende Subsumtion hätte die Schlussregel „Wenn es hier so liegt (Begründung), dann gilt die Behauptung". Übersetzt: Wenn es hier so ist, dann ist es so[74]. Das ist argumenttheoretisch unbrauchbar und garantiert eben gerade nicht den Schluss als richtig, sondern birgt die Gefahr, dass der Schluss, und damit letztlich die Qualität der ihn auslösenden Begründung, in Zweifel gezogen würde. Auch bei *Toulmins* Methode also, ebenso wie bei den anderen Modellen juristischer Argumentation (wobei *Toulmin* freilich nicht spezifisch die *juristische* Argumentation im Blick hatte), schwingt also das geradezu zwanghaft Regelgeleitete mit, das dem Vorgehen der juristischen Praxis nicht genügend Rechnung zu tragen scheint. Es berücksichtigt eben nicht das Situative an der Argumentation (das die Rhetorik aber im Blick hat). Nach dieser Erkenntnis *Schlieffens* brachte ein Blick zurück zum Beginn der Enthymem-Theorie, der „Rhetorik" des *Aristoteles*, und in die neue Kommentierung *Rapps*[75], einen neuen, wenn auch nicht völlig anderen Ansatz hervor, der schließlich auch die in der „Rhetorik" beschriebenen vier Kategorien des Enthymems inkorporiert und mit Beispielen aus den betriebenen Entscheidungsanalysen abgleicht.[76] *Aristoteles* unterscheidet aus Wahrscheinlichem[77] und aus Zeichen[78] gebildete Enthymeme[79]. Beim Eikos-Enthymem bildete eine wahr scheinende „Regel" die Prämisse, die den Schluss plausibilisiert. Diese „Regel" ist meist eine anerkannte Meinung, manchmal ein in der Lehre verwurzelter Satz (ein sogenanntes Endoxon) und manchmal etwas so landläufig Bekanntes, das es bereits zum Topos geronnen ist. Das Wort „Regel" soll dabei

72 Der Verfasser war hieran in den Jahren 2007 bis 2012 maßgeblich beteiligt.

73 Dazu unten D.III.3.

74 Dazu unten Fn. 156.

75 *Aristoteles*, Rhetorik, übers. u. komm. von *Christof Rapp*, 2 Hlbbd., Berlin 2002.

76 Vgl. Katharina von Schlieffen, Fn. 16., 112 ff.; die folgenden Erläuterungen basieren auf ihrer Übersicht ebd., S. 114.

77 εἰκός (eikos)– das Wahrscheinliche.

78 σημεῖον (sämeion) – Zeichen.

79 *Katharina von Schlieffen*, Fn. 16. m. w. N.; auch *Markus H. Wörner*, Enthymeme – ein Rückgriff auf Aristoteles in systematischer Absicht, in: Ottmar Ballweg/Thomas-Michael Seibert (Hrsg.), Rhetorische Rechtstheorie, München 1982, S. 76.

nicht als „Immer-wenn" oder „Nur-wenn" verstanden werden, sonders als „Meistens-wenn" oder „Üblicherweise-wenn": Etwas kann sich so verhalten wie prognostiziert; meistens wird es das auch. Es handelt sich indes um etwas, „das sich auch anders verhalten kann (ἐνδεχόμενα και ἄλλως ἔχειν [endechomena kai allos exein]) und daher weder notwendig noch unmöglich ist."[80] „Regel" heißt hier mit anderen Worten also eher „in der Regel". In die Rechtssprache überführt und mit einem strafrechtlichen Beispiel unterlegt, klingt ein Eikos-Enthymem so: „Wenn sich der Angeklagte wegen der ihm vorgeworfenen Tat strafbar gemacht hat, wird er zu einer der Tat entsprechenden Strafe verurteilt." Davon zu unterscheiden ist eine Gruppe von Schlüssen, die eigentlich keine Enthymeme, sondern nur *scheinbare* Enthymeme[81] sind: Die Beziehung zwischen Behauptung und Begründung wird mit einem Satz erschaffen, der zwar als Allsatz, anerkannte Meinung, Endoxon daherkommt, es bei näherer Betrachtung aber nicht ist. Etwa in Beschluss 2 dieser Analyse begründet der Richter seine Rechtsauffassung damit, dass „diese Ansicht [sich] in der Rechtsprechung zum Teil bestätigt" finde (Satz 42), und führt unter anderem folgenden Satz zur Untermauerung an: „Die Entscheidung des BGH LM § 348 Abs. 2 StGB Nr. 8, wonach für den Fall dass Anmeldebescheinigungen für Personen ausgestellt werden, die in der Gemeinde nie gemeldet waren falsche öffentlich Urkunden i.S.d. § 348 StGB angenommen wurden, steht nicht entgegen" (Satz 51). Während Satz 42 wie eine globale Rechtfertigung der Rechtsauffassung des Richters klingt (ein Endoxon?), führt er mit Satz 51 (und anderen) zahlreiche einzelne Urteile auf, die dem nicht *widersprechen*, seine Behauptung aber untermauert er tatsächlich nur mit *einer* Entscheidung des OLG Hamburg. Die Annahme, die Rechtsprechung bestätige sein Ergebnis zum Teil, ist also nicht ganz korrekt, wenn er ein bestätigendes Urteil findet und zu mehreren ausführt, warum sie trotz entgegenlautender Entscheidungen seine eigene Auffassung gerade nicht widerlegen. *Interessanter* wird es aber, wendet man sich den Zeichen-Enthymemen zu, derer sich die Rechtsprechung mindestens genauso reichlich bedient wie der Eikos-Enthymeme. Zu unterscheiden sind hier notwendige (Tekmerion[82]-) und nichtnotwendige (Semeion[83]-) Zeichenenthymeme. Im Unterschied zu den Wahrscheinlichkeitsenthymemen, die eine deduktive Orientierung aufweisen, verzichten Zeichenenthymeme auf eine deutliche Regelbildung.

---

80 *Markus H. Wörner*, Fn. 79, S. 76, [Hervorheb. v. Verf.].

81 Bsp. bei *Aristoteles*, Rhet. II.24, 1401a.; zu einer regelrechten Technik dieser „Überzeugungsformen" (eristische Dialektik) bereits *Arthur Schopenhauer*, Die Kunst, Recht zu behalten (urspr. um 1830), 3. Auflage, Hamburg 2010.

82 τεκμήριον (tekmärion) – Merkmal.

83 Fn. 78.

Sie „beweisen" mit Indizien bzw. Anzeichen. Ein notwendiges Zeichenenthymem plausibilisiert den Schluss zwischen Behauptung und Begründung mit einem oder mehreren *erforderlichen* Merkmalen. In der strafrechtlichen Entscheidungspraxis und der Rechtsprechung überhaupt findet man gute Beispiele für solche durch Zeichen begründende Zusammenhänge: Der Praxisjurist neigt nicht zu vollständiger Prüfung aller Merkmale eines Tatbestands, sondern begnügt sich mit dem wichtigsten, dem offenbaren, dem umstrittenen etc.[84] Die Prüfung wird jedenfalls in ihrer Darstellung im Urteil *parte pro toto probando* bestritten, ein Teil der Prüfung ersetzt die ganze – sprachlich mühsame – Prüfung; so könnte ein Richter die Strafbarkeit eines Angeklagten allein auf die erfolgte Wegnahmehandlung stützen (ein *notwendiges* Zeichen der Strafbarkeit wegen Diebstahls). Aber nicht immer ist das zur Plausibilisierung angeführte Zeichen erforderlich, das zeigt das nicht-notwendige Zeichenenthymem (Semeion-Enthymem): In der in dieser Arbeit analysierten Entscheidung Urteil 3 heißt es an einer Stelle „Der Angeklagte hat sich glaubhaft und geständig hierzu eingelassen". Das Geständnis des Angeklagten ist ein *Anzeichen* für die Richtigkeit des Vorwurfs, mehr aber auch nicht. Das liegt schon darin begründet, dass es ohne Weiteres zurückgenommen und auch später bestritten werden kann; ebenso können Geständnisse mit unlauteren Mitteln erzwungen werden. Hinzu tritt der Umstand, dass die Einlassung eines Menschen zu einem Geschehensablauf, selbst wenn dieser Mensch redlich und ehrlich ist und er ernstlich gestehen will, nicht dem tatsächlichen Geschehensablauf entsprechen muss. Daher ist etwa die Einlassung des Angeklagten auch kein Beweismittel im strengen Sinne, sondern nur ein – keine eindeutigen Schlüsse zulassendes und deshalb mit Beweisen zu flankierendes – Indiz für (oder gegen) die Strafbarkeit. Mit dem nicht-notwendigen Zeichenenthymem verwandt ist das Beispielsenthymem. Anders als die bisher vorgestellten Enthymemformen ist es induktiv und nicht deduktiv orientiert.[85] Es kennzeichnen häufig pathetische Wendungen wie „insbesondere", „beispielsweise", „in einem anderen Fall" usw., denen ihr induktiver Charakter bereits verbal anzuhören ist. Der Jurist verwendet derlei Formulierungen häufig zur Konkretisierung einer unbestimmten Regel oder eines unbestimmten Rechtsbegriffes, die Erläuterung wird dann meist selbst zur „Regel". Satz 45 des Beschlusses 1 illustriert dies gut: „...wobei insbesondere die bisherige Fahrweise, eventuelle Vorstrafen, Charaktermängel und sonstige kennzeichnende Umstände, soweit sie in Beziehung zur Tat stehen, von Bedeutung sind". Das Beispielsenthymem ist ein wirkungsvolles Überzeugungsmittel vor allem deshalb,

84 Dazu wiederum *Katharina von Schlieffen*, Fn. 16, S. 114.

85 Hierzu *Katharina von Schlieffen*, Fn. 16, 2. Eintrag, S. 608 f.

weil es der Argumentationsweise im Alltag so sehr entspricht: Fehlt eine Regel, werden *einzelne* pertinente Phänomene herangezogen, um eine Regelhaftigkeit zu schaffen – je zahlreicher, desto besser. Die Schwäche dieses Enthymems wird indes sofort offenbar: Seine Überzeugungskraft wird herabgesetzt, sogar negiert, wenn Beispiele für das Gegenteil ins Feld geführt werden. Es bleibt dann dem Adressaten überlassen, welche Seite ihn überzeugt, das Phänomen wird zur Glaubensfrage – ein Umstand, den ein guter Rhetor bedenken wird, bevor er ein Beispielsenthymem einsetzt.

Zusammenfassend kann also dargestellt werden:

Syllogismus	umständlich; Regel begründet nicht, sondern behauptet; entspricht nicht den Beobachtungen aktueller Analysen.	
Modus ponens	setzt feste Regeln voraus, die nicht immer existieren oder befolgt werden (können).	
Toulmin-Modell	noch zu regellastig, Schlussregel häufig nicht sinnvoll.	
Enthymem nach *Schlieffen*	Eikos-Enthymem	inkorporiert die Existenz von Rechtsregeln, lässt aber topisch ermittelte Ausnahmen zu.
	Notwendiges Zeichenenthymem	liefert einen Schluss, der dadurch zulässig ist, dass alle erforderlichen und ihn tragenden Instanzen (Zeichen) erfüllt sind
	Nicht-notwendiges Zeichenenthymem	entspricht dem Fragmentarismus juristischer Begründungen *pars pro toto* (Indizienschluss).
	Beispielsenthymem	erlaubt Induktion aus Beispielen, wie sie die Rechtsprechung häufig durchführt.
	Scheinenthymem	liefert keine plausible Begründung; deckt Argumentationsbrüche und falsche Schlüsse auf.

So weit die allgemeinen theoretischen Grundlagen der Arbeit. Das gerade entwickelte Enthymem-Modell ist aber nur die Basis für die der rhetorischen Entscheidungsanalyse zugrunde liegende Untersuchungsmethode, die im nun folgenden Kapitel erläutert wird.

D. Methodik der rhetorischen Textanalyse

„Jeder Zweifel ist die Forderung
nach einer Methode.“

— José Ortega y Gasset

I. Entwicklung und Fluss

Die Textanalyse aus rhetorischem Blickwinkel gründet, wie im vorhergehenden Kapitel bereits stellenweise angedeutet, auf einigen erläuterungsbedürftigen Prämissen, die im Folgenden knapp entwickelt werden sollen, ehe die auf diesen Prämissen fußende Methode vorgestellt werden kann.

1. Prämissen der rhetorischen Untersuchung

Die wichtigste Aufgabe des entscheidungsverfassenden Juristen ist die Überzeugung seines Auditoriums von der „Richtigkeit“ seiner Entscheidung in der Sache; der Begriff „richtig“ ist freilich in jedem Zusammenhang gefährlich, in dem man es mit menschlicher Erkenntnis vergeistigter Konzepte zu tun hat. Wie jeder kundige Jurist weiß (oder mindestens ahnt), kann es nicht um „richtig oder falsch“ gehen, sondern vielmehr um „vertretbar oder weniger vertretbar“. Der Begriff Plausibilität soll diesen Umstand im Folgenden meinen; *Neumann* z. B. spricht zwar davon, die Begründung (also der eigentliche Textkorpus einer juristischen Entscheidung) habe „Beweis zu erbringen“ für die Reproduktion der gesetzgeberischen Entscheidung durch das Urteil,[86] und führt aus, dass eine Begründung weniger den Entscheidungsprozess darstelle als vielmehr die Rechtfertigung des Urteils,[87] erkennt aber immerhin Plausibilität als ein Kriterium juristischen Begründens an.[88] Ganz Ähnliches findet sich auch bei *Esser*[89]. Ohne große Anstrengungen darf daher die erste Prämisse formuliert werden: dass es Aufgabe des Richters ist, die Schlussschritte von Behauptung zu Beweis,

86 *Ulfrid Neumann*, Fn. 57, S. 4.

87 *Ders.* ebd.

88 *Ders.* ebd., S. 5.

89 Etwa *Josef Esser*, Vorverständnis und Methodenwahl in der Rechtsfindung. Rationalitätsgrundlagen richterlicher Entscheidungspraxis, durchges. u. erg. Aufl., Frankfurt a. M. 1972, S. 155.

von Beweis zu Feststellung und von Feststellung zum Tenor zu plausibilisieren und so – zumindest für ein Fachpublikum – überzeugend zu gestalten.

Die zweite, ebenfalls einleuchtende, weil über Jahrtausende unangezweifelt fortbestehende Prämisse ist: Rhetorik ist einerseits Fähigkeit, Glauben Erweckendes *(sprich: Plausibles)* zu erkennen[90], andererseits Instrumentarium der Überzeugung.[91]

Betrachtet man diese beiden Prämissen auch nur flüchtig, wird eine Gemeinsamkeit, auf deren Grundlage sich eine vereinigende These formulieren lässt, schnell offenbar: Wenn der Entscheidungsverfasser, um Plausibilität bemüht, seine Entscheidung überzeugend begründen muss, dann drängt sich auf, dass er sich hierfür (auch) der Rhetorik, die ja die Mittel hierfür bereithält, bedienen wird. Auf welche Weise dies geschieht, oder vielmehr welche Methode diesen Rhetorikeinsatz sichtbar zu machen vermag, ist Gegenstand dieses Kapitels.

2. Rhetorisches Instrumentarium

Die Grundbegriffe des rhetorischen Instrumentariums der Überzeugung sind die Mittel Pathos, Logos und Ethos, die je nach Redetypus[92] in variierender Intensität und Kombination zum Einsatz kommen sollen. Pathos[93] ist der Sammelbegriff für alles Emotive im Gesamtauftritt des Redners. Pathos zielt auf das Herz des Auditoriums, will aufrühren, entfachen, antreiben oder aber beschwichtigen, besinnen, bestärken; der tatsächliche Bezug zum Gegenstand der Argumentation ist allenfalls zweitrangig:[94] Pathos ist die Summe aller *nichtargumentativen* Stilmittel und „macht [damit] die emotionale Dimension des Argumentierens aus“[95]. Aristoteles formuliert die Zielrichtung des Pathos so: Sein Einsatz erfolge „[...] in der Absicht, den Zuhörer in eine bestimmte Gefühlslage

---

90 Fn. 20., Hervorh. V. Verf.

91 Statt vieler: *Aristoteles*, Rhet. I.2, 1355b ff., Glauben erweckendes (auch: möglicherweise Überzeugendes) – altgr. πιθανόν (pithanon). Der Eröffnungssatz im Original: ἔστω δὴ ἡ ῥητορικὴ δύναμις περὶ ἕκαστον τοῦ θεωρῆσαι τὸ ἐνδεχόμενον **πιθανόν** (esto dä hä rhätorikä dynamis peri hekaston tou theoräsai to endechomenon pithanon).

92 Zu den verschiedenen Redegattungen (γένη τῶν λόγων τῶν ῥητορικῶν – genä ton logon ton rhätorikon) statt vieler *Aristoteles*, Rhet. I.3, 1358b ff.

93 πάθος – Leiden, Erfahrung.

94 Vgl. *Katharina Sobota (von Schlieffen)* Fn. 1, Rhetorik Bd. 15, S. 121.

95 *Wolfgang Gast*, Juristische Rhetorik, 4., neub. u. erw. Aufl., Heidelberg 2006, Rn. 1143 [Hervorh. v. Verf.].

zu versetzen [...][96]. Auch bei Cicero finden sich Hinweise auf das Wesen des Pathos: „[...] weil alle Kraft und Methode der Rede sich in der Besänftigung oder Erregung der Zuhörer entfalten muss“[97]. Daraus folgt in erster Linie, dass unter Pathos das berühmte „blutige Hemd“, das der Ankläger dem Richter vor Augen hält, gemeint sein muss, aber auch die Szenerie der Rede (Örtlichkeit und Aufmachung), dazu Mimik, Gestik, Stimme, Aussprache, Körpersprache und Erscheinungsbild des Rhetors[98] und schließlich all solche Wendungen, die nicht zuvörderst begründend sind. Es sind diese Wendungen, die Gegenstand der folgenden Pathosanalyse sein werden. Sie umfassen sowohl stark emotive Ausdrucksweisen, wie sie in Metaphern, Vergleichen, Antithesen und Hyperbeln zu finden sind, aber genauso die subtilen Formulierungen der betonungserheischenden Wortstellungsveränderung (z. B. Inversion, Anapher, Epipher, Epanodos, Ellipse, Epanalepse usw.). Allgemein unterschieden werden Tropen[99] und Figuren[100], wobei ein „Tropus [...] die kunstvolle Vertauschung der eigentlichen Bedeutung eines Wortes oder Ausdrucks mit einer anderen [ist][101], „eine Figur [...]eine Gestaltung der Rede, die abweicht von der allgemeinen und sich zunächst anbietenden Art und Weise“[102]. Gemeint ist hiermit die Stellung *mehrerer* Wörter im Satz. Über die Einordnung einer pathetischen Okkurrenz als Tropus oder Figur gab es seit Jahrtausenden und gibt es noch einigen Streit. Die Einordnung der pathetischen Elemente spielt für diese Arbeit aber auch keine Rolle – sie hat hier keinen Erkenntniswert – und soll deshalb gänzlich unterbleiben.

Der Logos[103] ist im Gegensatz zu den anderen Wirkmitteln der Rhetorik das argumentative Element der Rede: „Im Logos [...], also im sachlichen Gehalt einer Rede und in der Argumentation, liegt für *Aristoteles* die wichtigste

---

96 *Aristoteles*, Rhet. I.2, 1356a: „ἐν τῷ τὸν ἀκροατὴν διαθεῖναί πως“ (en to ton akroatän diatheinai pos).

97 *Marcus Tullius Cicero*, De Oratore (Über den Redner), Ausgewählte Werke Bd. IV, hrsg. u. übers. v. Theodor Nüßlein, Düsseldorf 2008, I. 17: „...; quod omnis vis ratioque dicendi in eorum, qui audiunt, mentibus aut sedandis aut excitandis expromenda est; ...“

98 Vgl. *Wolfgang Gast*, Fn. 95, Rn 1144.

99 τρόπος – Art und Weise, Weg, Kurs.

100 Altgr. σχήματα (schämata) – Haltungen.

101 *Marcus Fabius Quintilianus*, Institutio Oratoria (Ausbildung des Redners). Zwölf Bücher, lat. u. dt., hrsg. u. übers. v. Helmut Rahn, 5., unver. Aufl. Darmstadt 2011, VIII. 1.

102 *Marcus Fabius Quintilianus*, ebd., IX. 4.; zur Unterscheidung zwischen Figuren und Tropen erhellend und sehr ausführlich *Josef Martin*, Fn. 5, S. 259 ff.

103 λόγος – Wort, Rede, Erwartung, Grund (u.v.m.).

der drei Quellen kunstmäßiger Überzeugungsmittel."[104] Mit den Argumenten wird gezielt der Verstand des Publikums angesprochen; Logos leistet Überzeugungsarbeit durch strukturierte Anordnung von Behauptungen und deren Begründungen, die aus Fakten, Beispielen, Formeln und dem plausiblen Schließen zwischen diesen Elementen bestehen. Die Herstellung dieser Plausibilität erfolgt über (zumeist unausgesprochene) Topoi[105] oder Endoxa[106], die der Zuhörer als für ihn anerkannte oder anerkennenswürdige Regeln ergänzt.[107] Als den „Leib der Überzeugung" bezeichnet *Aristoteles* das Enthymem.[108]

Zum Ethos[109], dem dritten Überzeugungsmittel der Redekunst, sei aufgrund seiner für diese Analyse untergeordneten Rolle auf 0.0. verwiesen.

3. Methode im Wandel

Die in dieser Arbeit angewendete und daher auch darzustellende Untersuchungsmethode ist Ergebnis von über zwanzig Jahren Forschung auf dem Gebiet der juristischen Rhetorik unter besonderem Einsatz und der Schirmherrschaft *Katharina von Schlieffens.* Mit ihrer Dissertationsschrift[110] legte sie den Grundstein für eine lange Serie von Arbeiten und Beiträgen, von denen die meisten hier bereits Erwähnung gefunden haben oder noch finden werden. Der eifrige Leser wird indes feststellen, dass sich im Wandel der Dekaden einige Untersuchungsvorzeichen geändert haben, einige zu Erkenntnissen gefestigt werden konnten und wieder andere dem Laborbesen zum Opfer gefallen sind. Denn nur so kann die Anwendung der Methode verstanden werden: als Laborversuch, als Erprobung einer Hypothese. Am Ende der Versuchsreihe sollen die Hypothesen verifiziert oder verworfen werden können, die Methode sich durch steten Einsatz und anpassenden Wandel unter wechselnden Parametern in der Praxis als belastbar und sicher erweisen. Der Feldversuch hat mit der Analyse

---

104 *Manfred Kraus*, in: Historisches Wörterbuch der Rhetorik, Bd. 5, hrsg. v. Gert Ueding, Tübingen 2001, Sp. 624–653 (635) [Hervorh. v. Verf.].

105 τόπος – Ort, Allgemeinplatz.

106 ἔνδοξος – von hohem Ansehen, anerkannt, auf Meinung basierend.

107 Dazu *Katharina von Schlieffen*, Rhetorik, in: Volker Römermann/Christoph G. Paulus (Hrsg.), Schlüsselqualifikationen für Jurastudium, Examen und Beruf. Ein Lehrbuch, München 2003, § 36 Rn. 65 ff. und sogleich, 0.0.0.

108 *Aristoteles*, Rhet. I.1, 1354a 3: „σῶμα τῆς πίστεως" (soma täs pisteos); zum Enthymem vide 0.0.0.

109 Sowohl ἦθος – Sitte, Moral, als auch ἔθος – Gewohnheit.

110 *Katharina Sobota (von Schlieffen),* Sachlichkeit. Rhetorische Kunst der Juristen, Frankfurt a. M. 1990.

von zahlreichen Urteilen des BVerfG, des BVerwG, des BGH, des BFH und vieler Verwaltungsgerichte längst begonnen und dauert – auch in der vorliegenden Arbeit – an. Einige Beispiele sollen den Methodenwandel verdeutlichen; sie sollen zeigen, dass die Methode zwar im Wandel begriffen ist, aber doch im Kern bestehen geblieben ist, auch wenn die laufende Forschung, insbesondere zum Enthymem, ihr neue Erkenntnisse gebracht hat. Bei der Behandlung dessen, was wir heute als „Logos-Figuren"[111] bezeichnen, lag der Fokus zunächst auf dem Aspekt des Widerlegens einer im Verfahren deutlich gewordenen Gegenmeinung. Immer wenn der Richter auf das Vorbringen der unterlegenen Seite aufgreifend, aber im Ergebnis verneinend einging, nahm die Methode als Klassifikation einer diese Passage einleitend Figur (und es waren immer Figuren vorhanden) den „Widerlegungsauftakt" als Begründungstypus an. Während der Entwicklung der Begründungsmodi und als klar wurde, dass derlei Figuren auch mindestens einen quasiargumentativen Gehalt hatten, wurde eine neue Begründungskategorie geschaffen: die pathetische Stütze. Bald wurde aber klar, dass hierin keine wirkliche Stützung der Begründung, sondern allenfalls eine *Unter*stützung lag, sodass diese Kategorie schnell wieder verschwand. Das vorläufige Ergebnis dieses Wandelns ist die Behandlung der eine Gegenmeinung widerlegenden Figuren als „agonal", die Behandlung der zugehörigen Sätze als pathetisch auf einen anderen Satz bezogen, ohne dass hierin eine tatsächlich Begründung zu sehen wäre. Ein globaleres Beispiel für den Wandel, das die Entwicklung des Enthymemverständnisses inkorporiert, ist die Darstellung und Auffassung von Begründungsbeziehungen in der Visualisierung der Begründungsstruktur der Entscheidungen. Während zunächst alle aufgefundenen Satzteile als Begründungen klassifiziert wurden, flossen im Einklang mit der Darstellung *Toulmins*[112] das Backing und die Stützungsregel (*„warrant"*) in die Visualisierung ein, nur um dann mit dem erweiterten Enthymemverständnis *Schlieffens* unter Studium von *Rapps* neuer Aristoteles-Übersetzung[113] wieder getilgt zu werden. Aus der an die Stützungsregel angeschlossenen Backingkette wurden Übergangsaspekte, die ihrerseits begründet werden können. Die hier dargestellte Methode befindet sich auf dem neuesten Stand, dürfte sich aber nach wie vor im Fluss befinden.

111 Siehe Fn. 180.

112 *Stephen E. Toulmin*, Fn. 69.

113 *Aristoteles*, Rhetorik, übers. u. erl. von Christof Rapp, 2 Hlbbd., Berlin 2002.

II. Pathosanalyse

Dieser Abschnitt (0.0.) ist, genau genommen, nicht korrekt überschrieben. Er spricht von „Pathosanalyse", als ob Ziel der Arbeit sei (oder sein könnte), das gesamte einsetzbare und eingesetzte Pathos eines Gerichtsaktes zu beleuchten. Pathos ist aber, wie oben dargelegt[114], der Oberbegriff aller stimmungserzeugenden und -verstärkenden Elemente einer Redesituation. Dazu zählen neben den Stilfiguren im Text eben auch die Aufmachung der Szenerie, der Tonfall des Richters, seine Stimmmodulation, seine Kleidung u. v. m. Auf solche Elemente kann und soll in der hier vorgelegten Arbeit kraft Natur der Sache nicht eingegangen werden. Die Pathosanalyse, oder genauer: Figurenanalyse, beschränkt sich demzufolge also auf die im Text auffindbaren rhetorischen Figuren, also dem Ergebnis der *elocutio* oder *lexis*[115].

Nachdem wir nun weiter oben festgestellt haben, welche Wirkdimensionen die Rhetorik überhaupt besitzt und entsprechend zu beobachten in der Lage ist, soll hier zunächst dargestellt werden, wie diese Beobachtungen im Rahmen der rhetorischen Textanalyse im Hinblick auf die verwendeten Figuren festgehalten und jene Eigenschaften der Rhetorik quantitativ und qualitativ erfasst werden. Davor seien noch folgende allgemeine Anmerkungen gestattet.

Erstens: Das Wesen der *lexis* ist es, den Text planvoll auszuschmücken, um an denjenigen Stellen, die dem Rhetor günstig erscheinen, den Impetus des Gesagten (vor allem der Begründung) durch planvolle Implementation rhetorischer Figuren zu erhöhen. Zusammen mit den Begründungen werden Emotionen ausgelöst und damit verknüpft – ein Gegenargument wird lächerlich gemacht oder zumindest in ungünstiges Licht gerückt, Vorzüge der eigenen Sichtweise werden positiviert. Solche Stellen gibt es selbstverständlich auch in juristischen Entscheidungstexten. Wie aber sollen solche Vorkommnisse behandelt werden, die bei genauerer Betrachtung alles Planvolle vermissen zu lassen scheinen? Zwei Gedankengänge sollen beleuchten, warum dieser Umstand in der vorliegenden Untersuchung keine Rolle spielen wird. Zum einen ist es kaum möglich, aus einem Schriftstück die Absichten und Beweggründe des Verfassers beim Vorgang des Verfassens herauszufiltern, dies muss umso mehr für die eingesetzten rhetorischen Mittel gelten; ohne die Auskunft des Schreibenden sind immer nur Interpretationen möglich, die häufig mehr über den Interpretierenden als über den Verfasser verraten. Ob also eine bestimmte Figur planvoll platziert oder zufällig eingesetzt wurde, lässt sich *ex post facto* kaum noch ermitteln; jeder Versuch

---

114 D.I.2.

115 λεξις – das Sprechen, das Wort.

wäre Spekulation, die das Ergebnis der Figurenanalyse verfälschen könnte. Zum anderen ist landläufig bekannt, dass der Jurist sein Handwerk durch Imitation erlernt[116]: Er übernimmt Formulierungen oder jedenfalls den sprachlichen Duktus aus Schriftstücken – Urteilen, Gutachten, Skripten, Mustertexten – und dem gesprochenen Wort – Vorlesungen, Arbeitsgemeinschaften, Verhandlungen, Fachdialogen. Diesen Duktus transportiert er – ihn ständig erweiternd und mit Eigenem ergänzend – durch seine gesamte Ausbildung hindurch bis in die berufliche Praxis, in der er möglicherweise noch auf neue Ausdruckweisen stoßen wird, die sein rhetorisches Repertoire erweitern. Ob er unter Einsatz dieser Elemente auch tiefere Gedankengänge zur pathetischen Wirkung des Imitats entwickelt, darf angesichts der bis dato nur spärlichen rhetorischen Ausbildung[117] des Juristen bezweifelt werden. Der Figureneinsatz dürfte eher intuitiv erfolgen – oder automatisch, wenn es sich um die Übernahme bestimmter Wendungen handelt. Ob also der Einsatz rhetorischer Figuren in planvoller Absicht oder unter Fehlen derselben oder aber nur als Nebenprodukt des eben beschriebenen beruflichen Sozialisierungsprozesses erfolgt, lässt sich nicht mit hinreichender Sicherheit feststellen. Was sich nur feststellen lässt, ist dass die Figuren vorhanden sind, und von dieser Grundlage soll im Folgenden ausgegangen werden.

Zweitens: Eng damit zusammen hängt die wohl unter Richtern gängige Praxis, sogenannte Textbausteine[118] bei der Verschriftlichung ihrer Entscheidungen zu verwenden. Wiederum erfolgt die Frage, ob man denn solche Textbausteine in die Figurenanalyse einfließen lassen könne. Wiederum erfolgt die Antwort: ja. Derartige Bausteine sind nämlich zunächst nicht immer so leicht zu erkennen

---

116 Vgl. hierzu *Katharina Sobota (von Schlieffen)*, Reflexion und Imitation in der Rechtsmethodik, in: Kritik und Vertrauen. Festschrift für Peter Schneider zum 70. Geburtstag, hrsg. v. Erhard Denninger/Manfred O. Hinz/Peter Cornelius Mayer-Tasch/Gerd Roellecke, Frankfurt a. M. 1990, S. 501–514, (505); neuer, aber dazu praktisch unverändert *Katharina von Schlieffen*, Recht rhetorisch gesehen, in: Juristische Arbeitsblätter (JA) 1/2013, S. 1–7 (1).

117 Dazu *Katharina von Schlieffen/Lars Oliver Michaelis*, Schlüsselqualifikation Rhetorik, in: JA 8/9 2003, S. 718–725.

118 Damit soll nicht gesagt werden, dass dies immer der Fall sei; allerdings hat der Verfasser bei seiner Suche nach für die Analyse geeigneten Texten auch Zuschriften erhalten, die explizit solche Textbausteine enthielten. Darüber hinaus sprechen plötzliche Wechsel im Text von einem „Kläger“ zu einer „Klägerin“, von der nie die Rede war, ebenfalls für die Verwendung solcher Bausteine, in Sonderheit dann, wenn es sich um allgemeine Ausführungen handelt, vgl. hierzu bspw. etwa VG Köln, Urt. V. 21.10.2010, AZ 20 K 2817/10.

wie im genannten Beispiel[119] – das Problem des Auffindens setzt sich also aus dem ersten Aspekt (übernommener Duktus oder planvolle Figur?) fort. Zudem geht der Formulierungsaufwand, so denn ein solcher betrieben wurde, nicht dadurch verloren, dass er für spätere Formulierungen nicht erneut betrieben, sondern aus Gründen der Zeitökonomie nur – angepasst – kopiert wird. Rhetorik wirkt zwar immer situativ, doch kann die Entscheidung, einen bestimmten Textbaustein an einer passenden Stelle zu verwenden, durchaus als Situationsbewusstsein des Entscheidenden ausgelegt werden, das dieser Situativität der Rhetorik Rechnung trägt. Die Figuren bleiben dieselben, die Intention der Betonung (falls vorhanden) liegt in der Auswahl gerade des verwendeten Textbausteins an gerade der Stelle des Entscheidungstextes. Dies rechtfertigt es nach Meinung des Verfassers, die Frage nach der Behandlung von Textbausteinen in zu analysierenden Texten zwar zu stellen, sie aber im Ergebnis zu ignorieren.

Drittens: Das Problem des Textbausteins und im erweiterten Sinne auch der absichtsvollen *lexis* in juristischen Entscheidungstexten verlängert sich um die Frage, wie im Rahmen einer Figurenanalyse mit Direktzitaten, gleich welchen Ursprungs, umzugehen ist. Es entspricht gelebter – und ein Stück weit erwarteter – juristischer Praxis, die eigene Auffassung zu einem Fall mit der Meinung anderer Juristen zu stützen.[120] Häufig sind dies Ansichten höherer oder wenigstens gleichrangiger Gerichte, zuweilen aber – meist in obskureren Rechtsfragen – auch der Autoren von Kommentarliteratur oder (seltener) Aufsätzen. Das hier aufgeworfene Problem ergibt sich indes nicht bei jeder Fundstellenangabe, da die jeweiligen Stellen oft paraphrasiert werden und damit als textschöpferischer Akt des Urteilenden zu bewerten sind. Nur Direktzitate stellen die Analyse vor die Frage der sinnvollen Erfassung von rhetorischen Figuren in diesen Abschnitten, die ja nicht vom Entscheidungsverfasser stammen. Die Frage nach der Erkennbarkeit stellt sich hier freilich nicht. Hier vereinigen sich jedoch Aspekte der vorangegangenen Fragen: einerseits planvoller Einsatz der Figuren, andererseits Einsatz eines Fremdtextteils. Die Behandlung dieses Phänomens des Zitats muss daher folgerichtig in einer Begründungslinie mit derjenigen der vorherigen erfolgen. Der Entscheidungsverfasser hat diese Figuren nicht formuliert, wie er auch den ganzen Textteil nicht formuliert hat. Dennoch hat er sich entschieden, den Nachweis nicht paraphrasierend wiederzugeben (was möglich wäre und üblich ist), sondern im „Originalton“ zu belassen. Nach der Auffassung des Verfassers substituiert diese Entscheidung des Verfassers den Vorgang der Elokution

---

119 Fn. 118.

120 Näheres sogleich, D.III.2.

für diese Stelle. Das Originalzitat hat damit nach der Ansicht des Urteilenden wohl den richtigen Ton getroffen oder das Problem konzis genug geschildert, um ohne Veränderungen übernommen zu werden. Darin inhärent liegt demgemäß auch eine Entscheidung für die im Direktzitat enthaltenen Ausdrucksweisen und damit letztlich auch für die durch sie transportierten Figuren.

Nachdem nun die Vorüberlegungen erörtert worden sind und feststeht, dass die zu analysierenden Texte in Gänze rhetorisch erfasst werden sollen, richtet sich die Aufmerksamkeit auf das, was dort erfasst werden soll. Nach welchen Regeln hierbei verfahren wurde, soll nun beleuchtet werden.

1. Figurenkanon

Bei der Figurenanalyse legt die vorliegende Arbeit den Katalog von *Henry Peacham*[121] zugrunde und erweitert diesen, wo nötig, um die Erkenntnisse von *Henri Morier*[122] und das von *Gert Ueding* herausgegebene Standardwerk[123]; referenziert werden soll auch *Gideon Burtons* Online-Nachschlagewerk „Silva Rhetoricae“[124]. All diesen Werken ist gemein der Versuch, die über mehr als 2000 Jahre gesammelten Aufkommen verschiedenster rhetorischer Figuren zu sammeln und zu beschreiben, zu definieren, zu ordnen und zum Teil auch mit Beispielen greifbar zu machen. Ehe aber eine Figurenanalyse nach diesen Katalogen[125] beginnen kann, seien noch einige Anmerkungen zur Nomenklatur gestattet. Die Kategorisierung unterschiedlicher Instanzen ist wichtig, um sie unterscheid- und betrachtbar zu machen, sie zu studieren und ihnen unterschiedliche Wirkungen zuzuschreiben. Wo es zur Schulzeit ausreichte, eine Handvoll Figuren erkennen und deuten zu können – meist mit dem fahrigen Fazit, es handele sich sicherlich um einen Einsatz der jeweiligen Figur zur „Betonung“ hier des einen, dort eines anderen Aspektes –, kann und darf sich die Analytische Rhetorik auf solche Ungenauigkeiten nicht beschränken; zu relevant sind die vielfältigen Einsatzweisen, die zahlreichen Wirkungsrichtungen, die mannigfaltigen Erscheinungsformen der Figuren, zu bedeutsam die Erkenntnis,

121 *Henry Peacham*, The Garden of Eloquence, orig. v. 1577, Nachdruck 1977, Menston, Yorkshire, England.

122 *Henri Morier*, Dictionnaire de Poétique et de Rhétorique, Paris 1961.

123 Gert Ueding (Hrsg.), Historisches Wörterbuch der Rhetorik, 10 Bände, Tübingen 1987 bis 2012.

124 *Gideon Burton*, Silva Rhetoricae – The Forest of Rhetoric, 2007 (http://rhetoric.byu.edu/).

125 Die Kataloge sind allerdings nur als Anregung und Orientierungshilfe und nicht als vollständige oder exakte Referenzen zu verstehen.

die aus der planvollen Anordnung bald von Tropen, bald Satzfiguren fließen kann, um sich hier mit dem – zweifellos stets begleitenden – Aspekt der Betonung zu begnügen. Aber: Das Ziel der Figurenanalyse, und der rhetorischen Analyse überhaupt, kann es ebenso wenig sein, sich dieser Vielfalt wissenschaftlich zu nähern, sondern sie gebraucht das von anderen so laudabel zusammengestellte Instrumentarium, um zu demonstrieren, *dass* und *wo* Pathos in Texten tatsächlich eingesetzt *wird*. Erst in einem zweiten Schritt wendet sich die Analyse dem „Warum" zu; dafür bedarf es freilich weniger einer klaren Nomenklatur als vielmehr eines Spürsinns für die Wirkweisen bestimmter Ausdrücke in bestimmter Anordnung und an bestimmter Stelle (letztlich sind die Figuren, in Sonderheit aber ihre Erläuterungen auch nur Rahmen für eine im Einzelfall mit Bedeutung zu füllende Form, die durchaus anders aussehen kann als das, was die Figur im Allgemeinen – laut Katalog – erzielen will). Hinzu treten zwei analyseleitende Konzepte, die die Erkennung rhetorischer Figuren erleichtern sollen: Zum einen neigen juristische Texte zu spezifischer Ausdrucksweise, die es erforderlich gemacht hat, den Definitionsrahmen einiger Figuren zu erweitern oder sogar „neue" Figurenkonzepte[126] zu schaffen; dabei ist es wegen der Vielfalt der Figuren und der Umfangsunterschiede zwischen den einzelnen Sammlungen schier unmöglich, alle Figuren zu erfassen; es steht also zu konjizieren, dass auch die „neuen" Figuren in dem einen oder anderen Katalog auftauchen, den der Verfasser nicht zur Hand genommen hat. Es wird insofern keinerlei Anspruch auf die konzeptuelle Existenz dieser „neuen" Figuren erhoben. Zum anderen wird in dieser Schrift die in Hagen bereits erprobte Methode der Figurenaufdeckung eingesetzt: Nach der Maßgabe der Frage, ob es nicht einen einfacheren Weg gebe, etwas auszudrücken, wird Figureneinsatz angenommen (und sodann benannt), wenn diese Frage zu bejahen ist.[127]

2. Quantität und Qualität

Zur Auszählung werden zunächst alle Sätze des Urteils durchnummeriert und die Wörter jedes Satzes gezählt. Sodann werden nach der oben beschriebenen Methode die Figuren ausfindig gemacht, benannt, kategorisiert und in ihrer

---

126 Die Rede ist von der „Verbalemphase" und der „Illuminatio".

127 Zu dieser Vorgehensweise schon *Katharina von Schlieffen*, „Sie bringen mir ganze Bogen, und ich verstehe nichts davon" – Altes und Neues zur Rechtssprache als Fachsprache, in: Festschrift für Ulrich Eisenhardt zum 70. Geburtstag, hrsg. v. Ulrich Wackerbarth/Thomas Vormbaum/Hans Peter Marutschke, München 2007, S. 101.

Intensität bewertet. Dazu zwei Erläuterungen: Die *Kategorisierung der Figuren* erfolgt anhand der in Hagen bereits erarbeiteten Typen für die Analyse juristischer Texte, und zwar in folgende Gruppen: sachlich, fachlich, agonal, engagiert, poetisch, verblasst und Blüte. Die folgenden Richtlinien liegen dieser Kategorisierung zugrunde, wiewohl im Einzelfall eine Figur, die typischerweise in eine Kategorie gehört, auch in eine andere sortiert werden kann, wenn ihr semantischer, rhetorischer oder juristischer Kontext dies gebietet. Damit wird dem Umstand Rechnung getragen, dass Rhetorik – und demzufolge auch jegliche Analyse aus Sicht der Rhetorik – nur situativ sein kann und jede Instanz einer Redesituation ihren ganz eigenen strukturellen, kontextuellen und appellativen Anforderungen gerecht werden muss.

Die Figurenkategorie *„sachlich"* umfasst viele Figuren des kühlen Pathos der Sachlichkeit[128], also diejenigen Figuren, die, ohne direkt aufrüttelnd und stimmungsvoll zu sein, dennoch eine weder logos- noch ethosbezogene Wirkung entfalten, sondern zumindest ein Aufmerken beim Auditorium evozieren (und damit letztlich doch auf die „Stimmung" zielen). Zu diesen Figuren zählen beispielsweise die Inversion, die Nominalisierung, die (sprachübliche) Abbreviatio, das Paradeigma, die Passivkonstruktion, der Parallelismus, die Ellipse und in einigen wenigen Fällen die Alliteration. Unter der Bezeichnung *„fachlich"* rangieren die typischerweise in juristischen Fachtexten zu findenden Ausdrucksweisen. Sie treten indes so häufig auf, dass in der Regel nur die erste Okkurrenz in einem Text registriert wird und alle weiteren mit einer Intensität von 0 bewertet werden[129]. Diese Kategorie beherbergt üblicherweise den Terminus Technicus (Fachjargon), die Abkürzung (jedenfalls diejenigen für Gesetze), die Periphrase (weil die Namen der Personen häufig durch Verfahrensbezeichnungen wie „Angeklagter", „Beschuldigter", „Klägerin" etc. substituiert werden), Personifikationen (die besonders häufig ganze Gesetze oder einzelne Normen als Handelnde auftreten lassen), die Dirimens Copulatio, die Restrictio, das Hyperbaton und den Archaismus. In diese Einordnung findet häufig auch der Neologismus Eingang, wenn der Richter aus einer Mischung aus Nominalisierungsneigung und experimentellen Komposita-Versuchen neue Fachausdrücke komponiert oder solche Ausdrücke verwendet (die Grenzen zum Terminus Technicus sind allerdings fließend). Die Ordnungsgruppe *„agonal"*[130] betrifft Figuren, die einen

128 Siehe D.I.2.

129 Dazu sogleich.

130 Von altgr. ἀγών – Kampf, Wettstreit, vgl. *Karl Ernst Georges*: Ausführliches lateinisch-deutsches Handwörterbuch, aus den Quellen zusammengetragen und mit besonderer Bezugnahme auf Synonymik und Antiquitäten unter Berücksichtigung

Gegensatz beinhalten oder beleuchten, Figuren also, die Wettstreit oder Kampfeslust, Dialektik oder Polarität symbolisieren. Dies sind allen voran Antithese und Antitheton, Oxymoron und Chiasmus, aber auch der Vergleich und manche Metapher, wenn ihre Elemente die Kriterien der Ordnungsgruppe erfüllen. Als *„engagiert"* wird eine Figur bezeichnet, wenn sie besonders eindringlich formuliert ist oder in ihrem situativen Zusammenhang als besonders gesetzt erscheint, zudem wenn innerhalb der Figur das übliche Maß überstiegen wird (etwa eine vierfache Alliteration, eine Hyperbel oder eine lange Beleuchtungskette (Illuminatio). Auch die Stellung im Satz, also an prominenter Stelle am Satzanfang oder dessen Ende, kann die Bewertung der Figur als „engagiert" auslösen, so häufig bei aspektbetonenden Inversionen. Desgleichen sollen hier die spannungserzeugenden Figuren erwähnt sein (bspw. Katapher, Prolepse, Proekthesis, Praeteritio, Ominatio usw.). Schließlich sind die meisten Nominalisierungen als engagiert einzuordnen, da es nach Auffassung des Verfassers durchaus gedankliche und sprachliche Leistung erfordert, einen Großteil des Satzgefüges aus einem von starken Verben dominierten Zustand in ein Funktionsverbgefüge[131] mit verblasstem Verb und hauptsächlich informationstransportierendem Substantiv zu überführen. *„Poetische"* Figuren sind dagegen sprachlich gekünstelt[132] wirkende, meist uneigentliche Ausdrücke, die dem Satz eine nahezu dichterische Note verleihen. Zu dieser Figurenkategorie können etwa gehören das Hendiadyoin, die Alliteration, alle Formen der Synekdoche, viele Wiederholungsfiguren (Homoioarkton, Homoiomeson, Homoioprophoron, Homoioteleuton usw.) und bildliche Ausdrücke wie Metaphern und Vergleiche. Die Kategorie *„verblasst"* erfasst vor allem die sogenannten toten Metaphern und die häufigsten Topifizierungen (Raummetaphern), aber auch sog. lexikalische Tautologien wie „Polizeibeamte", „Zitronenlimonade" oder „Fischgräte". Sie fallen als Figuren in der Analyse nicht weiter ins Gewicht (Intensitätswertung 0), weil sie bereits derart in die deutsche Sprache Eingang gefunden haben, dass sie nicht mehr die Wirkung der in ihnen ursprünglich verkörperten Figur entfalten (können). Formal werden sie aber

der besten Hilfsmittel ausgearbeitet. Unveränderter Nachdruck der 8. verbesserten und vermehrten Auflage, von Heinrich Georges, 1. Bd, 1998 (Neudruck der Ausgabe 1913), Sp. 275.

131 Zum Begriff in Teilen erhellend *Heike Winhart*, Funktionsverbgefüge im Deutschen. Zur Verbindung von Verben und Nominalisierungen, Diss. phil. Tübingen 2002.

132 Mit „gekünstelt" ist hier aber nicht gemeint, dass die Wendung besonders gezwungen scheint und um jeden Preis anders gelingen sollte, sondeRn dass sie im Vergleich zu anderen Wendungen besonders kunstvoll und dichterisch wirkt.

erfasst, um den Figurenbericht zu jedem Urteil möglichst vollständig erscheinen zu lassen. Zuletzt werden noch alle *„Blüten"* dokumentiert. Das sind Ausdrucksweisen, bei denen sich entweder tatsächliche sprachliche Fehler eingeschlichen haben oder die so befremdlich klingen, dass sie zunächst als Fehler erscheinen. In diesen Bereich gehören grundsätzlich die Akyrologie, der Solözismus, der Anakoluth und die Katachrese. Die Intensitätswertung bei diesen „Blüten" hängt stark davon ab, ob es sich um Zeichen- oder Tippfehler (geringe bis gar keine Intensität), Syntaxschwächen (mittlere Intensität) oder Ausdrucksvermischung[133] (hohe Intensität) handelt.

Eine bloß *quantitative* Dokumentation der Figurenokkurrenz sagt indes über die *Qualität* der verwendeten rhetorischen Figuren noch wenig aus. Erst eine Wertung jeder einzelnen Okkurrenz auf einer Skala von 0 bis 4 (mit 0 als geringstem und 4 als höchstem Wert) vermag es, einen realen, weil um praktische Erwägungen ergänzten Eindruck vom Figureneinsatz in Rechtstexten zu vermitteln. Nicht jede Figur entfaltet mit jeder Okkurrenz eine gleich starke Wirkung, sondern erst ihr Zusammenhang, ihr figurales Umfeld und die Häufigkeit, mit der sie im Textkorpus auftritt bzw. aufzutreten pflegt, geben Anhaltspunkte für ihre intendierte Intensität. Nun ist jedwede Bewertung einer Sache letztlich eine auf Erfahrungswerten, Sozialisierung und Ausbildung des Bewertenden gründende Betrachtung und damit streng subjektiv. Dies ist so lange nicht ausschlaggebend, wie die Bewertung auch andere, vor allem anderslautende Bewertungen zulässt und die eigene Beurteilung zur disputativen Disposition stellt. Hinzu müssen indes objektivierbare Kriterien treten, anhand derer die Bewertung vorgenommen wurde. Nachdem Ersteres – die Bereitschaft zur Diskussion – bereits aus dem Wesen einer Dissertationsschrift hervorgeht, soll Letzteres – das Hinzutreten objektivierbarer Kriterien – im Folgenden erreicht werden. Bewertungsgrundlage für die Intensität der in der Figurenanalyse aufgefundenen rhetorischen Stilmittel waren Abweichungsgrad von Standardsprache, Abweichungsgrad von Fachsprache, Häufigkeit der Okkurrenz, Konzentration der Okkurrenz im Satzgefüge, Verflechtungsgrad von Inhalt und Form, Seltenheitsgrad der Figur an sich und Koinzidenzialität der Figur[134]. Dem Verfasser ist wohl bewusst, dass sich die Subjektivität hierdurch nur auf eine andere Ebene verlagert, eine Ebene

---

133 Dazu ein Beispiel des VG Göttingen, das in seinem Urt. v. 20.09.2012, AZ 4 A 258/09, etwa von „Mund-zu-Mund-Propaganda" spricht.

134 Figuren indes, die nur koinzidenziell auftraten, also als Ergebnis normaler Texterstellung, wurden allerdings nicht einmal als Figur erfasst und dementsprechend auch nicht in die Bewertung einbezogen (Bsp.: „Alliteration" bei Formulierungen wie „<u>D</u>urch <u>d</u>ie…" oder „…, <u>d</u>ass <u>d</u>er…").

indes, die transparenter ist als das bloße Zahlenspiel von 0 bis 4. Unter den genannten Kriterien wurden dann auch die sogenannten verblassten Figuren mit einer Wertung von 0 versehen, desgleichen diejenigen Fachbegriffe, die im Laufe eines Urteils immer wieder auftraten. Das Gros des auftretenden Fachjargons wurde dabei mit einer geringen Intensität (meistens 1) bewertet, weil zwar auch Fachjargon eine rhetorische Wirkung hat – etwa weil er als Fachsprache dem eingeweihten Leser häufig konzis fachliche Zusammenhänge vermittelt, ohne dass es einer längeren Erklärung bedürfte (insofern eine besondere Form der *brevitas*) –, sein Einsatz aber in einem Fachtext von Fachpublikum auch erwartet und kaum Aufmerksamkeit erregen wird. Hohe Wertungen (3 oder 4) hingegen erhielten vor allem poetisch und augenfällig engagiert geratene Figuren, Figuren also, die im Sachkontext als bildlich oder klangvoll emotionalisierend wirkten oder den Anschein machten, als sollten sie einem Aspekt im jeweiligen Satz ganz besondere Betonung verleihen (dies war häufig bei satzanfangdominierenden Inversionen oder häufigen Wiederholungen der Fall).

3. Erfassung und Auswertung

Die so gewonnenen Daten werden mithilfe einer Excel-Tabelle in folgende Formel eingesetzt:

Abbildung 2: Berechnung des Figurenanteils pro Satz.

$$\frac{\frac{\text{Intensität}}{4}}{\text{Anz. Wörter}} * 1000 = \text{Figurenanteil/Satz}$$

Die einzelnen Terme der Formel erklären sich so: Um, wie oben bereits erläutert, der unterschiedlichen Intensität rhetorischer Stilmittel in ihrem konkreten Einsatz Rechnung zu tragen, wird die absolute Intensität aller Figuren des Satzes in die Gleichung aufgenommen und dann mit dem Divisor 4 relativiert. Dies erklärt sich aufgrund des gewählten Intensitätsspektrums von 0 bis 4, das nunmehr auf eine Spanne von 0 (für eine wirkungslose Figur) bis 1 (für eine voll wirksame Figur) reduziert wird. Der Hauptdivisor, die Anzahl der Wörter im Satz, bezieht die Intensität aller Figuren des Satzes auf den ganzen Satz, der durch seine Wortanzahl ausgedrückt wird. Der Faktor 1000 soll die erzielten Ergebnisse so skalieren, dass sie in besser handhabbaren Zahlen abgebildet werden, also auf

Zehner- bzw. Hunderterbasis anstelle von Nachkommastellenbereichen. Die pro Satz voranschreitende Berechnung ermöglicht eine Darstellung der Figurenkurve der jeweiligen Entscheidung und insbesondere einen Abgleich mit der ebenso zu errechnenden Begründungskurve.

Diese Erfassung der rhetorischen Vielfalt von juristischen Entscheidungstexten ermöglicht eine tendenzielle Aussage über die figurenkategorische Zusammensetzung erstinstanzlicher Strafentscheidungen; sie wird, so weit die Erwartungshaltung des Verfassers, offenbaren, dass neben den erwarteten Kategorien „sachlich" und insbesondere „fachlich" ganz erheblich auch andere Kategorien zum Einsatz gelangen. Sie wird damit, wenn auch in kleinem Rahmen, Beweis antreten für die These, dass juristische Texte nicht nur überhaupt, sondern massiv Pathos einsetzen, um logosbasierte Begründung zu unterstützen.

III. Logosanalyse (und sehr kleine Schlusslehre)

Die Analyse eines juristischen Textes ist nur dann möglich und sinnvoll, wenn neben der Wirkdimension des Pathos – der Ebene der Figuren und Emotionserweckung – auch die Argumentation an sich untersucht wird, und zwar sowohl die Struktur der Argumentation als auch ihre Qualität. Zwei Fragen beschäftigen also nun: Wie versucht der Textverfasser (hier der Richter), sein Auditorium verstandesmäßig von dem zu überzeugen, was er für Recht erkannt hat, und wie baut er diese Argumentation auf?

Die Qualität der Argumentation und ihre Struktur sind Grundfragen der Logosanalyse; der in Hagen entwickelten Methode folgend, soll zunächst beschrieben werden, wie die Struktur erkennbar gemacht wird, sodann folgt die Klassifikation der Begründungsweise in verschiedene Modi, die Auskunft über die Überzeugungskraft der einzelnen Begründungen und ihre Ursache geben können.[135]

1. Struktur der Argumentation

Zur Visualisierung von Begründungsstrukturen kommen freilich viele Methoden infrage, etwa die Mindmap, das Flussdiagramm oder mittels tabellarischer Unterteilung des Textes in Sinnabschnitte. Wir in Hagen haben uns für ein Pfeildiagramm in „Baumform" entschieden, weil dies zum einen die strukturell übersichtlichste Methode zu sein scheint und zum anderen auch am besten Stringenzvisualisierung (oder das Fehlen derselben) zu ermöglichen scheint. So

135 Zum Ganzen *Katharina von Schlieffen*, Fn. 52, S. 1811 ff.

lässt sich aus den Analysen von rund 50 Verwaltungsgerichtsurteilen eine Verknüpfung der Qualität des Urteils (im Sinne einer bei Fachleuten empfundenen juristischen „Richtigkeit“) und der Ästhetik der visualisierten Begründungsstruktur behaupten.[136] Die Visualisierung konzentriert sich dabei hauptsächlich auf die Struktur des jeweiligen Arguments, wobei eine Begründungsbeziehung durch einen von der Begründung – oder Begründung*en* – zur Behauptung führenden Pfeil dargestellt wird, den man (von oben nach unten) als sinnstiftendes „Denn“ lesen muss:

Abbildung 3: Microstruktur eines Arguments (I).

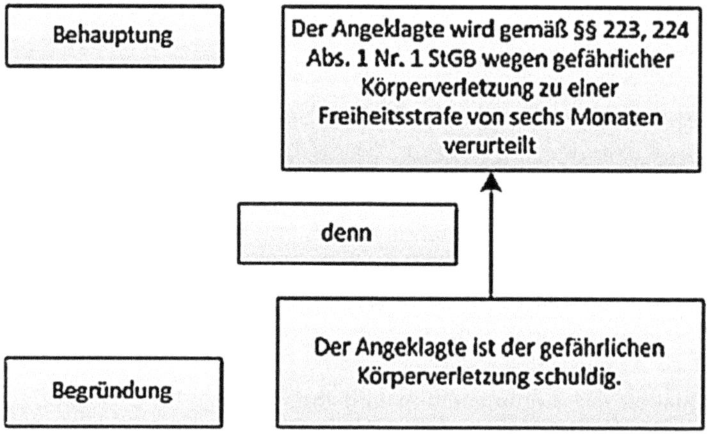

Dieser Grundstruktur folgend, schickt sich die rhetorische Urteilsanalyse aber an, diese schlichte Begründungskette operativ zu ergänzen durch diejenigen Elemente, die der Jurist im Zusammenhang (mutmaßlich) mitdenkt, aber zumeist nicht ausspricht: die relevanten Überleitungsgedanken, die aus dem Komplex Behauptung – Begründung ein vollständiges Argument (sprich: Enthymem) machen. *Seibert* formuliert dazu eingängig, dass dem Beobachter des Gerichtsbetriebs an selbigem Vorgänge auf- und Begriffe einfielen, die man im Handeln und während der Entscheidung nicht brauche und vor allem nicht gleichzeitig damit infrage stellen könne; hinter dem Hörbaren verstehe man das gerade oder

136 Beispiele: ästhetisch (und als „richtig“ empfunden) – „Wiesen in Beelitz“ (VG Potsdam, Urt. v. 15. Juni2000, AZ 1 K 4791/98), schlecht (und als eher „falsch“ oder mindestens fraglich empfunden): „Die Luxuskreuzfahrt“ (VG Düsseldorf, Beschl. v. 6. Januar 2000, AZ 20 L 4143/99.

noch nicht Gesagte.[137] Der Strafrichter wird etwa im Tenor die kurze Bemerkung „Vergehen strafbar gemäß §§ 223 Abs. 1, 224 Abs. 1 Nr. 1 StGB“[138] hinzusetzen. Die Logosanalyse erfasst hierin einen Rechtssatz[139] und ein dahinterliegendes (und ultimativ strafbegründendes) Kodifikationsargument[140]:

Abbildung 4: Mikrostruktur eines Arguments (II).

Diese argumentative Grundstruktur (Abb. 2) ist an das *Toulmin'sche* Modell des Arguments[141] angelehnt, bezieht aber neuere Enthymemstudien aus der Aristoteles-Übersetzung von *Christof Rapp*[142] und der aktuellen Forschung von *Schlieffen*[143] ein. Diese oder auch andere visualisierende Techniken auf den gesamten Rechtstext anwendend, gelangt der Analysierende zu einer Makrostruktur des Textes, dessen Anblick an den eines auf den Kopf gestellten Baumes erinnert – nicht umsonst bezeichnen wir dieses grafische Ergebnis der rhetorischen Urteilsanalyse als „Stützungsbaum“. Der übliche Aufbau zeigt typischerweise den Tenor als Wurzelwerk, der von einem Hauptbegründungsstrang – gleich einem Baumstamm – in einer sich immer wiederholenden Kette von Begründung und Behauptung gestützt wird. Dabei ist der Tenor die letztständige Behauptung, (fast) jede nachfolgende Begründung ist zugleich auch neue Behauptung, die durch eine weitere Begründung gestützt werden muss (die ihrerseits wieder Behauptung ist). Der Hauptbegründungsstrang endet typischerweise in einem sogenannten Verteiler. Der Verteiler ist oft ein aus der restlichen Argumentation

137 *Thomas-Michael Seibert*, Gerichtsrede. Wirklichkeit und Möglichkeit im forensischen Diskurs, Schriften zur Rechtstheorie Heft 222, Berlin 2004, S. 7.

138 Angeordnet durch § 260 Abs. 5 S. 1 StPO.

139 Dazu sogleich.

140 Dazu ebenfalls sogleich.

141 Vgl. hierzu *Stephen E. Toulmin*, Fn. 69.

142 *Aristoteles*, Rhetorik, übers. und komm. von Christof Rapp, 2 Hlbbd., Berlin 2002.

143 Vgl. dazu Fn 16. und bereits C.III.3.

gewonnener Schluss, der die juristische Crux des Textes ausmacht, und meist das Ergebnis des Hauptsubsumtionsaufwands. Während dies in verwaltungsgerichtlichen Urteilstexten – etwa bei einer Anfechtungsklage – häufig die Feststellung der Rechtswidrigkeit (oder Rechtmäßigkeit) eines Verwaltungsaktes sowie einer hierdurch perpetuierten Rechtsverletzung des Klägers (bzw. des Fehlens derselben) ist, wird der Verteiler in strafrechtlichen Texten erwartungsgemäß häufig die Feststellung der Erfüllung des gesetzlichen Tatbestandes ohne vorliegende Rechtsfertigungs- oder Entschuldigungsgründe sein, also die Strafbarkeit des verfahrensgegenständlichen Verhaltens oder Unterlassens.

Abbildung 5: Makrostruktur des strafrechtlichen Urteilstextes.

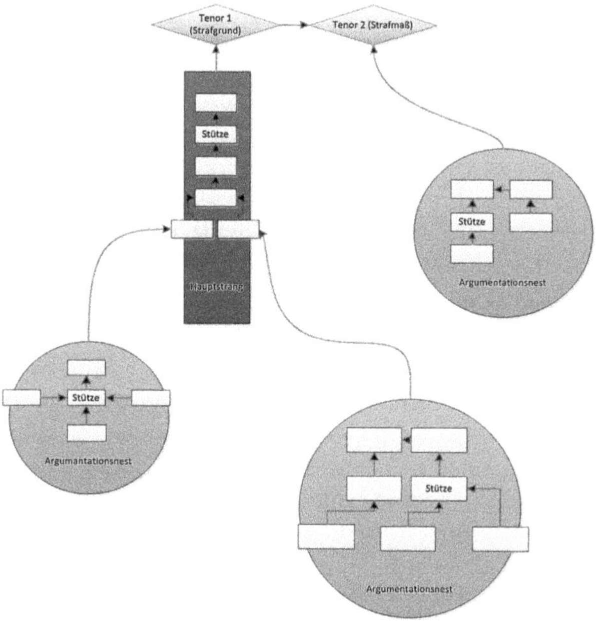

Ein erster struktureller Unterschied zu Urteilen aus dem zivilrechtlichen und verwaltungsrechtlichen Spektrum ist in der Makrostruktur eines strafrechtlichen Urteilstextes mit bloßem Auge zu erkennen: Bei verurteilenden Tenorierungen enthält der Urteilsspruch zwei klar zu trennende Aussagen: zum einen die Feststellung der Strafbarkeit und zum anderen den Strafausspruch, dessen Begründung im Vergleich zur Feststellung der Strafbarkeit selbst auf zusätzlichen Erwägungen beruht, etwa Alter, Einkommen, Sozialprognose, Schwere der Tat usf. Wie in Abbildung 5 erkennbar ist, können ganz eigene, von der

Argumentation zur Strafbarkeit unabhängige Argumentationskomplexe diesen Strafausspruchtenor stützen. Denkbar ist, dass hierdurch zwei parallele Hauptstränge entstehen und damit auch zwei Verteiler nebeneinander, wobei sich der eine auf die Strafbarkeit, der andere auf das Strafmaß bezieht. Bei ausgedehnten Nebenentscheidungen mit über zwei hinausgehenden Tenorbestandteilen (etwa eine Entziehung der Fahrerlaubnis, die Anordnung des erweiterten Verfalls oder die Aussetzung der Strafe zur Bewährung) sind auch noch andere Strukturergebnisse denkbar, die dann mehrere „Bäume" nebeneinander darstellen würden.

In den Verteiler münden die sogenannten Argumentationsnester, aus denen sich der Schluss, der im Verteiler zum Ausdruck kommt, kausal nachvollziehen lässt. Diese Nester entstehen, wenn sich der Verfasser einzelnen Aspekten des Falls argumentativ zuwendet und hieraus den Schluss im Verteiler stützt (meistens handelt es sich um kumulative Begründungen durch mehrere Argumentationsnester). In einem Verfahren, in dem es etwa um die Verwirklichung eines Regelbeispiels beim Diebstahl geht, würde der Urteilsverfasser diesen Aspekt „Verwirklichung eines Regelbeispiels" in einem solchen gesonderten Nest prüfen. Die Feststellung der Strafbarkeit des Angeklagten gemäß § 242, 243 StGB wäre dann nur kumulativ möglich, nämlich einerseits über die Feststellung der Verwirklichung des Grundtatbestands (§ 242 StGB) in *einem* Argumentationsnest und die Feststellung der Verwirklichung des Regelbeispiels in einem *anderen*. Nur beide Begründungen zusammen stützten dann die Feststellung der Strafbarkeit des Angeklagten gemäß §§ 242, 243 StGB.

2. Begründungsmodi

Nach dem bereits festgestellt wurde, dass ein Argument (Enthymem) zuvörderst aus einer Behauptung und einer Begründung besteht und von unterschiedlichen Hintergrundaspekten (Übergang) begleitet wird, soll nun dem eigentlich untersuchungsleitenden Teil der Logosanalyse Raum gegeben werden. Um die Qualität und die Art der Begründung in einem Rechtstext einer näheren Beleuchtung zu unterziehen, ist es sinnvoll, die durch empirische Arbeiten entdeckten und deshalb typischerweise zu erwartenden unterschiedlichen argumentativen Ansätze zu erfassen und ihrer Art nach zu bezeichnen, um auf Basis dieser Typologie eine verlässliche und vor allem reproduzierbare Textanalyse sicherstellen zu können. Dabei entsteht die berechtigte Frage, was genau typisiert werden soll: ein ganzer Satz, Satzteile (und wenn ja, welche?) oder einzelne Wörter? *Aristoteles* hält sogar für diese aus einer modernen Analysemethode folgende Frage eine Antwort bereit: „Ein Satz ist ein zusammengesetzter, bedeutungshafter Laut, von dem einige Teile an sich etwas bedeuten. […] Ein Satz ist auf zwiefache [sic!] Weise eine Einheit. Denn entweder bezeichnet er einen einzigen Gegenstand, oder er besteht aus der Verknüpfung von mehreren Teilen."[144] Diese recht banal klingende und über 2000 Jahre alte „Definition“ des Satzes führt uns zu der Erkenntnis, dass wir, ehe wir typisieren, quantifizieren, analysieren können, zunächst Satzlektüre im Sinne einer *Sinn*lektüre betreiben müssen. Ganz unabhängig von *Aristoteles* muss eine Begründungsanalyse auch operationalisierbare Kategorien wählen, innerhalb derer die Analyse stattfinden soll. Dabei spielt das kontextgebundene Textverständnis in der Jurisprudenz ebenso eine Rolle wie die Aufmachung des Textes selbst. Sinnvermittlungseinheit ist der Satz. Wie viele Aussagen stecken in einem richterlichen Urteilssatz – Frage 1 – und welche davon sind (sinnvollerweise) voneinander unterscheid- und trennbar – Frage 2. Sinnvolle Trennungen bzw. Unterscheidungen wurden hier immer dann als solche gewertet, wenn der einzelne Satzteil als Enthymembestandteil selbstständig in der Lage ist, etwas zu behaupten oder zu begründen oder in den Übergängen als selbstständiger Aspekt zu fungieren. Zum besseren Verständnis der Vorgehensweise sei die folgende Abbildung herangezogen:

Abbildung 6: Aussagengewinnung.

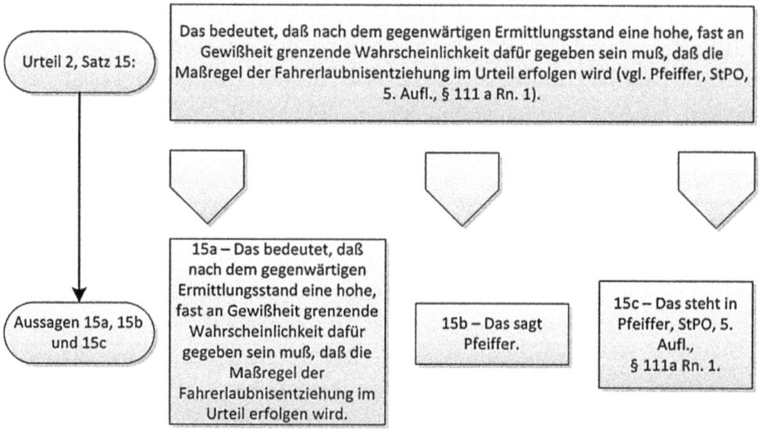

Nachdem die Aussagenanzahl ermittelt worden ist[145], geht man dazu über, diese Aussagen jede für sich und im Kontext des Satzes und des Absatzes zu

144 *Aristoteles*, Poetik 1457a20, übers. u. hrsg. v. Manfred Fuhrmann, Stuttgart 1994.

145 Dabei gilt grundsätzlich, dass eine Aussage nur dann abzuspalten ist, wenn sie selbst als Behauptung begründend weiterverfolgt wird oder eine rhetorische

klassifizieren. Obschon hier eine Reihenfolge der Vorgehensweise angedeutet wird („nachdem…"), ist dies eher der zweidimensionalen Texterstellung geschuldet als einer tatsächlich streng temporalhierarchischen Notwendigkeit. Die *Darstellung* der Methode ist also linear, während die *Herstellung* der Analyse aus einem Guss und eher organisch wachsend erfolgt. Dies bedeutet, dass bereits beim Lesen des Satzes eine rhetorische, semantische und auch juristisch-kontextuelle Durchleuchtung stattfindet und das Ergebnis sodann nicht nur die Aussagenunterteilung beinhaltet, sondern zugleich die Klassifikation dieser Aussagen nach der nun folgenden Methode.

Eine erste grobe Unterteilung der in Rechtstexten (und zum Teil auch in anderen Texten) verwendeten Begründungsmodi zeigt zwei differenzierbare Ansatzpunkte der Argumentationsart; die eine basiert auf konkret fallbezogenen Aussagen zum rechtlichen oder tatsächlichen Gehalt des zu entscheidenden Lebenssachverhalts: Der Richter macht also rechtliche Einzelaussagen (Wertungen) zum Fall oder zitiert argumentierend bzw. beweisend Tatsachen aus den hierzu getroffenen Feststellungen. Ein anderer Typus der Begründungsmodi umfasst Allgemeinplatzargumente (Allsätze) verschiedener Art: Je nach Zusammenhang können dies anerkannte Rechtssätze, ganz allgemeingültige Prinzipien oder auch das Gesetz selbst sein. Dabei haben die Analysen der Hagener Studie und auch die hier gegenständlichen Untersuchungen zur Verwendung dieser Modi ein zwar nicht unumstößliches, aber doch indizielles Muster zutage fördern können, das, noch ehe in die Tiefen der einzelnen Modi eingetaucht wird, einer kurzen Erwähnung bedarf, weil sich dieses Muster nicht nur in allen analysierten Text ausmachen lässt, sondern auch die richterliche Argumentationsweise oder jedenfalls ihre Darstellung im Entscheidungstext – auch und gerade im Sinne einer zukünftigen Verwendung für die juristische Methodenlehre – transparenter und damit nachvollziehbarer macht. Bei der Untersuchung ist nämlich aufgefallen, dass (ganz im Sinne einer Subsumtion) die „vertikale" Begründung, die das Enthymem durch seine Struktur Begründung → Behauptung vorgibt, von Tatsachen und rechtlichen Aussagen dominiert wird; d. h. im Einzelnen, dass die Behauptungen des Richters (die ja letztlich die Konklusionen eines gedanklich angewendeten Gutachtenstils sind und nur durch das Korsett des Urteilsstils der Begründung vorangehen) zu einem Gutteil mit rechtlichen Einzelaussagen zum Fall bestritten und auch dto. begründet werden. Beobachten ließ sich in diesem Zusammenhang ebenfalls eine Tendenz, solche Behauptungen mit Tatsachen

---

Notwendigkeit für die Abspaltung besteht (also etwa Kennzeichnung einer Logos-Figur, vgl. Fn. 181).

oder anderen rechtlichen Einzelaussagen zu stützen. Die Allsätze – die oben erwähnte zweite Art der Begründungsmodi – liefern selten für sich genommen stützende Begründungen für derartige Konklusionen, sondern stellen als „Backing", um *Toulmins* Begriff zu verwenden, den Argumentationszusammenhang her, mit anderen Worten: Sie *begründen* nicht die Behauptung, sondern *rechtfertigen* den Schluss von Behauptung zu Begründung oder sie begründen wiederum solche Schlussrechtfertigungen. In einer an ein chemisches Molekülmodell angelehnten Visualisierung lässt sich die Begründungsstruktur unter lediglicher Betrachtung der Verwendungsweise der verschiedenen Typen von Argumentation wie folgt darstellen:

Abbildung 7: Molekülmodell typischer Begründungsmodiverwendung im Enthymem.

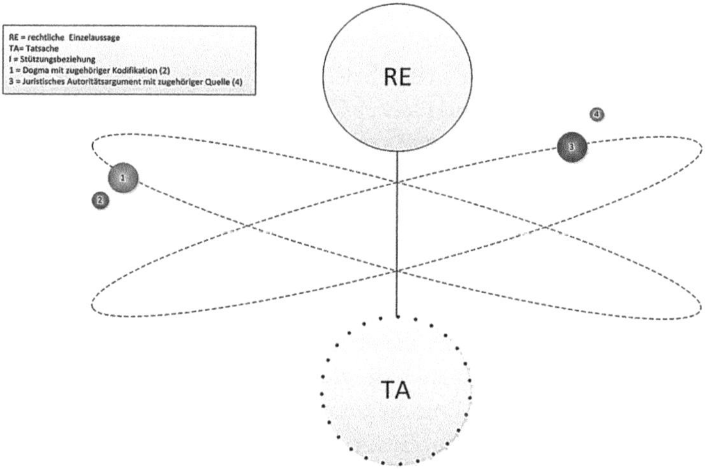

Zur Erläuterung: Betrachtet man die rechtliche Einzelaussage und die Tatsache als Atome in einem Molekül und die Stützungsbeziehung als Elektronenverbindung, die das Molekül stabil hält, kann man das Dogma und die juristische Autorität als Elektronen auffassen, die entlang der Stützungsbeziehung hin- und herpendeln und sie damit erschaffen und erhalten. Das Molekül existiert also nur aufgrund der Dynamik und der Existenz der beziehungsgenerierenden Elektronen, auch wenn das Molekül selbst „nur" aus den Atomen besteht. Großen Erkenntniswert hat diese Visualisierung freilich nicht, aber sie hilft begreifen, wie Juristen begründen und warum einige sinnstiftende Sätze (in Sonderheit die Allsätze) häufig unausgesprochen bleiben (können).

Dies als Basis der Beründungstypendefinitionen im Auge behaltend, gilt es nun, die einzelnen Arten juristischer Begründung näher zu beleuchten. Bei der Definition dieser Begründungsmodi waren folgende Hintergedanken leitend: Grundsätzlich sind Typisierungen (also Kategorisierungen) sinnvoll, um Gedanken zu strukturieren und eine erste Orientierung, eine Denkrichtung vorzugeben. Darüber hinaus dienen Typisierungen auch der Vereinfachung von komplexeren Konzepten, um diese darstell- und begreifbar zu machen. Schon *Aristoteles* hat in seinem „Organon"[146] Gattungen und Herangehensweisen an Analysen kategorisiert, um sich durch jene Unterteilungen dem jeweiligen Untersuchungsgegenstand – schrittweise sortierend – zu nähern. Hinzu tritt ein weiterer Faktor, der in dieser Analyse und auch den vorhergegangenen wohl die größte Rolle spielt: Da sich bestimmte Argumentationen (insbesondere diejenigen, die Allsätze verwenden) wiederholen bzw. die in ihnen begründet liegenden Konzepte immer gleichförmig sind, bietet sich allein schon aus Platzgründen für die Visualisierung eine Typisierung an. Gleichzeitig macht eine Kategorisierung die Argumentationsweise in übersichtlicher Weise numerisch, also quantifiziert, darstellbar.

Beginnend mit den Allsätze verwendenden Modi soll dies anhand der folgenden Typbeschreibungen konkretisiert werden.

Ein klassisches Instrument der juristischen Argumentation ist die Festigung der Schlussfolgerungen mit dem Hinweis auf das Gesetz, also darauf, das etwas Bestimmtes sich so oder so verhält, weil es entsprechend kodifiziert ist. Der Hinweis auf das Gesetz ist also Begründung mithilfe einer ***Kodifikation (Ko)***. Der Grundgedanke hinter dieser Kategorisierung ist eine plausibilisierende Kette von meinungsmäßigen Sätzen, welche die Argumentationskraft des Gesetzeshinweises erklären und die ihrerseits über die allermeisten Zweifel erhaben sein werden. Zu diesen Sätzen gehören etwa die folgenden: „An Gesetze muss sich jeder halten, weil sie für alle gelten", „Gesetze gelten für alle, weil sie von einem demokratischen, in gleicher, geheimer freier Wahl zustande gekommen Gremium erlassen werden", „Dieses Gremium darf Gesetze erlassen, weil die Verfassung ihm das Recht dazu gibt" usw. Diese Kette lässt sich nahezu beliebig

146 Altgr. ὄργανον – Werkzeug, Instrument, Mittel; als „Organon" werden seit *Andronikos* die gesammelten logischen Schriften des Aristoteles – Über die Kategorien (Κατηγορίαι), Über die Deutung (Περὶ ἑρμηνείας), Erste Analytik (Ἀναλυτικὰ πρότερα), Zweite Analytik (Ἀναλυτικὰ ὕστερα), Topik (Τόποι) und Sophistische Widerlegungen (Περὶ σοφιστικῶν ἐλέγχων) – verstanden, vgl. *R. Finster*, Organon, in: Joachim Ritter (Hrsg.), Historisches Wörterbuch der Philosophie, Bd. 6, Basel/ Stuttgart 1984, Sp. 1363–1368 (1364 f.).

lang erweitern; am Ende steht letztlich der Gedanke, dass etwas so ist, weil es so ist. Um die Visualisierung und denknotwendig auch die Logosanalyse überschaubar zu halten, können all diese Elemente nicht aufgenommen werden, was zu ihrer Kategorisierung aus oben beschriebenen Gründen – Vermeidung von Wiederholungen, Schaffung von Übersichtlichkeit, Annäherung an den Untersuchungsgegenstand – führte. Daraus folgt, dass jede Instanz einer Kodifikation stets dieselbe qualitative Argumentationskraft entfaltet, nämlich die Unterstützung eines Schlusses (oder der Nachweis eines Rechtsdogmas) mit der formalen Begründung, dass das Gesetz dies so vorsieht. Die Kodifikation wird in der Analyse, anders als etwa das Dogma, als Begründung numerisch erfasst und fließt in die Begründungskurve ein, weil die Kodifikation, wiederum anders als das Dogma, zwar im Hintergrund eines Begründungspaares p→q zu finden ist, dort aber nicht als Aspekt des ganzen Arguments den Schluss rechtfertigt, sondern die Existenz des rechtfertigenden Dogmas begründet. In dieser Paarung **Kodifikation→Dogma** ist das Dogma insofern als Behauptung, die Kodifikation als Begründung aufzufassen. Freilich ist nicht jede Nennung eines Paragrafen gleich ein handfestes Kodifikationsargument. Häufig dienen Nennungen von Normenketten (oder auch einzelner Normen) nur dem Hinweis *en passant,* dass diese Norm existiert und der Textverfasser sich auf sie bezieht. Als Beispiel mögen hier nur die häufig zu findenden Formulierungsweisen „Die *nach § XY* erforderliche Bescheinigung“ oder „Das Erfordernis einer Anhörung *(§ 28 VwVfG)…*“ dienen, aber auch ausreichen, um deutlich zu machen, dass die Annahme eines Kodifikationsarguments kein auf eine Paragrafennennung folgender Automatismus sein kann, sondern positiv festgestellt und auch analytisch begründet werden muss. Schließlich sei noch etwas angemerkt: Der Jurist wird vermuten, dass die Argumentation am Gesetz, also auch mit der Kraft des Gesetzes, der häufigste oder zumindest *einer* der häufigsten Argumentationstypen in juristischen Entscheidungstexten sein dürfte. Die vorliegende Analyse wird mittels einer quantitativen Aufstellung der verwendeten Begründungsmodi pro Urteil aufzeigen, dass dies gerade nicht der Fall ist, und wird den Versuch unternehmen, für dieses Phänomen eine Erklärung zu entwickeln.

Das Kodifikationsargument ist in Rechtstexten nur sehr selten ein Alleingänger – sein nahezu ständiger Begleiter ist das ***Dogma (Do).*** Diese Bezeichnung umfasst alle Aussagen, die Rechtssätze beinhalten. Solche Rechtssätze sind in erster Linie der Normtext selbst, von der Rechtsprechung entwickelte Rechtsgedanken und Auslegungen sowie „Theorien“. Kerngedanke des Dogmenarguments ist die Entfaltung von Argumentationskraft aufgrund allgemeiner oder jedenfalls größtenteils unumstrittener Anerkanntheit juristischen

Handwerkszeugs und entwickelter Herangehensweisen an Gesetze und auch das Recht selbst. Beispielhaft können die folgenden Fälle dazu angeführt werden: die Wiederholung des Normtexts (oder eines Teils desselben), etwa von § 242 StGB („fremde bewegliche Sache"), anerkannte Definitionen („Gewahrsam ist die tatsächliche Sachherrschaft"), juristische Methoden (etwa die „Auslegung", „*ne bis in idem*", die Nichtverbindlichkeit eines „*obiter dictums*"), geltendes Richterrecht und aus Rechtsprechung gewonnene Grundsätze (etwa die „Saldotheorie" oder das Prinzip der Gesamtbetrachtung einzelner zusammenhängender Versuchshandlungen). Schon *Aristoteles* war sich der Argumentationskraft anerkannter Meinungen bewusst (und kannte demzufolge auch die Verwendungs- und Wirkweise eines Dogmas), indem er erläuterte: „Anerkannte Meinungen … sind aber diejenigen, die entweder von allen oder den meisten oder den Weisen und von diesen entweder von allen oder den meisten oder den bekanntesten und anerkanntesten für richtig gehalten werden."[147] Die Durchschlagskraft des Dogmas ist damit zuvörderst auf die Anerkanntheit des Arguments zurückzuführen und dann erst auf den *Grund* dieser Anerkanntheit (also etwa, weil das Gesetz es so bestimmt – das wäre eher ein Kodifikationsargument – oder weil es sich um eine herrschende Meinung handelt, die nicht (mehr) ernsthaft angezweifelt wird). Häufig trifft man das Dogma, wie bereits erwähnt, zusammen mit seiner Quelle an, also zusammen mit der Norm, aus der der Gesetzestext stammt, oder mit dem Hinweis auf das das Dogma entwickelnde Urteil einer höheren Instanz. Da Dogmen in vielen Fällen *nicht* die Begründung für den konkreten Fall selbst liefern, sondern nur die Grundsätze, nach denen die einzelnen Fallfragen entschieden werden können (oder müssen), stützen Dogmenargumente häufig nicht direkt, sondern plausibilisieren den Schluss zwischen zwei rechtlichen Einzelaussagen oder zwischen einer rechtlichen Einzelaussage und einer Tatsache.[148] Anders als es bei Kodifikationsargumenten der Fall ist, finden sich in juristischen Entscheidungstexten häufiger Dogmenargumente, die zum Teil bis zu gut ein Viertel der verwendeten Begründungsmodi ausmachen.[149] Die Tatsache, dass Dogmen häufig unausgesprochen bleiben, aber doch im Hintergrund die Plausibilität eine Schlusses liefern, mag auch darin begründet liegen, dass Anleitungen zur Urteilsverfassung von der Wiedergabe insbesondere des Gesetzeswortlautes abraten. *Meyer-Goßner* und *Appl* etwa mahnen, dass „die Feststellung mit den Worten des Gesetzes […] einerseits nicht geboten" sei, „andererseits nicht

---

147 *Aristoteles*, Topik 100b 20.

148 Vgl. hierzu auch Abb. 7 (Molekülmodell).

149 Dieser statistische Wert bezieht sich auf die Untersuchung verwaltungsgerichtlicher Urteile im Rahmen der Ersten Hagener Rhetorikstudie.

ausreichend".[150] Weiter heißt es: „Die Urteilsgründe stellen also die gesetzlichen Merkmale der Tat nicht mit den Ausdrücken des Gesetzes fest."[151]

Ganze Monografien kann man über einen weiteren Begründungstyp verfassen, und dies ist zum Teil auch schon geschehen[152]. In der juristischen Methodenlehre wird vermittelt, seine Meinung mit Fundstellen zu belegen und auch die obergerichtliche und höchstrichterliche Rechtsprechung in seine Entscheidungsfindung einzubeziehen. Dies genügt der Vorgabe des wissenschaftlichen Arbeitens, sichert potenziell aber auch die Entscheidung gegen die Verwerfung durch höhere Instanzen ab. Verwendet der Entscheidungsfinder in seiner Argumentation also derlei Verweise auf Rechtsprechung und Literatur, sprechen wir von einem ***juristischen Autoritätsargument (Au)***. In ihm verbirgt sich, wenn auch keine Obrigkeits*hörigkeit*, immerhin eine gewisse Obrigkeits*gläubigkeit*, die durchaus ebenfalls auf *Aristoteles*' Beobachtung zu den anerkannten Meinungen und den Weisen[153] zurückgeht. Je höher das Gericht, möge man denken, desto mehr Richter entscheiden, desto spezialisierter sind die Rechtsfragen, die sie entscheiden müssen, desto erfahrener sind die Richter, desto seltener handelt es sich um Tatsacheninstanzen, sondern eben um Rechtsinstanzen, die sich täglich – und nicht nur gelegentlich – mit komplexen Rechtsfragen konfrontiert sehen. Die Autorität fließt vielleicht auch nicht zuletzt aus dem Gedanken der fortgeschrittenen Lebenserfahrung, die – jedenfalls in den oberen Instanzen – einerseits durch die Anwesenheit von gleich drei, fünf oder sogar acht Richtern bei der Entscheidungsfindung gesichert erscheint und andererseits auch z. T. im Gesetz Anklang findet, z. B. in dem Alterserfordernis für Verfassungsrichter.[154] Wollte man einen Leitgedanken hinter dem Prinzip eines Autoritätsarguments finden, könnte man zwei Alltagssätze bemühen: „Übung macht den Meister" und „Viele Hände, schnelles Ende". Das juristische Autoritätsargument ist zugleich ein Zwitterwesen, ist es doch nicht nur ein Mittel zur verstandesmäßigen Überzeugung, sondern auch ein Mittel des Ethos: Es verweist nämlich auf Expertenwissen, auf Tradition und – nachgeordnet – auch auf die gesellschaftliche „Stellung" des höheren Gerichts. Das juristische Autoritätsargument fließt also

---

150 *Lutz Meyer-Goßner/Ekkehard Appl*, Die Urteile in Strafsachen, 27. Auflage, München 2002, Rn. 284.

151 *Dies*. ebd.

152 Vgl. etwa *Timo Cullmann*, Autoritätsargumente in der Rechtsprechung des deutschen Bundesverwaltungsgerichtes und des englischen Court of Appeal, Diss. Hagen 2008.

153 Vgl. Fn 147.

154 Vgl. § 3 Abs. 1 BVerfGG.

zwar in die Berechnung des Begründungsanteils des es inkorporierenden Satzes als Logoselement ein, wird aber in der Analyse als Ethos erfasst. Das Autoritätsargument ähnelt in seiner Funktion der Kodifikation insofern, als es üblicherweise nicht wie das Dogma als schlussplausibilisierender Aspekt auftritt, sondern als Nachweis eines solchen. Es befindet sich damit zwar im Hintergrund eines Behauptung-Begründung-Paares, begründet aber selbst die Existenz des aus der zitierten Entscheidung resultierenden Rechtssatzes bzw. -prinzips.

Typischer Begleiter des Autoritätsarguments ist die ***Quelle (Qu)***. Sie ist nicht direkt Begründung aus Allgemeingültigkeit, sondern liefert den *Nachweis* für ein solches Argument. Zunächst hat die Quelle Beweisfunktion. Ihre Existenz und der Verweis auf sie sind der Nachweis der obergerichtlichen oder höchstrichterlichen Rechtsprechung (seltener: eines Dogmas oder einer Tatsache) zur Untermauerung der Legitimierung der aufgeführten Meinung (oder allgemeiner: der Behauptung). Da es sich beim Autoritätsargument (auch) um ein Ethos-Element handelt[155], wirkt die Quelle umso stärker, je höher die Autorität der Quelle ist; ein Zitat des Bundesverfassungsgerichts wirkt daher gewichtiger als der Verweis auf eine landgerichtliche Entscheidung, beides ist stärkerer „Beweis“ als die Nennung einer Akte oder Aufzeichnung. Die Quelle hat damit neben einer Beweisfunktion auch autoritative Festigungsfunktion. Ein Autoritätsargument wird insofern immer von einer Quelle begleitet sein, aber sie kann auch, wie gerade angedeutet, anderes nachweisen, z. B. Tatsachen. Der typische, in der Kategorie der Quelle verankerte Gedanke ist simpler: Hinter verschiedensten vorstellbaren Aspekten zur Rechtfertigung des Quellenschlusses „Das sagt das XY-Gericht, weil es hier oder dort so steht“ oder „Das war so, weil es hier so steht“ verbirgt sich der vor allem bei Juristen, aber auch sonst in verschriftlichten Wissenschaften zu findende, unerschütterliche Glaube an das geschriebene Wort. Selbstredend begibt sich der Entscheider eines Rechtsfalls nicht jeglicher Vorbehalte gegenüber Schriftquellen: Er behält im Hinterkopf die Möglichkeit von Fälschung, Überholt-Sein und Verschleierung der Textstelle, nicht zuletzt auch die Polyvalenz fast eines jeden verschriftlichten Gedankens. Aber nicht umsonst gilt in allen Rechtszweigen die Urkunde als sicherstes und am schwersten zu erschütterndes Beweismittel, denn – und das ist der Konsens, die (immer) wieder auftretende *petitio principii*[156] – „das ist so, weil es dort steht“ und letztlich: „Das

155 Dazu soeben und unten D.IV.

156 Dazu *Aristoteles*, Analytica Priora. II, 64b, 34–65a, 9. Der Begriff „petitio principii“ (auch: „circulus in probando“) geht zurück auf die lateinische Übersetzung des aristotelischen „Tὸ ἐν ἀρχῇ αἰτεῖσθαι“ (to en archei aiteisthai) (ebd.). – „bereits zu Anfang annehmen“.

ist so, weil es so ist". Für die Quelle könnte man, ganz im lutherisch-reformatorischen Sinne, formulieren: Sie ist Beweis – und entscheidender: Argument – *sola scriptura,* also allein durch das Geschriebene.

Und wenn schon solche ***Alltagssätze (All)*** im Raum stehen: Auch sie sind ein häufig anzutreffendes Mittel der Schlussplausibilisierung. Ein Alltagssatz ist die nichtjuristische Variante des Dogmas: Hinter ihm steht eine allgemein anerkannte Regel, eine Weisheit, ein Sprichwort. Der Alltagssatz besitzt eine besondere Argumentationskraft, da er nur schwerlich widerlegt werden kann. Er ist zu einem abzunickenden Sprichwort geronnene, vielfach erprobte und quasibewiesene Volksweisheit oder Regel, die dem Charakter des Entscheidenden (und seines Auditoriums) durch entsprechende westliche Erziehung, abendländische Sozialisierung und weitergegebenen oder selbst gesammelten Lebenserfahrungsschatz so unverrückbar innewohnt, das ein Sich-dagegen-Wenden geradezu absurd erschiene. Der Alltagssatz wird kraft seiner Wirkweise als unterschwellige und als bekannt zu unterstellende Regel nur selten expliziert – schließlich wirkte eine wortreiche Erläuterung etwa des Erst-recht-Schlusses ungestalt und banal. Insofern werden Alltagssätze weniger *eingesetzt,* um Schlüsse direkt zu legitimieren, sondern es wird vielmehr elegant ihre bloße – aber eben ubiquitäre – Existenz als Katalysator genutzt, um einerseits Applaus zu erheischen und dabei andererseits die Formulierung nicht mit (unnützen) Erläuterungen zu überfrachten. Zu den am häufigsten genutzten Alltagssätzen in juristischen Texten und der Methodenlehre überhaupt zählen beispielsweise:

- der Ähnlichkeitsschluss (*argumentum a simili*)

  Wenn dies für Soldaten gilt, dann kann es auch für Beamten gelten.

  Dieses Beispiel, das einem verwaltungsgerichtlichen Urteil[157] entstammt, zeigt, wie der Ähnlichkeitsschluss „hinter den Kulissen" funktioniert: Es wird postuliert (oder zumindest angedeutet, hier: impliziert), dass zwei Dinge sich ähneln, daraus wird (in den Rechtswissenschaften aus Art. 3 GG, in anderen Disziplinen wohl zuvörderst aus Sachdienlichkeits- bzw. Rationalitätsgründen) gefolgert, dass sie ähnlich zu behandeln oder ähnlich beschaffen sind.

- der Identitätsschluss (*ratiocinium aequipollentiae*)

  Zwei Dinge sind gleich, wenn sie jeweils einem dritten Ding gleichen (Kommutativgesetz der Mathematik).

157 VG Düsseldorf, Urt. v. 23. Februar 2011, AZ 31 K 7929/10.0.

Der Identitätsschluss (auch Syllogismus Modus Barbara[158]) ist einer der grundlegendsten logischen Schlüsse. Er postuliert, dass wenn alle Elemente einer Sache allen Elementen einer zweiten Sache gleichen und diese wiederum all denen einer dritten, dass auch die Elemente der ersten Sache (und damit auch die Sache selbst) der dritten gleichen müssen.

- der Umkehrschluss (*conclusio ad conversam*),

  Wird etwas positiv festgestellt, so kann sein Gegenteil nicht gleichzeitig der Fall sein.

  Dieser Schluss[159] lässt sich, ohne die Gründe und Abgründe der formalen Logik und der Philosophie in einer Tiefe zu betrachten, die den vorgesehen Rahmen dieser Schrift um ein Vielfaches übersteigen würde, nicht weiter explizieren. So viel aber: Dieser Schluss ist für das gesamte Spektrum menschlichen Seins essenziell, er ist auch der prominenteste in der Rechtswissenschaft, begleitet er doch (zusammen mit dem Unterordnungsschluss) jede Subsumtion unter eine Norm als Hintergedanke.

- der Widerspruchsschluss (*ratiocinium contradictionis*),

  Einander widersprechende Aussagen sind nicht beide wahr.

  Für diesen Schluss gilt Ähnliches wie für den vorhergehenden: Er ist grundlegende Erkenntnis und sträubt sich als solche bereits gegen eine allzu tiefe Erläuterung im hier vorgesehenen Rahmen. Er ist aber immerhin Grundlage fast jedes Gerichtsverfahrenes insofern, als er *condicio sine qua non* für die Bewertung von Zeugenaussagen zum Beweis ist. Weiterführend liegt dieser Schluss auch anderen, nicht unbedingt juristischen Denkweisen zugrunde, dient er doch als genereller Maßstab zur Beurteilung, ob jemand die Unwahrheit sagt.

- der Widerstreitschluss (*ratiocinium contrarietatis*)

  Die Grundfläche eines Kugelquerschnitts ist keine Ellipse (sondern ein Kreis).

  Der Widerstreitschluss ähnelt dem Widerspruchsschluss insofern, als er – wie auch der Umkehrschluss – ein *ratiocinium oppositionis* ist, ein Schluss aus Entgegenstehendem. Während aber der Widerspruchs- und der Umkehrschluss diametrale Aspekte betreffen, ist der Widerstreitschluss

---

158 Vgl. dazu *Aristoteles*, Fn. 58, I.4.; auch (und überhaupt zu den verschiedenen Schlussformen erhellend) *Arthur Kaufmann*, Das Verfahren der Rechtsgewinnung. Eine rationale Analyse, München 1999, S. 51.

159 *Modus ponendo tollens.*

sublimer: Er entsteht aus Zusammenhängen, die einander nicht unbedingt widersprechen, allerdings eben auch nicht zusammenpassen. Dabei erfordert er häufig ein Denken im Zusammenhang und das eigenständige Bilden einer oder mehrerer Prämissen. In die Begriffe der Rhetorik übertragen, wäre der Widerspruchsschluss die Antithese, der Widerstreitschluss aber das feinere, weniger absolute Antitheton.

- der Unterordnungsschluss (*ratiocinium subalternationis*),

  Sind alle Straftaten, die mit nicht unter einem Jahr Freiheitsstrafe bewehrt sind, keine Vergehen, so ist auch Totschlag kein Vergehen.

  Die Unterordnung einzelner Elemente unter eine Gattung zum Zwecke der Erkenntnisgewinnung (oder umgekehrt das Zusammenfassen dieser Elemente *zu* einer Gattung) ist ein über Jahrtausende bewährtes Instrument (ein *organon*) der Wissenschaft, dessen (schriftliche) Spuren sich durch die Menschheitsgeschichte bis zum Organon[160] des *Aristoteles,* dort insbesondere zu den Kategorien, zurückverfolgen lassen. Dieses Instrumentarium ist für die Rechtswissenschaft mit ihrer ontischen Arbeits- und Vorgehensweise freilich von besonderer Bedeutung, denn wenn man das Gesetz als Rahmenerfassung aller generell möglichen Variationen eines Geschehens versteht und erst das Urteil als Konkretisierung (sprich: Rahmenabgleich), erscheint die Möglichkeit, die Vorgaben dieses Rahmens zu gruppieren (eben zu kategorisieren), als unerlässlich, um nicht im konkretbegrifflich leeren Abstraktionsraum ohne Begriffsleitplanken zu stranden.

- und der Erst-recht-Schluss (*argumentum a fortiori* → (I) *a maiori ad minus* oder (II) *a minori ad maius*)

  (I) Wenn grobe Fahrlässigkeit keine Haftung auslöst, dann erst recht keine einfache Fahrlässigkeit.
  (II) Wenn schon ein Messer als gefährliches Werkzeug gilt, dann erst recht ein Schwert.

Der Erst-recht-Schluss ist mit dem Ähnlichkeitsschluss verwandt, kombiniert aber die Vergleichbarkeit zweier Sachverhalte mit einem quantitativen Moment. Die dem Schluss innewohnende Logik betrachtet die Behandlung eines Sachverhalts anhand seiner Gewichtigkeit und vergleicht dann damit die Gewichtigkeit des anderen Sachverhalts. Aus der bestehenden Differenz, die nach einfachsten

160 Siehe hierzu etwa die konzise Zusammenfassung bei *Robin Smith*, Aristotle's logic, Stanford Encyclopedia of Philosophy, grundl. Überarb. 2011 (http://plato.stanford.edu/entries/aristotle-logic/#AriLogWorOrg, zuletzt aufgerufen am 22.09.2012).

Alltagssätzen ermittelt wird (etwas ist größer oder kleiner, mehr oder weniger), kann sodann geschlossen werden, dass der zweite Sachverhalt ebenso zu behandeln oder gerade nicht zu behandeln ist wie der erste. Es handelt sich letztlich um einen Schnittmengenvergleich und dadurch um die Ermittlung, ob ein Sachverhalt, für den eine Behandlung zur Verfügung steht, einen anderen Sachverhalt umfasst. Dieser Schluss ist in der Rechtswissenschaft immer dann zu finden, wenn zu einer bestimmten Frage bereits obergerichtliche oder höchstrichterliche Rechtsprechung existiert und der Gestalter des Entscheidungstextes eine Antwort auf ganz ähnliche Fragestellungen finden muss. Wenn das *argumentum a simili* selbst nicht ausreicht, kann das *argumentum a fortiori* ergänzend herangezogen werden.

Nach alledem ist es wichtig, sich gewahr zu werden, dass diese in der Rechtswissenschaft durchaus allgebräuchlichen Schlüsse ihr aber nicht eigen sind; sie sind keine „juristischen" Schlussformen, sondern ganz bekannte, schematisierte und weit verbreitete, eben *alltägliche* Schlüsse. Damit müsste man erwarten, dass ein solcher Alltagssatz, wie sie die soeben erörterten Schlüsse allesamt sind, hinter beinahe jedem Schluss in einem rechtlichen Entscheidungstext steckt. Hier zeigt sich die Ökonomie der Klassifizierung und Kategorisierung noch einmal sehr deutlich. Die Gruppierung erspart die Suche nach allen implizit wirkenden Alltagssätzen dort, wo sie standardmäßig und in immer gleicher Form auftreten.

Als letztes Glied in der Allgemeinplausibilisierungskategorie und zugleich erstes in der Erläuterung der konkreten Begründungsmodi sei das einzige Zwitterwesen innerhalb der Begründungstypen angeführt: ***die generalisierte Einzelmeinung (Gen)***. Während sie im Urteilszusammenhang die Gestalt eines Dogmas – also einer rechtlichen Regelhaftigkeit – annimmt, was bereits an der Formulierungsweise deutlich wird, ist sie bei näherem Hinsehen bloße Bewertung des konkreten Falls durch den Richter und damit näher an der rechtlichen Einzelaussage als am Dogma. Hinzu kommt, dass ein Dogma häufig von Kodifikationsargumenten oder juristischen Autoritätsargumenten begleitet wird, damit seine Legitimation und mit ihr auch seine Gültigkeit demonstriert werden. Die generalisierte Einzelmeinung kann diese Nachweise zwangsläufig nicht vorbringen, weil sie letztlich „nur" die Meinung des Richters widerspiegelt, sei sie noch so *lege artis* entwickelt und plausibel, und eben nicht die gleiche Argumentationskraft entfalten kann wie ein durch allgemeine Anerkanntheit (oder höchstrichterliche Rechtsprechung) legitimiertes Dogma. In den wenigen bislang untersuchten Fällen zweier Gerichtsurteile aus verschiedenen Instanzen mit dem gleichen Gegenstand ließ sich eine Tendenz ausmachen, dass gerade solchen Stellen, an denen die Analyse eine generalisierte Einzelmeinung ausfindig gemacht hat, durch das höhere Gericht besondere Aufmerksamkeit zuteilwurde: Entweder wird das Argument expliziert und weiter gestützt oder (nahezu im Sinne einer „Sollbruchstelle“) widerlegt. Hierin ist aus analytischer Sicht keine Kritik zu sehen, wie überhaupt die Analyse keine Kritik übt, sondern lediglich beobachtet; auch in dieser Sache schließt sich der Verfasser *Seiberts* Worten an: „Beobachtung ist ein Theoriebegriff, der nicht meint, dass der Beobachtende es besser kann als die Beobachteten“[161]. Wollte man doch eine pejorative Tendenz erkennen, so müsste man sich vor Augen führen, dass dem Richter durchaus eine (auch eigene) Meinung zusteht, die auch häufig semantisch zum Ausdruck kommt: Man liest dann Wendungen wie „zur Überzeugung des Gerichts“ oder „das Gericht teilt diese Ansicht“ oder dergleichen. Die in einer kritischen Interpretation zu stellende Frage bei generalisierten Einzelmeinungen betrifft damit nicht die Verkündung richterlicher Meinung, sondern die Art und Weise ihrer Vermittlung: semantisch, rhetorisch und quasilogisch als althergebrachte Lehr- oder Rechtsprechungsmeinung ohne Nachweise ihrer Existenz außerhalb des Entscheidungstextes selbst. In diese Kategorie der „verschleierten“ Dogmen gehören übrigens auch Uminterpretationen von Gerichtsurteilen, bei denen der Richter Dogmen und Autoritäten nutzt, um dem Fachpublikum Nachweise für eine bestimmte Meinung zu liefern, um dann herzugehen und den Inhalt der Entscheidung fehlerhaft oder mindestens höchst interpretativ in seine eigene Entscheidung einzuweben.[162]

Die zuvor kurz erläuterten Modi sind das Fleisch, der Füllstoff, das Futter, das die vollzogenen Schlüsse $p \rightarrow q$ plausibilisiert. Das Skelett der Entscheidung indes konstruiert der Entscheidende (und damit zwangsläufig auch jeder Beobachter) aus konkreten Feststellungen, die sich allein auf den zur Entscheidung vorliegenden Fall beziehen und diesen als wahr konstatieren (Tatsachen) oder ihn juristisch bewerten (rechtliche Einzelaussagen). Bereits das Reichsgericht hat (im Zusammenhang von § 263 StGB) Tatsachen als „konkrete Zustände oder Vorgänge aus Gegenwart und Vergangenheit“ definiert, „die dem Beweis zugänglich sind“[163]. Diese Definition, die im Übrigen nicht kodifiziert, sondern im Wege eines Dogmas traditionell gewachsen ist, macht jeder Entscheider,

---

161 *Thomas-Michael Seibert*, Gerichtsrede, S. 7.

162 Vgl. hierzu etwa die Parallelenziehung zwischen Beamten und Soldaten auf der Grundlage des Urteils des BVerwG (BVerwG, Urt. v. 24. September 1992, AZ 2 WD 13.91 und 7.92, BVerwGE 93, 287) in der Entscheidung des VG Düsseldorf, Urt. v. 23. Februar 2011, AZ 31 K 7929/10.0, zu einer Disziplinarverfügung.

163 RGSt 55, 129 [131].

insbesondere der Strafrichter, zur Grundlage seiner Überlegungen und Feststellungen zur Beweisaufnahme und -würdigung. Die ***Tatsache (Ta)*** in der rhetorischen Analysemethode folgt demselben Schema, unterliegt den gleichen Gesetzen und wird aus den zur Verfügung stehenden Beweismitteln unter Würdigung derselben festgelegt. Dabei tauchen sie am Ende einer Beweiswürdigungskette als Ergebnis auf (meist als Konglomerat aus mehreren Beweismitteln unter Anwendung gängiger Schlusssätze zu Glaubhaftigkeit der Aussage und Glaubwürdigkeit des sie machenden Zeugen) und beginnen als Begründungsbasis einer oft rechtlichen Argumentation einen vertikalen Begründungsstrang, der über verschiedene Rechtsaussagen zum Tenor führt. Dies mag der Ursprung des Begriffs „Tatsachengrundlage“ sein.

Abbildung 8: Tatsachen als Ergebnis und Begründung.

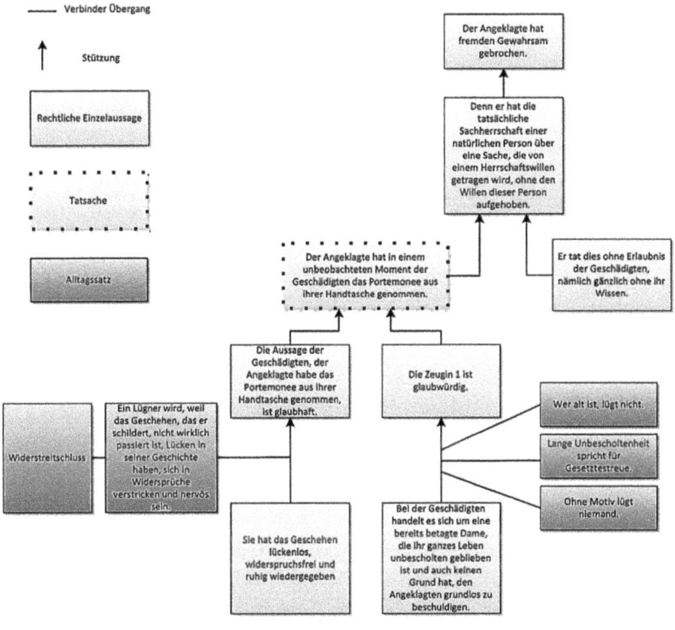

Die tragenden Säulen[164] des richterlichen Urteils und damit auch der Analyse eines solchen sind indes die ***rechtlichen Einzelaussagen (Re).*** Denn bei allen gesetzlichen Regelungen, Tatsachenfeststellungen, Rechtssätzen, Alltagssätzen

164 Die rechtlichen Einzelaussagen machen bis zu 40 % der verwendeten Argumentmodi aus.

und Autoritätsargumenten soll und muss der Richter einen *konkreten* Fall entscheiden und seine Argumentation nach den besonderen Begebenheiten dieses Falls – eben der jeweiligen Situation – ausrichten. Dies ist auch der Ansatzpunkt der Rhetorischen Rechtstheorie, die, ganz wie der Richter, situative Betrachtungen macht, weil Rhetorik selbst ebenfalls immer situativ ist und auch so wirkt. Die rechtliche Einzelaussage ist eine konkrete Beurteilung des Falls auf der Grundlage verschiedener, hintergründiger Überlegungen und Regeln bzw. Regelhaftigkeiten. Sie ist letztlich Abgleich des Lebenssachverhalts mit den ihn betreffenden, ihn regelnden Normen und Prinzipien, schließender oder schlussvorbereitender Vergleich der Voraussetzungen mit den Fallgegebenheiten oder einfacher – und zugleich unwägbar komplizierter – ausgedrückt: Subsumtion. Wenngleich sich die juristischen Geister bis zum heutigen Tage[165] und vermutlich auch darüber hinaus streiten und streiten werden, was denn genau unter Subsumtion zu verstehen sei, so kann m. E. wohl als Konsens begriffen werden: die Unterordnung eines Lebensvorgangs in seiner konkret wahrgenommenen und als wahr festgestellten Form unter die Rahmenbedingungen, die Gesetze oder Rechtssätze im Ganzen oder im Einzelnen vorgeben. Bei der Begründungstypusanalyse wird dieser Vorgang durch die rechtliche Einzelaussage abgebildet. Beispiele für derartige Aussagen seien: „Dieses Verhalten ist geeignet, eine andere Person in seinem [sic!] Empfinden nicht unerheblich zu beeinträchtigen"[166]; „Daran fehlt es hier, weil der Beschuldigte nicht dringend verdächtig ist, eine rechtswidrige Tat im Sinne des § 69 Abs. 2 Nr. 1 StGB begangen zu haben"[167]; „Soweit der Angeschuldigte aufgrund seiner Angaben bei der Ummeldung am 19.10.2001 (Bl. 140 d.A.) die Ausstellung einer Meldebestätigung nach amtlichem Muster (VO über die Muster der Meldescheine vom 04. Mai 1987, Brem.GBl. S. 155) mit den falschen Personalien veranlasste, liegt darin keine mittelbare Falschbeurkundung"[168]. Doch nicht nur die Subsumtion wird im Wege einer rechtlichen Aussage unternommen, auch das Resultat, der letzte Schluss in der Viererkette des Gutachtenstils – Obersatz, Definition, Subsumtion, *Konklusion* – stellt der Richter mit dieser Argumentform dar, was nicht weiter wundernimmt, soll doch jeder Schluss dieser Kette ein kleines oder großes oder „das" Ergebnis der rechtlichen Erwägungen zum *konkreten* Fall sein. Hierin liegt auch die Erklärung für die oben gemachte Beobachtung der

165 Aktuell der Beitrag *Gottfried Gabriel/Rolf Gröschner*, Subsumtion: Schlüsselbegriff der Juristischen Methodenlehre, Reihe Politika, Tübingen 2012.

166 Urteil 1, Satz 53.

167 Beschluss 1, Satz 16.

168 Beschluss 2, Satz 10.

Verwendung konkreter Begründungstypen vor allem in der vertikalen Urteilsarchitektur (Entscheidungsstringenz aus den Begründungsnestern über den Hauptstrang zum Tenor) im Gegensatz zum Vorkommnis allgemeiner Typen in der Horizontalen (Erläuterung, Ergänzung und Plausibilisierung des vertikalen Begründungsverlaufs).

Die ***Zeugenaussage (Zeu)*** stellt mit Blick auf die in den Hagener Studien und den bislang mit der hier dargestellten Analysemethode untersuchten verwaltungsgerichtlichen Urteilen eine neue Kategorie der Aussagenqualifikation dar. Ihre Einführung in die Analysemethode ließ der Umstand notwendig erscheinen, dass der urteilstextlich für Strafurteile typische Bericht über die Angaben der Zeugen in indirekter Rede eine argumentative Sonderstellung einnimmt, die sich zu einem Teil aus der Kompositionsabfolge des (Straf-)Urteils ergibt, zu einem anderen Teil aus der berichteten Zeugenaussage selbst. Durch die Abfolge „Feststellung des Sachverhalts, Beweisaufnahme, Beweiswürdigung" kommt es zu Dopplungen, manchmal gar Triplungen von Aussagen, deren Inhalt – wie häufig bei Wiederholungen – begründungsstrukturell nur schwer zu erfassen ist, ohne zwangsläufig und jedes Mal eine argumentativ schwache *petitio principii*[169] zu entdecken, die aber tatsächlich *so* nicht erfolgt. Obwohl von außen betrachtet zwar in der Tat ein Urteil den Eindruck vermitteln kann, es argumentiere mit Sätzen, deren Quintessenz in etwa die sein dürfte, dass alles so sei, weil es eben so sei, und auch verstanden werden kann, dass eine Feststellung der gleichlautenden Aussage eines Zeugen folgend entsteht („Das ist so, weil X das ausgesagt hat"), liegt nämlich hinter dem argumentativen Prozess bei der Würdigung von Zeugenaussagen (noch) etwas anderes: Die Begründung für eine Feststellung ist nämlich weniger die, dass sie gleich- oder ähnlichlautend ausgesagt wurde, sondern vielmehr gründet die Feststellung auf der *Überzeugung* des Richters, dass sich der verfahrensgegenständliche Sachverhalt wie festgestellt ereignet hat. Diese Überzeugung fließt aber nicht allein und nicht einmal hauptteils aus der Tatsache, dass jemand einen Umstand so oder anders geschildert hat, sondern aus den Gründen, aus denen der Richter die jeweilige Sachverhaltsbeschreibung für *wahr* hält. Diese Gründe findet man immer wieder in Urteilen, so auch in den zur Analyse vorliegenden[170]. Die Aussagen der Zeugen sind, liest man dort, „widerspruchsfrei" oder „flüssig vorgetragen und nachvollziehbar" „lückenlos" und, ganz lapidar, „glaubhaft". Die berichtenden Zeugen sind „glaubwürdig", sie haben ausgesagt „ohne erkennbare Belastungstendenzen gegenüber dem

---

169 Vgl. Fn. 156.

170 Etwa Urteil 1, Sätze 42 bis 48; Urteil 2, Satz 17; Urteil 3, Sätze 16 ff.

Angeklagten", „haben keinen Grund, den Angeklagten zu Unrecht zu belasten", sie „räumen Erinnerungslücken bereitwillig ein". All dies (und mehr) sind die Umstände, die zur Überzeugung des Gerichts führen und eben nicht die bloße Tatsache, dass Zeugen die verfahrensgegenständlichen Vorgänge bekundet haben. Freilich tragen diese Bekundungen zur Überzeugungsbildung des Gerichts bei, denn ihre Schilderungen setzen den Überzeugungsbildungsprozess in Gang, aber sie begründen *nicht allein* die Feststellungen des Gerichts. Nur die Zusammenschau aus Aussage(-bericht) und Überzeugungsbegründungen vermag also eine Feststellung argumentativ zu begründen. Man könnte sich nun auf den Standpunkt stellen, es sei keine eigene Kategorie für diesen Umstand vonnöten, schließlich sei es ganz häufig so, dass nur die Kumulation mehrerer Behauptungen p_1, p_2,...p_n imstande sei, eine bestimmte Behauptung q vollumfassend oder auch nur nachvollziehbar zu begründen. So reiche es beispielsweise auch gerade nicht, dass im Falle eines Diebstahls ein Bruch fremden Gewahrsams festgestellt werde. Hinzutreten müssten noch andere, die Wegnahme konstituierende Faktoren. Auch hier begründe nur die Kumulation aller inhärenten Tatbestandsmerkmale die Feststellung einer Wegnahme. Dieser Einwand ist zwar formal betrachtet korrekt, allerdings ist dieses Beispiel der kumulativen Begründung bereits qualitativ eine andere: Während nämlich in diesem Beispiel alle Tatbestandsmerkmale gleichwertig und gleichartig (und zwar auch in ihrer Klassifizierung als rechtliche Einzelaussagen) nebeneinander und zusammenstehen, um die Begründung kumulativ zu stützen, sind die stützenden Begründungen in dem Fall der Zeugenaussage und der Überzeugung des Gerichts bereits aussagenkategorisch verschieden, selbst wenn man die neue Kategorisierung „Zeugenaussage" hinwegdächte und an ihre Stelle eine Kategorisierung treten ließe, die der bislang geschilderten Methode entspräche; dies wäre die Kategorie „Tatsache" – der Zeuge hat dies oder jenes (beweisbar) ausgesagt. Diese hypothetische Kategorisierung würde aber der Qualität der Zeugenaussage, wie oben bereits angerissen, nicht ganz gerecht, da ihre Erwähnung mehr ist als der bloße Nachweis ihrer Bekundung. Im Prozess der Überzeugungsbildung spielt auch ihr Inhalt eine Rolle, sodass sie als reine Tatsache zu qualifizieren, die argumentative Funktion der Zeugenaussage beschneiden würde. Dieser qualitative Unterschied rechtfertigt eine differenzierte Herangehensweise an die Fälle der Feststellung aus Zeugenbekundungen und Beweiswürdigungserwägungen im Entscheidungstext und damit eine eigene Kategorie in der Aussagenqualifizierung der Analysemethode. Hierzu sei noch angemerkt, dass Zeugenaussagen wie die hier beschriebenen selbstredend auch in fast jeder anderen juristischen Verfahrens- und damit Entscheidungsart vorkommen können. In den bisherigen Analysen ist es indes bislang nicht nötig gewesen, diese Kategorisierung in der Form vorzunehmen, da Zeugenaussagen fast überhaupt nicht vorkamen, oder wenn doch, dann ohne die typische Trias Feststellung – Überzeugungsbegründung – Aussage, deren spezifische Argumentationsformation es ist, die letztlich die besondere Kategorie der Zeugenaussage erforderlich machte. Im Ergebnis und für die vorliegende Analyse können Zeugenaussagen demgemäß begründenden Charakter haben. Für die Zwecke der Analyse zählen aber auch die Einlassungen des Angeklagten zur Kategorie „Zeugenaussage", obwohl sie formell strafprozessrechtlich kein eigenständiges Beweismittel darstellen. Sie unterliegen indes denselben argumentativ beachtlichen Regeln im Hinblick auf ihre Behandlung im Begründungsfluss insofern, als der Entscheider auch die Einlassung des Angeklagten wiedergeben und auf ihren Wahrheitsgehalt überprüfen, sie sogar zur Begründung einer Feststellung heranziehen kann. Dies gilt freilich eher noch von der geständigen Einlassung, wird aber für alle Arten der Einlassung praktiziert, wenn auch häufig nur in Gegenüberstellung mit anderen, der Einlassung des Angeklagten widersprechenden Beweismitteln. Als wahr festgestellte oder nicht bestrittene Einlassungen können demnach aber ebenso wie eine für wahr gehaltene Zeugenaussage zur Stützung einzelner Behauptungen herangezogen werden. Widerlegte Einlassungen hingegen müssen als uneinbringliche Aussagen (und antithetische Gegenstücke zu den Feststellungen des Urteils) pathetisch an die für sie inhaltlich relevanten Feststellungen angebunden werden.

Erwähnt, wenn auch nicht direkt zu den Begründungsmodi gezählt, werden muss noch der ***Tenor (Te)*** des Urteils, dessen Teile die verschiedenen Behauptungen des Urteils darstellen, die es zu begründen gilt. Der Tenor ist insofern aber eine Art Zwitterwesen, weil er zugleich Hypothese und Ergebnis der Urteilsbegründung ist: Als oberste Urteilsfeststellung beinhaltet er diejenigen Behauptungen, die in der Folge des Urteilstextes begründet werden müssen, repräsentiert aber zugleich nach außen die Konsequenz der Tat und der Begründung als konkrete, real geschehende Wirkung, das Resultat. Im strafrechtlichen Tenor findet sich zudem eine Besonderheit, die anderen Rechtsgebieten fehlt – der Strafgrund, also die Tat, wird *immer* erwähnt. Diese Herausstellung der Tat, deretwegen Strafe ausgesprochen wird, mag verschiedene Gründe haben: Vorstellbar ist beispielsweise der Gedanke der Generalprävention, die besser greift, wenn der interessierte Leser die direkte Verknüpfung von Tat und Strafe im ersten Urteilssatz präsentiert bekommt. Eine innere Verknüpfung von Straftat und Folgen, eine für jeden denk- und fassbare Wenn-Dann-Formel, kann so entstehen. Auch spezialpräventive Wirkung dürfte eine Rolle spielen, wenn man bedenkt, dass die moderne Gesellschaft zwar den Pranger nicht mehr kennt, aber durchaus noch das Phänomen einer öffentlichen „Bloßstellung" eines Täters (in Form von Bundeszentralregisterauszügen und polizeilicher Führungszeugnisse), der nunmehr nur die körperlich Pein des mittelalterlichen Prangers oder Spießrutenlaufs fehlt. Es lässt sich postulieren, dass sich der Zusammenhang zwischen Tat und Strafe im Sinne eines „Wenn-Dann" auch dem Täter aufdrängen soll und wird, in Sonderheit nämlich dann, wenn dieser Zusammenhang das Urteil anführt. Unterschieden werden müssen aber eben wegen dieser ausnahmslosen Herausstellung der Tat für eine begründungsstrukturelle Untersuchung dieser deklaratorische Schuldspruch *und* der Strafausspruch, die Kostenentscheidung und sonstige Nebenstrafaussprüche bilden dabei eigene kleine Komplexe. Die Besonderheit besteht nun darin, dass fast alle Tenorbestandteile denknotwendig als Behauptungen „nur" Aussagen, aber keine „echten" Begründungen darstellen. Diese „Aussagen" gilt es letztlich, durch die Entscheidungsgründe argumentativ zu rechtfertigen, sodass der Begründungszusammenhang zwischen Schuldspruch und Strafausspruch gerade den Inhalt des Urteils hätten, fasste man den einen als Begründung des anderen auf. Eine Ausnahme hiervon bildet der Schuldspruch, der, wenn er explizit in der Begründung auftaucht, als argumentativer Zwischenschritt aufzufassen ist, da er Voraussetzung für die gesamten Tenorbestandteile ist: Wer schuldig ist, erhält eine Strafe, trägt die Kosten und seine Auslagen, erleidet ggf. Nebenstrafen. Deshalb taucht dieser explizit in der Begründung zu findende Schuldspruch als argumentative *Begründung* und nicht als Aussage in den zugehörigen Logostabellen und Stützungsbäumen im Anhang auf. Der kausale bzw. konsekutive Zusammenhang zwischen den einzelnen Tenorteilen ist, trotzdem sie zumeist nicht begründend sein sollen, nicht von der Hand zu weisen. Die Begründung erfolgt nur an anderer Stelle, also nicht unmittelbar oder hintergründig, sondern schlicht an der strafprozessrechtlich rechten Stelle im Urteil selbst, das in sechs Schritten dargestellt zu werden pflegt. Die Tenorbestandteile sind untereinander also nicht Begründung im Sinne einer argumentativen Stütze, sondern sie fordernde Behauptung; der Tenor – so er denn über mehrere Teile verfügt – hat aber in Teilen das Wesen einer kausaler Verknüpfung, ein inneres konsekutives Geflecht, das zumindest die grafische Darstellung seiner Einzelteile als (einander) begründend zu rechtfertigen imstande ist. In der tabellarischen Logoserfassung taucht er indes nur als prozentualer Bestandteil aller in der Entscheidung klassifizierten Aussagen auf und nicht als begründender Bestandteil.

3. Stützung und Unterstützung

Die Aussagenklassifikationen erleichtern, nein, sie ermöglichen erst die quantitative Erfassung der der Entscheidung zugrundeliegenden Begründungsarchitektur. Sie sagen aber noch nicht recht etwas darüber aus, wie die Begründungen zueinander stehen, wie sie sich in das Geflecht der Ratio des Urteils einfügen. Die einfachste und zugleich häufigste Form des Zusammenhangs zweier Aussagen in einem Satz oder zweier Sätze untereinander ist die Stützung[171]. Dabei begründet ein Satz (oder Satzteil) einen anderen Satz (oder Satzteil), der formell als Behauptung zu verstehen ist. *Schlieffen* formuliert dazu trefflich, dass „wir [...] ‚Argument' also voraussetzungsarm als „Stützung einer Meinung (Behauptung) mit einer anderen Meinung" [definieren]"[172]. Vereinfacht gesagt, lässt sich eine Stützung und damit auch die Grundform des Enthymems (Behauptung – Begründung) durch eine „Denn"- oder „Weil"-Probe ermitteln: Lassen sich die Aussagen zunächst sinnvoll mit einem „denn" oder „weil" verbinden, stehen sie also in einem (zunächst lockeren) kausalen Zusammenhang, kann zwischen beiden eine Stützungsbeziehung angenommen werden, die in allen Grafiken mit einem schwarzen, von der Begründung zur Behauptung zeigenden Pfeil gekennzeichnet wird. Um die Stützung einer zweiten Überprüfung zu unterziehen, sieht die hier angewendete Analysemethode vor, eine zwischen Behauptung (q) und Begründung (p) existierende Schlussregel zu bilden, die die Aufgabe einer regelhaften Prämisse übernehmen soll[173]. Diese Schlussregel geht zurück auf die *Toulmin'sche „warrant"*[174] und liefert im Wege einer Wenn-Dann-Formel die Verknüpfung zwischen Begründung und Behauptung: p→q. Es ist dies das Regelhafte, die Regel, die Argumenttheoretiker in der Rechtswissenschaft hinter jedem juristischen Argument erkannt haben wollen, das keine Ausnahmen duldende „Wenn das Gesetz etwas bestimmt und der Lebenssachverhalt darauf passt, dann tritt die Rechtsfolge des Gesetzes ein". Und in der Tat klingt das überzeugend, richtig, *logisch*. Aber: Bei Weitem nicht alle, sogar nicht die meisten, Operationen der Urteilsbegründung haben diese Form. Und: Bildet man die „Regel" p→q für jedes Enthymem, das der Analysator findet – und so wird bei

171 Für die Zwecke der hier zu unternehmenden Analyse sollen die Begriffe „Stützung" und „Stütze" synonym für „Begründung" stehen.

172 *Katharina von Schlieffen*, Wie überzeugt der Richter sein Auditorium?, in: Justice – Justiz – Giustizia 3/2009, D.II.1.

173 Dazu *Katharina von Schlieffen*, Das Enthymem – Ein Modell juridischen Begründens, in: Rechtstheorie, 42. Jahrgang, (hrsg. v. ders.), 4/2011, S. 610.

174 *Stephen E. Toulmin*, Fn. 69, S. 89 ff.

jedem Enthymem verfahren –, so ergibt dieses p→q nicht immer sinnhafte Regeln, sondern, ganz im Gegenteil, manchmal sogar ausgemachten Unsinn oder die bereits oben erwähnte[175] *petitio principii.*[176] Dennoch – und dies wird man der berechtigten Frage entgegenhalten müssen, ob denn Behauptung und Begründung dann tatsächlich zusammenpassen –, wird der Zusammenhang zwischen Behauptung und Begründung genau untersucht und an greifbaren Kriterien gemessen. Diese Kriterien schließen die semantische, textzusammenhangbezogene, aber auch juristische Betrachtung ein. Das Fehlschlagen von p→q an vielen Stellen führt zu zwei zusammenhängenden Erkenntnissen, nämlich zum einen, dass der Schluss zwischen Behauptung und Begründung weniger durch Regeln, sondern eher durch Regel*haftigkeiten* geleitet ist, und zum anderen, dass der Versuch der Regelbildung nur die ganz wörtliche Oberfläche des Arguments berührt. Wenn wir es aber als Argument erkennen und akzeptieren (und zwar trotz einer widersinnigen Regelhaftigkeit), dann *muss* hinter dem Schluss ein ihn rechtfertigendes (plausibilisierendes) Gedankenkonstrukt liegen, auf das wir uns in unserer Akzeptanz beziehen. Wir greifen also auf etwas Dahinterliegendes, etwas in unserer Gedankenwelt Existentes zurück, um das Argument zu vervollständigen. In diesem Vorgang, der durch das folgende, wenn auch alltägliche, Beispiel schnell nachgezeichnet werden kann, liegt ein klares, wenn auch nur indiziell wirkendes Zeichen für das Enthymem und gegen die anderen Modelle juristischer Argumentation.[177]

Abbildung 9: Gedankliche Vervollständigung eines alltäglichen Enthymems (vgl. Abbildung 1).

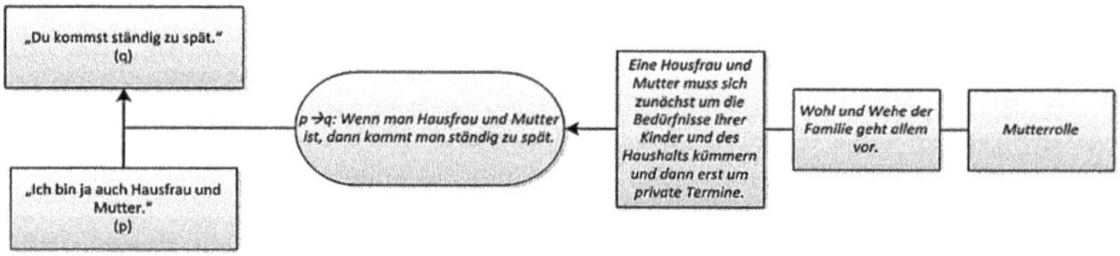

Immerhin expliziert etwa *Kraus* – wie bereits oben erwähnt – etymologisch korrekt, „Enthymem" entstamme dem altgriechischen ἐν θυμῷ („en thymo" – im Geiste) oder dem Verb ἐνθυμεῖσθαι („enthymeisthai" – sich etwas in den

175 Vgl. Fn. 156.

176 Dies kommt häufig an solchen Stellen des Urteils vor, an denen der Richter seine Subsumtion mit Sätzen wie „So liegt es hier" oder „Dies ist hier der Fall" abkürzt.

177 Zum Ganzen bereits C.III.

Sinn rufen, bedenken, beherzigen, erwägen).[178] Dieser Ansatz und die zuvor beschriebenen Proben erlauben also eine – relativ – sichere Feststellung einer Begründungsbeziehung zwischen Behauptung und Begründung. Komplizierter wird es freilich bei einer Mehrfachstützung, wie sie häufig bei der Abprüfung mehrerer Tatbestandsmerkmale auftritt. Die Bildung von $p \rightarrow q$ selbst ist indes weniger das Problem als vielmehr der Versuch, das Produkt als Regel oder auch als bloße Regelhaftigkeit zu verstehen. Zur Klarstellung: Die Wenn-Dann-Formel ist nur eine Gedankenstütze, ein innerer Prüfungsmaßstab. Sie wird weder in den Entscheidungstexten selbst noch durch die Analyse expliziert.

Schlagen die Proben fehl und fällt es schwer, die dahinterliegenden Gedanken zu formulieren, besteht die Möglichkeit, dass es sich nicht um eine Stützung, sondern um eine *Unter*stützung der Behauptung handelt. Zuvor ist bereits angedeutet worden[179], dass auch juristische Texte bei Weitem nicht frei von Figuren sind, sondern sie gezielt einsetzen, um bestimmte Wirkungen zu erzielen. Die Unterstützung ist dabei eine Möglichkeit, bei der Figuren die Argumentation augmentieren, ohne selbst im hier verstandenen Logossinne argumentativ zu sein. Es ist zwar üblich, die Wirkmittel der Rhetorik nach Kategorien zu trennen – Logos, Ethos, Pathos –, indes gibt es wie bei vielen Dingen Grenzbereiche, in denen die Funktionen verschwimmen, sich verweben, interagieren. *Schlieffen* hat den Grenzbereich zwischen Logos und Pathos einmal als „Kontinuum von Argument und Figur“[180] bezeichnet, spricht aber jüngst nunmehr von „Logos-Figuren“[181]. Darunter sind rhetorische Figuren zu verstehen (also Pathoselemente), die Argumentation vortäuschen oder sonst Logoselemente verstärken bzw. erläutern. Zu den vortäuschenden Figuren gehört die *Restrictio*, also vornehmlich die besonders bei Juristen beliebte Zwar-Aber-Konstruktion. Bekanntlich leistet sie oberflächlich den Abgleich zwischen zwei Sachverhalten

178 Vgl. *Manfred Kraus*, Deduktion, Reduktion, Kontradiktion: Rhetorische Theorien des Enthymems, in: Rechtstheorie, 42. Jahrgang, hrsg. v. Schlieffen, 4/2011, S. 419; oder auch: *Joachim Knape/Thomas Schirren*, Aristotelische Rhetorik-Tradition: Akten der 5. Tagung der Karl-und-Gertrud Abel-Stiftung vom 5.-6. Oktober 2001, Tübingen, S. 322; all diese freilich zurückgehend auf ältere Schriften, z.B. *Marcus Fabius Quintilianus*, Ausbildung des Redners (*institutio oratoria*), lateinisch und deutsch, hrsg. u. übers. v. Helmut Rahn, einbd. Sonderausgabe, 5. Aufl. 2011, V 10, 1 ff. (alle Fn. 68).

179 Vgl. Figurenanalyse, D.II.

180 *Katharina von Schlieffen*, Fn. 172, D.III.3.

181 *Dies.*, Fn. 16, S. 110.

oder Meinungsströmungen und entscheidet in Richtung der dem Wort „aber" nachgestellten. Sie schafft den Eindruck, dass sich der sie verwendende Texter eingängig auch mit der dem Wort „zwar" nachgestellten Ansicht auseinandergesetzt hat, ohne diese Auseinandersetzung indes zu explizieren. Damit verweigert sie – aus welchen Gründen auch immer – die *Darstellung* der gegen die angestrebte Meinung sprechenden Gründe und deren Refutation. Übrigens ist es für diese Art von Restrictio nicht unbedingt vonnöten, dass „zwar" und „aber" als Wörter fallen, häufig gibt der Kontext selbst den restringierenden Charakter einer Darstellung wieder. Prominentestes Beispiel für so einen Kontext ist der häufig zu lesende Satz „Die zulässige Klage ist unbegründet". Dem Juristen (und auf den kommt es im auditoriumsanalytischen Sinne zunächst an) erschließt sich das „Zwar-Aber" des Satzes sofort, und auch wird er verstehen, warum die Aussage „Die Klage ist zulässig" keine argumentative Stütze des Tenors (der zwangsläufig lautet: „Die Klage wird abgewiesen") oder des Satzes „Die Klage ist unbegründet" sein kann. Dennoch: Die Zulässigkeitsfeststellung erlaubt Rückschlüsse darauf, dass der Richter die Zulässigkeitsvoraussetzungen geprüft und sich damit die Möglichkeit geschaffen hat, die Begründetheit der Klage auszuurteilen (sonst hätte er die Klage als unzulässig abweisen müssen – Prozessurteil). Damit *stützt* er nicht den Tenor, errichtet aber eine rhetorische Brücke zur Begründetheit. Das bedeutet für die Analyse der Begründungsstruktur, dass hier kein Stützungspfeil verwendet werden kann. An dessen Stelle tritt die ***pathetische Anbindung oder Beziehung***, ein grün gestrichelter Doppelpfeil, in dessen Bikephalie die Rückbezüglichkeit der rhetorischen Figur und der Aussagen zueinander zum Ausdruck kommen soll. Nicht nur das Auftauchen rhetorischer Figuren löst diese Betrachtungsweise aus (wobei immer rhetorische Figuren beteiligt sind), sondern stets auch der Umstand, dass der Richter die Gegenargumentation der unterliegenden Partei aufgreift (und anschließend denigriert) oder hypothetisch argumentiert („Selbst wenn man…als …betrachtete, so bliebe das Ergebnis das Gleiche"). Diese pathetischen Elemente können naturgemäß keine Enthymeme bilden, weil ihre Regelhaftigkeiten oft sinnlos sind und die Übergangsgedanken entweder den einen (p) oder den anderen (q) Aspekt der Aussagen betreffen, aber nur schwerlich beide, wie es aber für das Enthymem erforderlich ist (weil die Aspekte ja nachgerade den Schluss p zu q, und eben *nicht* (nur) Behauptung oder Begründung rechtfertigen).

Neben diesen beiden Pfeilmodellen gibt es noch eine dritte Art der Verbindung, die aber grundsätzlich den impliziten Aussagen[182] im Übergang

182 Dazu sogleich D.III.4.

vorbehalten sind. Die Übergangsaspekte im Hintergrund, die „Glieder der Perlenkette“[183], um es mit *Schlieffen* zu sagen, werden selten als Stützungen betrachtet und nie mit pathetischen Anbindungen versehen, sondern erhalten einen einfachen Strich, der kennzeichnet, dass alle Glieder der Kette zusammenhängen, meistenteils nämlich zunehmende Abstraktionen des Schlusses zwischen p und q darstellen, aber eben keine Stützen im hier verstandenen Sinne sind. Dieser Begriff bleibt, bis auf einige wenige Ausnahmen[184], der Beziehung zwischen Behauptung und Begründung vorbehalten. Diese Übergänge sind indes nicht völlig unbedeutend, sondern tragen zum Gewicht des Arguments bei (sie sind immerhin häufig argumentgewichtige Topoi oder Endoxa). Dabei unterscheidet die Analyse zwischen dem Hauptaspekt des Übergangs und den restlichen Hintergründen (Übergangsaspekten). Die Analyse identifiziert denjenigen Teil des im Hintergrund des Enthymems wirkenden Übergangs, der die Begründungsbeziehung p→q am stärksten plausibilisiert. Während alle anderen Glieder der Übergangskette (schon wegen ihrer anwachsenden Allgemeinheit) für das Enthymem nicht ins Gewicht fallen, trägt der Hauptaspekt (diskutiert wird zurzeit die Benennung desselben als „Confirmator“) wesentlich zum Gewicht, um nicht zu sagen: zur Gültigkeit, des Arguments bei und erfährt daher auch eine numerische Zählung bei der Erfassung des Logosanteils eines Satzes.[185]

Nun, da die grundsätzlichen Beziehungen zwischen Aussagen im Urteil dargelegt sind, erschließt sich bei deren Anwendung jedem Analysator bereits die nahezu volle Architektur der Entscheidungsbegründung, mit einer Ausnahme, der das folgende Abschnitt gewidmet ist: den *Implikationen*.

4. Implikationen

Bisweilen lässt sich, so kreativ und kritisch die Analyse auch zu Werke schreitet, keine sinnvolle Verknüpfung zweier Aussagen herstellen, trotzdem es deutlich ist, dass die eine die andere argumentativ stützen soll. Hier versagen p→q, „Denn“-Probe und auch pathetische Anbindung. Die Methode der rhetorischen

183 In zahlreichen Gesprächen im Jahr 2012, insbesondere im Zusammenhang mit den Bachelor-of Laws-Seminaren der FernUniversität in Hagen.

184 So etwa der Beziehung zwischen Kodifikation und Dogma und derjenigen zwischen Autoritätsaussage und Quelle; vgl. hierzu oben D.III.2.

185 Dazu D.III.5.

Urteilsanalyse erkennt an solchen Stellen, dass der Richter aus praktischen oder ästhetischen, semantischen oder Lesbarkeitsgründen wichtige (oder aus seiner Sicht unwichtige) Schritte des Begründungsverlaufs auslässt oder beim Leser voraussetzt. Dies kann in zwei verschiedenen Zusammenhängen geschehen, in dem einen häufiger als in dem anderen. Zum einen geht es hier um die Backings (*Toulmin*), die Übergangsaspekte (*Schlieffen*), die sich plausibilisierend zwischen Behauptung und Begründung schalten. Wenngleich häufig explizite Passagen des Urteilstextes hier ihren Sinn und ihre Berechtigung, eben ihren angestammten Platz, in der Argumentation finden, so finden sich im Strahl der sich vom jeweiligen Argumentzusammenhang wegbewegenden Übergangsaspekte immer allgemeiner werdende Aussagen, die nicht ausgesprochen, aber doch mitgedacht werden. Die oben[186] bereits angesprochenen Typen dieser Übergänge sind der Alltagssatz, das Dogma und die Kodifikation. Zwangsnotwendig können rechtliche Einzelaussagen und Tatsachen diesen Platz in der Argumentarchitektur nicht übernehmen, alldieweil sie mit ihrer *dictio ad concretum* keine allgemeiner werdenden Regelhaftigkeiten, wie sie aber die Schlussplausibilisierung verlangt, darstellen können. Die anderen Typen aber füllen die argumentative Lücke, oder besser gesagt: Sie werden vom Auditorium der Entscheidung in die vom Richter hinterlassene Lücke gesetzt, um Behauptung und Begründung zu einem Argument zu verknüpfen. Davon zum anderen zu unterscheiden, zwar nicht in einem formellen Sinne, sehr wohl jedoch im Hinblick auf die Konstruktion des Stützungsbaumes (also der Nachvollziehung der Begründungsstruktur), sind diejenigen Auslassungen, die – wie eingangs beschrieben – derartige Lücken erzeugen, dass sämtliche Proben zur Erkennung des Behauptung-Begründung-Zusammenhangs fehlgehen. Diejenigen Schritte nämlich, die der Richter auslässt, müssen häufig für die Konstruktion der Begründungsarchitektur erstmals abgebildet werden. Dies sind keine sprachlichen Schritte, sondern sie sind häufig juristische Prüfungspunkte, die der Richter entweder nur gedanklich prüft oder zugunsten nur eines Punktes *pars pro toto* überspringt oder aber eben aus sprachästhetischen Erwägungen zusammenfassend, aber eben nicht explizit, inkludiert. Ein einfaches Beispiel:

186 Siehe D.III.2.

Abbildung 10: Implikationen.

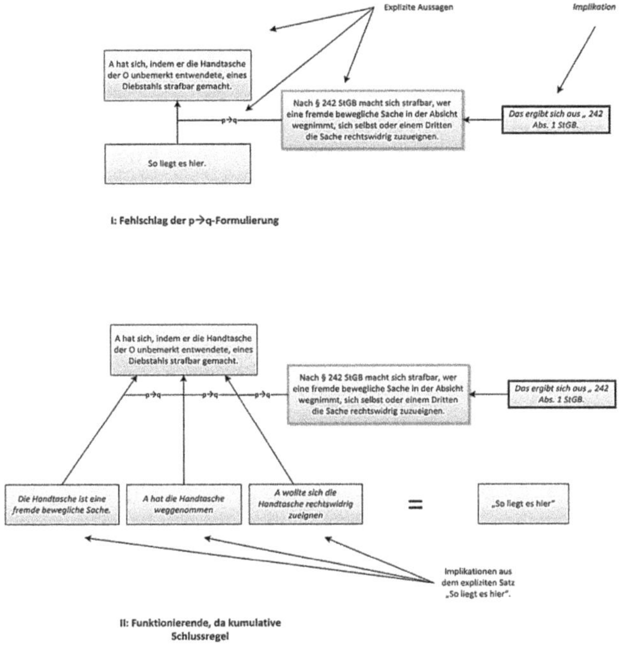

Abbildung 10.I zeigt eine in Urteilen gebräuchliche Formulierung summarischer Subsumtion, die aber jedenfalls optisch (also argumentkonstruktiv) und auch analytisch keine sinnvolle Enthymemrekonstruktion zulässt. Abbildung 10.II liefert die Lösung (und bildet zugleich die Methode der rhetorischen Urteilsanalyse, wie sie bislang stets und auch hier angewendet wird, ab). Die zu I. zu bildende p→q-Regelhaftigkeit ergäbe nämlich eine einer *petitio principii* gefährlich ähnelnde Formulierung: „Wenn es hier so liegt, dann hat sich A […] eines Diebstahls strafbar gemacht." – Prüft man die kumulative Regelhaftigkeit bei II., so klingt das Ganze schon einleuchtender (und für den Juristen „logischer"): „ Wenn die Handtasche eine fremde bewegliche Sache ist und A die Handtasche weggenommen hat, um sie sich rechtswidrig zuzueignen, dann hat er sich […] eines Diebstahls strafbar gemacht." Selbstverständlich ist auch in diesem Beispiel (allerdings aus Platzgründen) fragmentarisch gearbeitet worden, indem nämlich weitere Fragen des § 242 StGB sowie Rechtswidrigkeit und Schuld ausgelassen wurden.

5. Quantifizierung

Nachdem nun dem qualitativen Ansatz der hier angewendeten Analysemethode der Boden bereitet ist, gilt es noch, einige Worte zur quantitativen Logosanalyse zu verlieren. Die Quantifizierung des Logoselements eines juristischen Urteils nach der rhetorischen Urteilsanalyse hat drei Komponenten, die in einer Zusammenschau einen Überblick über die vom Richter eingesetzten Begründungsmodi, die Intensität des enthymematischen Überzeugungsversuchs in jedem einzelnen Satz der Entscheidungsgründe und die Relation zwischen der so sichtbaren Logoskurve mit fortschreitenden Sätzen und der Figurenkurve[187] zu geben vermögen. Die erste Komponente ist eine tabellarisch exerzierte Auszählung der Häufung aller Begründungsmodi im Urteil. Hiermit soll sich das Verhältnis der Häufigkeit der Begründungsmodi zueinander nachweisen lassen. Die zweite Komponente wird eine Auszählung der Begründungen selbst, also der Logosintensität pro Satz, ausmachen, die es erlauben wird, eine Logoskurve für jedes Urteil zu zeichnen und einen (bei so wenigen analysierten Texten freilich nur einen tendenziellen, statistisch zunächst nicht ansatzweise belastbaren) Durchschnittswert zu ermitteln. Die hierzu verwendete Formel lautet:

Abbildung 11: Berechnung des Stützenanteils pro Satz.

$$\frac{\frac{\text{Plausibilität}}{4}}{\text{Anz. Wörter}} * 1000 = \text{Stützenanteil/Satz}$$

Parallel zur Erläuterung der Formel für den Figurenanteil[188] wird hier auf ganz ähnliche Weise der Stützenanteil berechnet. Erfasst werden nur die Stützen und die sie plausibilisierenden Hauptaspekte, nicht die weiteren Übergangsaspekte oder Aussagen, die zwar gestützt werden, selbst aber nicht stützen, üblicherweise also alle Tenorbestandteile und solche Aussagen, die eine pathetische Beziehung zu einer anderen Aussage aufweisen. Das liegt darin begründet, dass eine Begründungsanalyse schlechterdings Aussagen als „Stützen", also Begründungen,

187 Dazu D.II.3.
188 Dazu D.II.3.

erfassen kann, die keinerlei stützende Begründung enthalten. Freilich bedeutet das, dass die schlussrechtfertigenden Aspekte eines Begründungszusammenhangs, also am ehesten Dogmen und Alltagssätze, eigentlich nicht gezählt werden dürften und damit auch nicht in die Logoskurve einfließen könnten. Das entspricht zwar der Erkenntnis, dass diese Teile des Enthymems keine eigenständige Begründungsfunktion haben, sondern vielmehr die Begründung „nur" nachvollziehbar werden lassen, jedoch hätte eine solche Vorgehensweise auch zur Folge, dass das Argument als solches (das aus mehr Faktoren besteht als der bloßen verbalen Begründung) nur unvollständig als Logos erfasst würde. Gerade aber die hinter der Begründungsbeziehung liegende Plausibilisierung, zumindest ihr Hauptaspekt oder Confirmator, macht aber lose quasikausale Aussagen zu echten, die zu begründende Behauptung überzeugend „beweisenden" Argumenten. Eine Argumentanalyse muss demzufolge auch diesen Bereich numerisch erfassen und auswerten. Zur Plausibilität sei angemerkt, dass es in der Natur der Sache liegt, dass die meisten Stützen und Hauptaspekte (voll) plausibel sind, da die Analyse sie als zusammenpassende Begründungsbausteine und deren Rechtfertigung erfasst hat. In seltenen Fällen sinkt die Plausibilität ab, nämlich immer dann, wenn es sich bei der Begründung um eine *petitio principii* handelt oder nicht sofort erklärlich ist, wie die Begründung die Behauptung tatsächlich stützt. Auch die generalisierten Einzelmeinungen haben häufig verminderte Plausibilität, weil Ihnen ein festigendes Topos oder eine nachvollziehbare Regelhaftigkeit gerade fehlt; häufig findet sich aber dann in den Übergängen, also im plausibilisierenden Hauptaspekt, eine nachvollziehbare Rechtfertigung für die zunächst unplausibel erscheinende Beziehung zwischen p und q. Obwohl es ihre Aufgabe ist, gerade Plausibilität zu erzeugen, müssen auch Übergangsaspekte ihrerseits ein gewisses Maß an Plausibilität vorweisen: Der Hauptaspekt ist dabei üblicherweise voll plausibel; je vager und allgemeiner die weiteren Aspekte sind, desto weniger sind sie aber in der Lage, den ursprünglichen Schluss zu plausibilisieren. Die dritte Komponente ist eine Grafik, die die Logoskurve und die Figurenkurve zusammen abbildet. Der Zusammenhang zwischen diesen beiden Kurven wurde von *Sobota* (*Schlieffen*) bereits 1992 erkannt und untersucht (zunächst nur Figuren): Das Ergebnis ist nunmehr als „Rhetorisches Seismogramm" eines juristischen Entscheidungstextes bekannt.[189] Während sie sich dabei 1992 noch auf die (schriftlichen) Pathoselemente von Urteilen des Bundesverfassungsgerichts

189 Siehe zum Ganzen *Katharina Sobota* (*von Schlieffen*), Fn. 15, freilich noch als reine Pathosanalyse; beide Kurven zu Erkenntniszwecken vereinigend etwa *dies.*, Fn. 172, umfassender dann *Markus Solbach*, Politischer Druck und richterliche Argumentation, Recht und Rhetorik 2, hrsg. v. Schlieffen, Frankfurt am Main 2003.

bezog und eine Konzentration von rhetorischen Figuren dort dokumentieren konnte, wo die eigentliche Begründung ansetzt (der von *Schlieffen* so bezeichnete „Entscheidungskorridor" des Urteils)[190], befassen sich heutige Analysen sowohl mit Figuren- als auch Logoskurven. Die *Schlieffen*'sche These, der Figurenanteil der Sätze steige immer dann an, wenn „die argumentative Luft dünn" werde (sprich: der Stützenanteil abfällt), ließ sich indes in neueren Urteilsanalysen nicht immer so nachweisen: Bei der Analyse von 50 verwaltungsgerichtlichen Urteilen stellten sich zwar einige dieser Ergebnisse ein, doch konnte bei einigen Entscheidungen auch beobachtet werden, dass beide Kurven gemeinsam einen Höhepunkt bilden, wenn der untersuchte Satz offenkundig ein Kernargument der Entscheidungsgründe beinhaltete. Die Gegenüberstellung der beiden Kurven für jede analysierte Entscheidung in dieser Arbeit soll helfen, den statistischen Wert dieser Thesen zu festigen, oder jedenfalls eine Tendenz für die strafrechtliche Praxis erkennen lassen. Die Grafiken spannen auf der x-Achse den Satz-für-Satz-Verlauf der Begründung auf, dem auf der y-Achse der errechnete Figurenanteil- bzw. Stützenanteilwert zugeordnet wird. Die Berechnung der Werte wurde bereits erläutert. Die Formeln wurden absichtlich gleich gestaltet; so entstehen annähernd statistisch vergleichbare Werte, insbesondere wenn man als Faktor die Idee der Logos-Figur berücksichtigt – sie ist eine rhetorische Figur mit Argumentelementen oder jedenfalls mit solchen Elementen, die Argumentation vorgeben[191]. Insofern kann die Zählung von Figuren und Stützen, obwohl sie unterschiedlicher Gattung sind, in einem Graphen verglichen werden, da ihnen gemeinsam ist, dass sie in ihrer Funktion die Aufgabe haben, den Empfänger des Urteilstextes zu *überzeugen*. Die Errechnung des jeweiligen Anteils ermöglicht überdies auch die Bildung eines Mittelwerts (mittlerer Figuren- bzw. Logosanteil), der Auskunft über die rhetorische und argumentative Höhe jedes Urteils und der Gesamtzahl der Urteile geben kann, der ihrerseits wiederum den Vergleich zu anderen Gerichtszweigen eröffnen mag, für die solche Mittelwerte bereits vorliegen. Ein solcher Vergleich kann für die juristische Methodenlehre oder die juristische Hochschuldidaktik möglicherweise irgendwann fruchtbar gemacht werden.

---

190 Vgl. hierzu *Katharina Sobota (von Schlieffen)*, Fn. 1, S. 122 ff. (zit. nach *Solbach*, Fn. 189).

191 Siehe D.I.3. und D.III.3.

IV. Einige Anmerkungen zum Ethos

Das dritte Überzeugungsmittel, das *Aristoteles* für den Rhetor für unerlässlich hält[192], ist das Ethos[193]. Es bezeichnet ganz allgemein den Charakter und die innere Haltung eines Menschen, in der Rhetorik des *Aristoteles* aber auch den – hiervon jedenfalls teilweise zu differenzierenden – Einsatz des Charakters des Redners als überzeugungsstiftendes Moment, als „entechnisches Überzeugungsmittel"[194] durch „Selbstpräsentation" des Rhetors. Immer wieder mit dem so verstandenen Ethos in Verbindung gebracht werden die Begriffe Sitte, Moral, Anstand, Tradition und Werte. Dies ist wohl Ausfluss der Forderung des *Aristoteles*, der besonnene und gute Redner möge einsichtig, tugendhaft und wohlwollend sein.[195] Für die verschriftlichte Rechtspraxis scheint die Überzeugung auch mittels Ethos in der Darstellung der Herstellung eines Entscheidungstextes mit diesen Begriffen greifbarer, eher noch durchführbar und vor allem sinnvoller als die Charakterdarstellung des Urteilsverfassers selbst, nimmt man einmal aus, dass Bildung, Beruf und Betragen des Richters bereits wirkungsvolles Ethos ausstrahlen. Das Rechtswesen nämlich blickt auf Jahrhunderte währende Tradition zurück, es ist gleichsam ein Bollwerk von Moral und Anstand und verteidigt die sittlichen und gemeinschaftlichen Werte der Gesellschaft in ihrem jeweiligen *status quo*. Die hierauf Referenz nehmenden Elemente eines Urteilstextes können und sollen das oben erwähnte entechnische (zur Kunst gehörende[196]) Ethos erzeugen und dazu beitragen, den geneigten Leser von der Richtigkeit des Verkündeten zu überzeugen. Während der nichtjuristische Rhetor also auf ganz allgemeine ethoserzeugende Mittel zurückgreifen kann und darf (die Einbindung des Auditoriums durch die Erreichung eines Gemeinsamkeitsgefühls oder durch Beteiligung des Auditoriums in Form von direkter Ansprache und Fragen

---

192 Schließlich formuliert er: „Denn nichts in den menschlichen Dingen besitzt eine solche Zuverlässigkeit wie die Äußerungen des sittlichen Charakters; man darf sie für noch dauerhafter halten als selbst die Erkenntnisse.", *Aristoteles*, Nikomachische Ethik, I.10, 1100b 12.

193 Allerdings findet auch der Weise aus Stagira hierfür keine konzise Definition, sondeRn beschreibt, quasi als Lektion für den Rhetor, mögliche Charaktereigenschaften unterschiedlicher Menschentypen, *Aristoteles*, Rhet. II.12, 1389a ff., unter Rückgriff auf sein Postulat, dass ein Rhetor glaubwürdig erscheine, wenn er die drei Eigenschaften Einsicht, Tugend und Wohlwollen besitze, *Aristoteles*, Rhet. II.5, 1378a.

194 *Franz-Hubert Robling*, in: Historisches Wörterbuch der Rhetorik, Bd. 2, hrsg. v. Gert Ueding, Tübingen 1994, Sp. 1516 f. (1517).

195 Dazu Fn. 193.

196 Fn. 194.

mögen hier als Beispiele hinreichen), geht der Jurist, und hier im Besonderen der Verfasser einer juristischen Entscheidung, einen anderen Weg. Die juristische Tradition (und damit das Ethos) in Rechtstexten nimmt nämlich häufig die Form von Verweisen auf die Entscheidungen anderer, zumeist höherer Instanzen an. Die Autorität der zitierten Instanz fließt dabei nicht nur aus ihrer relativen Stellung im Rechtszug – die Meinung eines Oberlandesgerichts ist durchaus valide, die des BGH übertrumpft diese aber –, sondern zum Teil auch aus der Beharrlichkeit und Anciennität[197] der vertretenen Meinung. Exemplarisch findet man verschiedentlich Sätze wie „*Schon das Reichsgericht* (RGSt 62, 53, 54) hat für den Strafantrag anerkannt, dass im Erfordernis der Schriftlichkeit nichts weiter liegt, als dass sich neben dem Inhalt der Erklärung, die abgegeben werden soll, die Person, von der sie ausgeht, aus dem Schriftstück irgendwie ergibt und es ausreicht, dass sich unter dem Text eine Namensangabe befindet, wobei es genügt, dass diese mit einem Vervielfältigungsmittel – wie der Schreibmaschine – hergestellt worden ist. Daran ist festzuhalten“[198] oder „Für eine vergleichbare Konstellation hat es *schon das Reichsgericht* a. a. O. ausgeführt, dass hinsichtlich der Negative, damals noch Fotoplatten, ‚die Sache hier nicht anders liegt als im Regelfalle, wo der Berufsfotograf die Platten der bei ihm bestellten Bilder als sein Eigentum behält und aufbewahrt, um davon bei etwaiger künftiger Bestellung neue Abzüge gegen Entgelt zu liefern‘ (RGZ 108, 44, 46)“[199]. Schließlich lässt sich traditionsgebundenes Ethos auch durch Häufigkeit der Meinung ausdrücken. In Urteilstexten treten immer wieder regelrechte Zitatketten auf, die auf verschiedene Gerichte und auch auf einschlägige Literatur Referenz nehmen. Dies verstärkt die Wirkung des Überzeugungsmittels durch quantitativen Nachweis: Der Verfasser ist mit seiner Ansicht nicht allein, sondern folgt einer ganzen Reihe von Gerichten, die einen ähnlichen Sachverhalt ähnlich entschieden haben[200].

---

197 Freilich ist dieser Kunstgriff kein neuer, heißt es doch bereits bei *Quintilian*: „*Neque ea solum, quae talibus disciplinis continentur, sed magis etiam, quae sunt tradita antiquitus dicta ac facta praeclare, et nosse et animo semper agitare conveniet.*“ (zu Deutsch: „Aber nicht nur das, was in solchen Schullehren enthalten ist, sondeRn mehr noch das, was an rühmlichen Worten und Taten seit alters überliefert ist, zu kennen und immer im Geist lebendig zu halten, wird sich passend erweisen.“), *Marcus Fabius Quintilianus*, Ausbildung des Redners. Zwölf Bücher. Hrsg. u. übers. v. Helmut Rahn, 5. unver. Aufl., Darmstadt 2011, XII.29.

198 OLG Düsseldorf, Urt. v. 11.11.2008, AZ III-5 Ss 198/08 – 84/08 I, [Hervorh. d. Verf.].

199 AG Essen, Urt. v. 31.10.1988, AZ 12 C 562/88, [Hervorh. d. Verf.].

200 Hierhin gehört auch der Verweis auf einen gleichrangigen Spruchkörper oder ein gleichrangiges Gericht, deren Meinung nicht aufgrund ihrer höheren Kompetenz

Dieser Argumenttypus ist zwar *auch* ein Mittel des Logos, weil er – ganz wie die übrigen Begründungsmodi – den Schluss zwischen Behauptung und Begründung plausibilisiert[201]. Er wirkt aber auch auf der Ebene des juristisch aus der Tradition Erwarteten, des Vorhandenen und des Bewährten. Das mitschwingende Expertentum der hohen Gerichte oder auch der Anzahl an entscheidenden Spruchkörpern tut sein Übriges, um den Urteilstext neben Logos und Pathos auch mit diesem dritten Überzeugungsmittel der Redekunst auszustatten.

Das Ethos der Tradition wird in Urteilstexten aber noch anderweitig bedient. Kaum wird der Richter von sich in der ersten Person sprechen, und kaum wird es heißen, „der Vorsitzende" habe etwas entschieden oder so oder anders gesehen. Die gängige Formulierung für die Meinung des Richters oder Spruchkörpers in juristischen Entscheidungstexten ist „das Gericht", seltener „die Kammer" oder „der Senat". Diese bereits pathetisch recht interessanten Wendungen – handelt es sich doch um die höchst poetischen Figuren der Personifikation und des Totum pro parte – sind auch aus dem Blickwinkel des Ethos nicht ohne entsprechenden Befund. Sie beinhalten Projektionen der oben erwähnten Traditionsbilder der Rechtsprechung insofern, als sie das hohe Ansehen der Jurisprudenz als Wertebewahrerin durch die Jahrhunderte wesentlich stärker zu transportieren vermögen, als dies der einzelne Richter als Entscheidungstextverfasser könnte. Das entpersönlichte „Gericht" spricht Recht als traditionsbehaftete Institution, nicht als – nach außen als fehlbarer wahrgenommene – Einzelperson. Hier verwischen jedoch die Grenzen von Ethos und Pathos, das in dieser Konstellation zu der vorgestellten Tradition die Bilder von schwarzen Roben, der waagebewehrten Justitia und preußischer Justizpalais liefert. Ganz ähnlich unscharf getrennt sind die Konturen von Logos und Ethos im Falle der bereits beschriebenen juristischen Autoritätsargumente[202]. Die Schwierigkeit der Grenzziehung in genau diesen Fällen verhindert auch für die vorliegende Arbeit eine trennscharfe Herausarbeitung des Überzeugungsmittels des Ethos, wie es für Logos und Pathos zu geschehen hat. Die folgenden Analysen erfassen deshalb nur die Autoritätsargumente (und die dazugehörenden Quellen) als Ethos-Elemente, sodass der Ethosanteil der analysierten Entscheidungen grundsätzlich als geringer erscheinen wird, als er tatsächlich ist.

etwas gilt, sondeRn aufgrund der bloßen Existenz dieser der Meinung des Richters ähnlichen oder gleichen Sichtweise auf einen Sachverhalt.

201 Hierzu s. o. D.III.2.

202 Vgl. hierzu wiederum oben D.III.2.

E. Einzelanalysen

„Alles Gescheite ist schon gedacht worden,
man muss nur versuchen,
es noch einmal zu denken."

— Johann Wolfgang von Goethe

Einer Analyse wurden im Rahmen dieser Arbeit ein Vergleichsurteil, drei Urteile und zwei Beschlüsse von deutschen Amtsgerichten unterzogen.[203] Das Vergleichsurteil (Die Schwarzfahrt) und das Urteil 1 (Der Exhibitionist) stammen dabei von Richtern, die so freundlich waren, dem Verfasser Ablichtungen einiger ihrer Urteile zuzusenden. Die restlichen entstammen der offiziellen Online-Entscheidungssammlung Nordrhein-Westfalens[204] bzw. der Juris-Datenbank[205]. Einziges Auswahlkriterium für die fünf nummerierten Entscheidungen neben der Instanz war dabei die relative Knappheit des Textes, die Auswahl erfolgte nach Feststellung dieser Kürze zufällig. Jede Entscheidung erhält auf Basis der sich im Anhang befindlichen Excel-Tabellen und Grafiken, die zum Teil in den Text integriert worden sind, einen Steckbrief mit ihren Grunddaten, eine Visualisierung der Grobstruktur und einen zugehörigen Stützungsbaum, der sich ebenfalls im Anhang befindet. Die in der Einzelanalyse verwendeten Abbildungen entstammen gleichfalls den Tabellen im Anhang. Vor der Analyselektüre empfiehlt es sich, die Entscheidungstexte durchzulesen, deren Inhalt der Analyse vorangestellt und ebenfalls im Anhang zu finden ist. Das erste, als Vergleichsurteil bezeichnete Urteil wurde unter dem Kriterium ausgewählt, dass es eine typische strafrechtliche Entscheidung ohne jegliche Besonderheiten darstellt und den Gang einer alltäglichen Strafverhandlung dokumentiert; es soll als „Eichtext", also als Vergleichsreferenz für die anderen fünf Texte dienen. Aus diesem Grund soll die Feinanalyse auch den anderen fünf Entscheidungen vorbehalten bleiben, das Vergleichsurteil wird insofern in Teilen nur kursorisch beleuchtet.

---

203 Die Analysetabellen sowie die Visualisierungen der Argumentationsstruktur sind unter www.rechtsrhetorik.de zu finden. Die „Stützungsbäume" sind auch mit QR-Codes ausgestattet, die auf die entsprechende Internetseite führen.

204 Rechtsprechungsdatenbank NRW: http://www.justiz.nrw.de/Bibliothek/nrwe2/index.php, zuletzt aufgerufen am 27. Februar 2013.

205 http://www.juris.de/jportal/index.jsp., zuletzt aufgerufen am 6. März 2013.

I. Vergleichsurteil – Die Schwarzfahrt

Gericht	Amtsgericht Essen
Aktenzeichen	56 Cs 44 Js 1343/13-562/13
Entscheidungsart	Urteil
Sätze	64
Wörter	935
Längster Satz (Wörter)	Satz 49 (37)
Kürzester Satz (Wörter)	19, 22 (5)
Mittlere Wortanzahl/Satz	14,6
Mittlerer Figurenanteil	125,29
Höchster Figurenanteil (Satz)	386,36 (Satz 59)
Durchschnittliche Figuren/Satz	7,52
Mittlerer Logosanteil	102,08
Höchster Logosanteil (Satz)	800,00 (Satz 22)
Durchschnittlich Logos/Satz	1,33
Gemeinsame Peaks: Logos/Figuren (Sätze)	17, 19, 22, 24, 26, 32, 35, 45, 53, 59, 62, 64
Gegensatzverhalten: Logos/Figuren (Sätze)	4, 5, 7, 31, 41, 42, 58

Das Referenzurteil für die folgende Untersuchung kann als absoluter Standard für erstinstanzliche Strafentscheidungen betrachtet werden: Es behandelt ein alltägliches Delikt ohne juristische Schwierigkeiten, das Erschleichen von Leistungen im öffentlichen Personennahverkehr, indem es sich mit der Einlassung des Angeklagten auseinandersetzt und diese mithilfe der zur Verfügung stehenden Indizien argumentativ widerlegt. Der Angeklagte in diesem Fall wurde durch einen Fahrkartenkontrolleur der Essener Verkehrsbetriebe ohne gelösten Fahrausweis in einem öffentlichen Verkehrsmittel angetroffen und versuchte, das Fehlen des vorzuzeigenden Fahrausweises durch unterschiedliche, einander widersprechende Erklärungen plausibel zu machen.

Entscheidungstext:

Der Angeklagte wird wegen Erschleichens von Leistungen zu einer Geldstrafe von 60 Tagessätzen zu je 10,00 € kostenpflichtig verurteilt.
Angewendete Vorschriften §§ 265a Abs. 1 und Abs. 3, 248a StGB

Gründe:

I.
Der am ... in ... geborene Angeklagte ist deutscher Staatsangehöriger. Er ist ledig und hat keine Kinder. Der Angeklagte hat den Beruf des Kfz-Mechatronikers erlernt. Zurzeit – seit etwa September 2012 – ist der Angeklagte jedoch arbeitslos und bezieht Leistungen im Rahmen von Hartz IV. Der Angeklagte beabsichtigt eine Umschulung zum Programmierer zu machen, muss zuvor aber noch einige Tests bestehen.

Der Angeklagte ist strafrechtlich bereits in Erscheinung getreten. Der Bundeszentralregisterauszug vom 25.07.2013 weist die folgenden Eintragungen auf:

1. Am 22.11.2007 verurteilte ihn das Amtsgericht Gelsenkirchen wegen vorsätzlicher Körperverletzung zu einer Geldstrafe von 80 Tagessätzen zu je 25,00 €.
2. Am 06.07.2009 verurteilte ihn das Amtsgericht Essen wegen eigenmächtiger Abwesenheit vom Zivildienst zu einer Geldstrafe von 95 Tagessätzen zu je 5,00 €.
3. Am 31.08.2010 verurteilte ihn das Amtsgericht Recklinghausen wegen unerlaubten Besitzes von Betäubungsmitteln zu einer Geldstrafe von 30 Tagessätzen zu je 10,00 €.
4. Am 18.08.2011 verurteilte ihn das Amtsgericht Schleiden wegen fahrlässiger Trunkenheit im Verkehr zu einer Geldstrafe von 80 Tagessätzen zu je 10,00 €. Es wurde eine Sperre für die Fahrerlaubnis bis zum 16.05.2012 verhängt.

II.
Am 13.03.2013 nutzte der Angeklagte gegen 12:38 Uhr ein Verkehrsmittel der Linie 107 des Verkehrsunternehmens Essener Verkehrs AG ohne gültigen Fahrausweis. Der Angeklagte war am Hauptbahnhof in die Bahn eingestiegen und wurde an der Herzogstr. kontrolliert. Er konnte keinerlei Ticket vorzeigen. Er hatte von Anfang an vor, das Fahrgeld nicht zu entrichten. Zuvor war der Angeklagte bereits zweimal ohne Ticket angetroffen worden.

Ein erforderlicher Strafantrag ist gestellt.

III.

Dieser Sachverhalt steht zur Überzeugung des Gerichts nach der durchgeführten Beweisaufnahme fest.

Der Angeklagte hat sich dahingehend eingelassen, er habe nicht vorgehabt, ohne Ticket zu fahren. Er habe ein Ticket für 2,40 € erworben und habe dieses versehentlich nicht abgestempelt. Er könne nicht sagen, wie die Haltestelle heiße, wo er eingestiegen sei. Er habe bis zur Ernestinenstr. fahren wollen. Dem Angeklagten ist vorgehalten worden, dass er ausweislich des Info-Blattes zur Strafanzeige, welches verlesen wurde, gegenüber dem Ticketprüfer nicht angegeben habe, ein Ticket zu haben und vergessen zu haben, es abzustempeln. Dazu hat der Angeklagte angegeben, er habe dies nicht für nötig gehalten. Das Ticket habe er von seiner Mutter bekommen. Diese habe ihm mehrere Einzeltickets unabgestempelt überlassen. Er sei nicht mehr im Besitz des nicht abgestempelten Tickets. Gegenüber dem Ticketprüfer habe er keine Angaben gemacht, dass er ein unabgestempeltes Ticket habe. Er sei davon ausgegangen, dass erst nach der dritten Schwarzfahrt eine Strafanzeige erstattet werde. Es sei aber erst die 2. Fahrt gewesen. Insofern habe er sich erst bei einem Anwalt rückversichern wollen. Er habe auch bei einem Anwalt angerufen und gefragt, wieso es überhaupt zu dem Verfahren gekommen sei. Dort habe man ihm bestätigt, dass selbst beim ersten Mal eine Anzeige möglich sei.

Dies hat der Angeklagte mehrfach wiederholt. Insofern hat der Angeklagte erörtert, dass die EVAG zwar zwei vorangegangene Vorfälle erfasst habe, einer der Vorfälle sei aber streitig und daher sei er davon ausgegangen, es habe vorher erst einen Vorfall gegeben.

Die Behauptung des Angeklagten, er habe über ein Ticket verfügt und habe nicht vorgehabt, die Fahrt zu erschleichen, ist als Schutzbehauptung zu werten. Es ist vielmehr deutlich geworden, dass der Angeklagte bewusst ohne Ticket gefahren ist. Es ist bereits nicht nachvollziehbar, wieso der Angeklagte zunächst angegeben hat, er habe ein Ticket gekauft und kurze Zeit später angegeben hat, er habe dieses von seiner Mutter bekommen. Auch das gesamte Verhalten des Angeklagten spricht gegen die Richtigkeit seiner Angaben. Der Angeklagte hat in der Hauptverhandlung mehrfach darauf abgestellt, dass man dreimal schwarzfahren müsse, bevor eine Anzeige bei der Staatsanwaltschaft erfolge. Zumindest sei er, bis zur Nachfrage bei einem Anwalt, davon ausgegangen. Er sei auch noch immer der Ansicht, dass es die zweite Schwarzfahrt gewesen sei, weil er gegen die zweite Einwände erhoben habe. Dieser Vortrag macht deutlich, dass dem Angeklagten bewusst war, dass er über kein Ticket verfügte und es ihm nur darauf ankam, eine Anzeige abzuwenden, da die Anzahl der erlaubten

Straftaten nach seiner Vorstellung noch nicht erreicht war. Dazu passt es auch, dass der Angeklagte gegenüber dem Ticketprüfer nicht angegeben hat, er habe ein Ticket nicht abgestempelt und nicht gefragt hat, ob er nachstempeln dürfe, sondern schlicht angegeben hat, er habe kein Ticket. Soweit der Angeklagte sich nicht mehr daran erinnern konnte, wo er eingestiegen war, ergibt sich dies aus dem Vorfallinfoblatt zur Strafanzeige, wo der Angeklagte dies angegeben hatte.

IV.
Der Angeklagte hat sich somit des Erschleichens von Leistungen gemäß §§ 265a Abs. 1 und Abs. 3, 248a StGB schuldig gemacht.

V.
Der anzuwendende Strafrahmen des § 265a Abs. 1 StGB beträgt Freiheitsstrafe bis zu einem Jahr oder Geldstrafe.

Bei der Festlegung der konkreten Strafe gemäß § 46 StGB waren die Schuld des Angeklagten sowie die Wirkung, die von der Strafe für das künftige Leben des Täters in der Gesellschaft zu erwarten sind, zu berücksichtigen.

Zugunsten des Angeklagten hat das Gericht berücksichtigt, dass es sich um eine Tat mit geringem Erfolgsunwert handelt, da der Angeklagte lediglich eine innerstädtische Fahrt für wenige Euro erschlichen hat. Ferner konnte das Gericht nichts zu seinen Gunsten berücksichtigen.

Zu Lasten des Angeklagten haben sich seine nicht unerheblichen Voreintragungen ausgewirkt.

Unter Berücksichtigung dieser Gesichtspunkte hat das Gericht auf eine Geldstrafe von 60 Tagessätzen erkannt, welche als tat- und schuldangemessen erachtet worden ist. Die Tagessatzhöhe ist mit 10,00 € festgesetzt worden. Insofern entspricht das den wirtschaftlichen Verhältnissen des Angeklagten.

VI.
Die Kostenentscheidung beruht auf § 465 StPO.

Abbildung 12: Visualisierung der Begründungsstruktur – Vergleichsurteil.

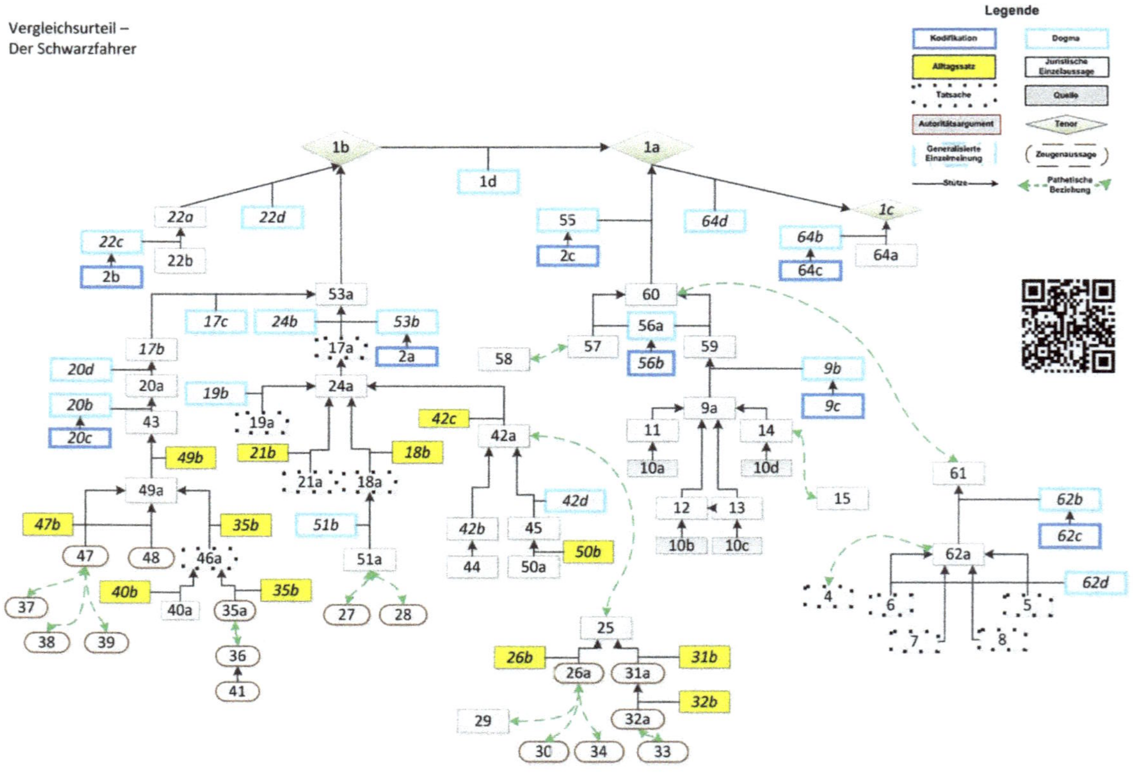

Analyse:

Bevor wir uns der Textanalyse zuwenden, lohnt sich ein Blick in die Visualisierung der Begründungsstruktur, den Stützungsbaum. Wie bereits zuvor angesprochen, besitzt ein verurteilendes Strafurteil typischerweise zwei Tenorteile, den tenorinhärenten Schuldspruch (hier 1b) und den Strafausspruch (hier 1a). Die Teile müssen häufig getrennt betrachtet werden, weil ihnen unterschiedliche Begründungskomplexe zugeordnet sind; der Aufbau ist dabei „logisch" hierarchisch: Der Strafausspruch folgt dabei dem Grunde nach zwar aus dem Schuldspruch, ist aber um die Strafzumessungserwägungen ergänzt, die ihn stützen, ohne unbedingt Bezug zum Tathergang und damit zum Schuldspruch aufzuweisen. Das Vergleichsurteil der Untersuchungsreihe besitzt, wie für verurteilende Strafentscheidung ebenfalls erwartbar, noch einen dritten Tenorteil, der nicht zur Argumentation beiträgt, sondern ihre Folge ist: den Kostenausspruch. Der Vollständigkeit halber wurde er visualisiert (1c). Bereits in der Visualisierung tritt deutlich zutage, dass das Vergleichsurteil zum einen die Verurteilung wegen der angeklagten Tat begründet (linke Seite) und zum anderen die Höhe der ausgesprochenen Strafe (rechte Seite). Dabei finden sich in der Begründung der Feststellung der Tat drei Komplexe, von denen einer, die Existenz eines Strafantrags (22a), den deutlich kleinsten Teil einnimmt, ist er doch einerseits lediglich formale Voraussetzung der Strafverfolgung und typischerweise nicht umstritten, da er als Dokument existiert. Die eigentliche Argumentation teilt sich sodann in zwei kleinere Komplexe, von denen einer die Vorsätzlichkeit der Leistungserschleichung behandelt (ab 17b) und ein anderer den eigentlichen Tathergang feststellt (17a). Neben den die Hauptbegründungsstränge einleitenden Sätzen 53a (Tatfeststellung) und 60 (Strafausspruch) sind auch kleinere „Verteilerstellen" festzumachen, in denen häufig Argumentationskerne stecken: die Sätze 9, 24 und 49, die ihrerseits wiederum mehrfach gestützt sind. Betrachtet man deren Kernaussagen – 9: Vorbestraftheit des Angeklagten; 24: Überzeugung des Gerichts vom Tathergang; 49: Nachweis des Vorsatzes – so wird deutlich, dass dies in der Tat auch inhaltlich-thematische Dreh- und Angelpunkte der Urteilsbegründung sind. Augenfällig ist überdies die Abwesenheit von Autoritätsbezügen, die in einer derart einfach gestalteten Falllage allerdings auch weder zu erwarten noch – offenbar – nötig waren. Etwas irritierend wirkt die detailgenaue Auseinandersetzung mit der Einlassung des Angeklagten: Seine Schilderungen sind nahezu in Gänze unergiebig und erscheinen auf der linken Seite der Visualisierung selten als Stützen, sondern vielmehr als pathetisch angebundenen Aussagen (26 bis 41); nicht sie, sondern Beweis und Deduktion ihres Gegenteils konstituieren die Argumentation des Gerichts. Da der Textverfasser nur sporadisch Bezug auf sonstige Beweismittel (wie etwa den Fahrkartenkontrolleur als Zeugen) nimmt, ist die genaue Untersuchung, und wichtiger: die Widerlegung, der Einlassung des Angeklagten von großer Bedeutung für die Beweisführung und damit die Urteilsbegründung. Die extensive Behandlung jeder Aussage des Angeklagten indes erscheint juristisch unnötig und birgt daher wahrscheinlich den Versuch in sich, dem Angeklagten das Gefühl zu vermitteln, man habe alles von ihm Beigetragene gehört und sorgfältig abgewogen (*audiatur et altera pars*[206]).

Nach diesem ersten kurzen Einblick wenden wir uns der Betrachtung der verschiedenen eingesetzten Figurentypen zu.

Abbildung 13: Figurentypen Vergleichsurteil in Prozent.

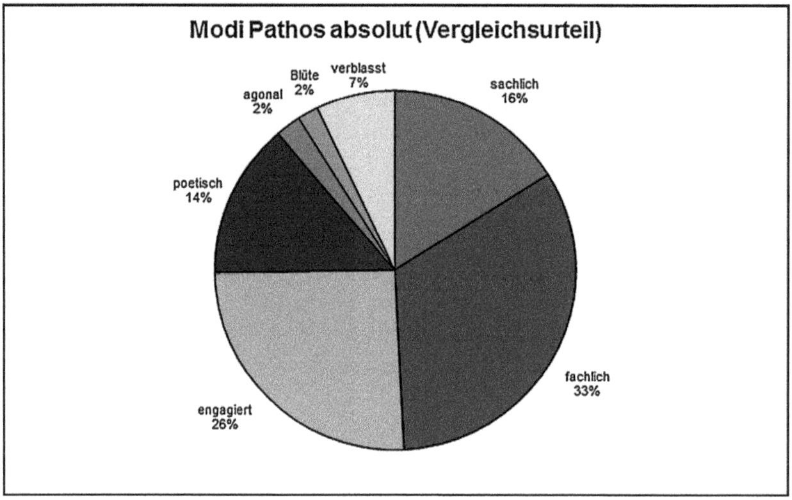

Vorweg ein Hinweis zur Abb. 13: Die Verteilung in Prozent ist als „absolut“ bezeichnet, weil sich der errechnete Anteil schlicht aus den insgesamt auftretenden Figuren ergibt, ohne dass hierbei ihre Intensität als Faktor einflösse.

Das Vergleichsurteil weist einen Figurenanteil von nahezu 50 % der Kategorien „fachlich“ und „sachlich“ auf, wobei der Anteil der fachlichen Figuren doppelt so hoch ist wie derjenige der sachlichen. Knapp die Hälfte der Entscheidung nutzt also das kühle Pathos, das zuvörderst in Wortstellung und Satzfiguren zu finden ist (etwa Anapher, Ellipse, Chiasmus, Inversion und dergl.). Das Fachvokabular macht damit hier gut ein Drittel des gesamten eingesetzten Figurenvolumens

206 Lat.: „Auch die andere Seite möge angehört werden.“

aus. Zur fachlichen Kategorie seien noch einige Punkte angemerkt, die sich ohne Weiteres auf alle analysierten Entscheidungen übertragen lassen. Bei der Zählung dieser für fachsprachliche Texte typischen Figuren ergaben sich im Vorhinein drei Möglichkeiten: Weil derlei erwartbar und gleichzeitig zahlreich vorhanden war, kam es in Betracht, diesen Figurentypus überhaupt nicht zu zählen, was einer materiell-inhaltlichen Ansicht entspräche. Die formelle Gegenmöglichkeit wäre hingegen gewesen, jede Okkurrenz einer solchen Figur zu zählen und in ihrer Intensität zu bewerten. Schließlich, und für diese Variante hat sich der Verfasser entschieden, erschien es sinnvoll, immer nur die erste Okkurrenz eines solchen Fachjargons zu zählen und zu werten und hernach nur noch sein Aufkommen zu dokumentieren, allerdings ohne ihn ins Gewicht der rhetorischen Analyse fallen zu lassen. Die Entscheidung, so vorzugehen, fiel nach der Zusammenstellung der Möglichkeiten nicht schwer; rhetorische Vorkommnisse gar nicht zu zählen, nur weil sie erwartbar sind oder zahlreich eingesetzt werden, widerspräche dem Sinn und dem Wesen einer rhetorischen Textanalyse, deren Aufgabe es ist, das Untersuchungsobjekt so umfassend wie möglich zu durchleuchten. Die formelle Herangehensweise, alle Okkurrenzen zu zählen und zu werten, müsste sich demgegenüber dem Vorwurf ausgesetzt sehen, den Pathoswert „künstlich“ in die Höhe zu treiben, um die These des pathetischen Entscheidungstextes zu festigen. Es nehme dann kaum wunder, könnte man anführen, dass ein Text hohe Pathoswerte enthalte, wenn man etwa jedes Vorkommnis des Wortes „Angeklagter“ für sich genommen mit einer Intensität von 1 oder mehr wertete. Damit blieb aber nur Lösung Nummer 3: sozusagen eine „vermittelnde Ansicht“. Mitnichten wurde aber diese Variante für sinnvoll erachtet, nur weil sie die einzig übrige war. Der Verfasser ist vielmehr der Ansicht, dass die Zählung und Wertung jeder ersten Okkurrenz eines Fachbegriffs aus rhetorischer Sicht gut zu begründen ist. Es handelt sich nämlich um ein Ethoselement, wenn der Richter den Fachterminus anstelle eines – durchaus denkbaren – Alternativbegriffes verwendet. Damit wendet er sich indirekt an die Adressaten des Urteils und demonstriert damit seine fachliche Zugehörigkeit und Kompetenz, hält sich an Traditionen – er könnte statt „der Angeklagte“ immerhin den Namen desselben verwenden; es gibt keine Vorschrift, die eine periphrastische Entpersönlichung vorschreibt – und assertiert durch Fachsprache gegenüber den Nichtjuristen seine Autorität im Gerichtssaal. Gleichzeitig schafft der Einsatz dieser Fachsprache eine für die rechtswissenschaftliche Praxis typische, sogar nötige, Distanz zwischen Rechtssuchenden und Rechtsprechenden, die jedenfalls Ausdruck, möglicherweise zum Teil auch Quelle der richterlichen Verfahrensneutralität ist. Diese Phänomene zu übergehen, erscheint verfehlt, ebenso wie es verfehlt wäre, ihnen allzu große Bedeutung beizumessen. Das Registrieren des ersten Vorkommens eines jeden Fachbegriffs drückt hingegen aus, dass die rhetorische Funktion desselben erkannt und gewürdigt wurde.

Gut ein Viertel der erfassten Figuren wurde der Kategorie „engagiert" zugeschrieben – zur Erinnerung: Eine Figur wurde immer dann als engagiert eingeordnet (obwohl sie durchaus plausiblerweise auch anderen Kategorien hätte zufallen können), wenn es dem Verfasser erschien, als habe es der Entscheidungsverfasser geradezu und über Gebühr darauf angelegt, die in Rede stehende Figur als besonderes Mittel der Hervorhebung einzusetzen. Eine Figurenokkurrenz sticht in diesem Urteil besonders hervor, nämlich die weitgestreute Nutzung des Bathos, eines (oft unerwarteten, zuweilen unbeabsichtigten) Abgleitens aus dem erhabenen Stil in die Volkssprache (häufig vulgäre Begriffe gebrauchend). Wenngleich dies hier *so* nicht der Fall ist, so fällt die Verwendung bestimmter Begriffe anstelle ihrer fachlichen Gegenstücke ins Auge. Die Entscheidung redet von „abgestempelten Tickets" anstelle von „gelösten/entwerteten Fahrausweisen", von „Hartz IV" statt „Arbeitslosengeld II", von „Ticketprüfer" statt von „Fahrkartenkontrolleur" oder „Schaffner", von „Schwarzfahrt" statt von „Leistungserschleichung", um die häufigsten Beispiele zu nennen. Diese Wendungen wirken, verglichen mit den zahlreichen Fachbegriffen und dem durchaus sonst elaborierten Sprachstil des Urteils, wie Fremdkörper im Text. Die Tatsache, dass sich der Gebrauch dieser gemeinsprachlichen Begriffe auf den Wirkungskreis des Angeklagten, genauer gesagt: seine Tat und seine Lebensumstände, beschränkt, lässt den Schluss zu, dass der Entscheidungsverfasser diese Begriffe gezielt benutzt, um dem Angeklagten seine Tat mit für ihn verständlichem Vokabular zu erörtern. Die Notwendigkeit dieser Vorgehensweise mag darin begründet liegen, dass der Angeklagte widersprüchliche Angaben gemacht hat und bezüglich der Strafbarkeit seiner Tat beharrlich dem Volksglauben unterlegen ist, dass erst die dritte Erschleichung einer Leistung des Öffentlichen Nahverkehrs strafbar sei. Die Schilderung dieses Missverständnisses nimmt einen nicht unbeachtlichen Teil der Auseinandersetzung mit der Einlassung des Angeklagten ein und spielte offenbar bei der Wortwahl eine gewisse Rolle.

Die poetischen Figuren nehmen hingegen einen immerhin beachtlichen Anteil von 14 % im Text ein. Sie sind diejenigen Figuren, deren Anwesenheit in juristischen Entscheidungstexten den unbedarften Analysten am ehesten überraschen. Die poetische Ausdrucksweise ist aber weniger Ergebnis einer dichterischen Ader des entscheidenden Richters, der er schriftlichen Ausdruck verleiht, als vielmehr eine Folge dessen, dass ein Gutteil der juristischen Standardformulierungen solche Wendungen beinhalten, die als „uneigentlich" bezeichnet werden müssen, d. h. das Gemeinte wird über Ausdrücke transportiert, die nicht buchstäblich zu nehmen sind, sondern interpretiert werden müssen. Typische Beispiele finden sich in allen Entscheidungstexten der Jurisprudenz, gleich welchen Zweiges, und beinhalten Wendungen, die z. B. nicht den Spruchkörper, sondern gleich das ganze Gericht handeln lassen (Personifikation/Totum pro parte), aber auch Ausdrucksweisen wie „strafrechtlich in Erscheinung treten" und „Strafrahmen". Hinzu treten zahlreiche Archaismen, die über die doch recht altertümlich anmutende Sprache der Gesetztestexte ihren Weg in heutige Entscheidungen finden oder in diesen präsent sind, weil der Jurist durch Imitation métierspezifisch sozialisiert wird und es bereits von Anfang an gewohnt ist, derlei Ausdrücke (bspw. „ausweislich", „erschleichen", „über etwas verfügt haben", „entrichten") anzutreffen und in der Folge auch anzuwenden.

Die agonalen Figurentypen, also diejenigen, die mit Gegensätzen kämpferisch Spannung erzeugen, sind mit 2 % in so geringem Maße vertreten, dass sie für die Analyse nicht ins Gewicht fallen. Sie sind auch üblicherweise eher in solchen Entscheidungen zu erwarten, die rechtliche Besonderheiten beinhalten und den Richter somit zwingen, mit seinem Urteil von der Norm abzuweichen: Dies bedeutet nämlich, dass er ein hohes Maß an Rechtfertigung aufbringen muss, die zu unterstützen agonale Figuren ein probates Mittel sind.

Die Blüten, also Okkurrenzen von Stil- oder Bildbrüchen, Sprachfehlern und dergleichen fallen mit 2 % ebenfalls nicht ins Gewicht. Es sei vermerkt, dass sie in einem Definitionsbereich von 0 bis 4 % in jeder untersuchten Entscheidung auftreten, was auf zahlreiche Faktoren zurückzuführen ist, von welchen nicht die geringsten ein einfacher Tippfehler oder eine akustisch falsch verstandene Wendung in einem aufgezeichneten Diktat sein dürften.

Mit 7 % vertreten sind Wendungen, die so alltäglich geworden sind, dass sie kaum mehr als rhetorische Figuren wahrgenommen werden (z. B. „im Rahmen von", „dahingehend", „Schutzbehauptung", „auf etwas beruhen"). Ihre Anwesenheit in juristischen Entscheidungstexten hat keine gesteigerte Bedeutung für die rhetorische Analyse, sondern zeigt allenfalls – unerstaunlich –, dass auch ein juristischer Text aus allgemeinen Sprachbausteinen des täglichen Lebens besteht und keinesfalls hiervon völlig losgelöst allein sein eigenes, systemimmanentes Sprachmuster perpetuiert. Der Anteil von 7 % erscheint in diesem Licht gering; ohne entsprechende Analysen vorliegen zu haben, kann indes gemutmaßt werden, dass der Anteil in anderen Texttypen (etwa aus der Werbung, dem Journalismus, der Politik etc.) deutlich höher liegt, was sicher auch mit der Substitution solcher verblasster Ausdrücke mit jenen der juristischen Fachsprache erklärlich ist.

Insgesamt zeigt die Figurentypenverteilung ein deutliches Übergewicht zugunsten des kühlen Pathos der Sachlichkeit (um 50 %), mit dem Argumentation subtil unterstützt werden kann, ohne dass das Auditorium allzu deutlich in seiner Stimmung beeinflusst wird, wie etwa leidenschaftliches Pathos dies täte. Hierin könnte ein Faktor für den noch verbreiteten Glauben liegen, juristische Texte enthielten überhaupt kein Pathos, keine „Rhetorik". Viele der sprachlichen Phänomene, die Juristen sich zu Eigen gemacht haben, aber insbesondere der massive Einsatz von Fachsprache, fallen in die Kategorie des sachlichen, kühlen Pathos, wie die Figurenanalyse auch deutlich zeigt. Bezüglich der anderen Figurentypen sind die engagierten die wohl augenfälligsten der Entscheidung, was aber an dem Bemühen des Entscheidungsverfasser liegen mag, dem Angeklagten sein Fehlverhalten möglichst deutlich und verständlich zu machen.

Als dritter Schritt der Analyse ist ein Blick in die verwendeten Begründungsmodi vonnöten. Die Erfassung und Klassifizierung aller Aussagen des Urteils hat folgende Verteilungen ergeben:

Abbildung 14: Gesamtverteilung der Aussagen – Vergleichsurteil.

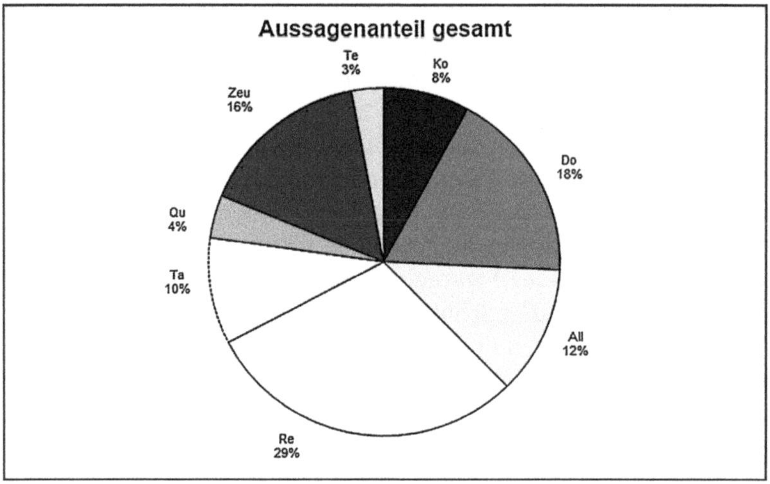

Zur Erläuterung: Die Abbildung 14 erfasst die Gesamtheit der in der Entscheidung klassifizierten Aussagen ohne Rücksicht auf ihre Eigenschaft als begründende Stütze; sie ist quasi quantitativer Querschnitt des Urteils.

Auf den ersten Blick fallen drei Aspekte ins Auge: Zunächst ist bemerkenswert, dass der Anteil der Kodifikationen weniger als die Hälfte des Anteils der

Dogmen ausmachen; das liegt darin begründet, dass Dogmen häufig Rechtssätze darstellen, die im Gesetz verankert sind, und damit häufig paarweise mit den Vorschriften auftreten, aus denen sie stammen – die Kodifikationen begründen die Existenz der Rechtssätze. Dies ist aber bei weitem nicht immer der Fall; mache Dogmen sind Ergebnisse der Rechtsfortbildung oder allgemeine, der Methodenlehre zuzuordnende Grundsätze, die keine Entsprechung in einer kodifizierten Norm haben. Die Abbildung zeigt ebenfalls deutlich, dass knapp 40 %, und damit der Löwenanteil, der Entscheidungsaussagen als Tatsachen oder rechtliche Einzelaussagen zu klassifizieren waren; dies deutet darauf hin, dass der Entscheidungsverfasser eng am Fall gearbeitet und in erster Linie mit Feststellungen und auf solche bezogenen Rechtsschlüssen argumentiert hat. Die Abwesenheit der Kategorie der Autoritätsargumente zeigt, dass es sich um einen einfachen und alltäglichen Fall ohne rechtliche Komplikationen handelt: Der Rückgriff auf die Entscheidungen höherer Gerichte war damit unnötig.

Abbildung 15: Verteilung der stützenden Begründungsmodi – Vergleichsurteil.

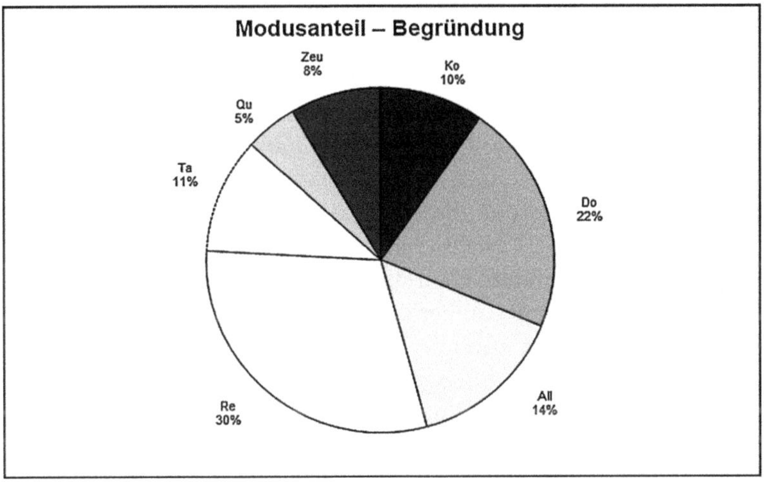

Blickt man nun auf die Abbildung 15, die nur solche Aussagen erfasst, die in der Entscheidung als tatsächlich begründender Logos auftreten, sind wiederum drei Besonderheiten augenfällig, die Hinweise auf die Architektur der juristischen Argumentation geben können. Mit 41 % der stützenden Aussagen nehmen die

Argumentformen der Tatsache und der rechtlichen Einzelaussage über ein Drittel des Stützungsraumes ein, d. h. die tragenden Begründungen der Entscheidung sind fallbezogene Feststellungen. Die umfangreiche Einlassung des Angeklagten (Zeu) fließt nur mit 8 % in die Begründung ein – dies entspricht dem Anteil, zu dem der Richter diese Angaben für glaubhaft erachtet und deswegen zur Begründung direkt heranzieht. Dieser geringe Wert ist auf die Widersprüchlichkeit der Einlassung zurückzuführen und repräsentiert in dieser Entscheidung kaum relevante Informationen; dies dürfte, abhängig von der Menge der vorliegenden Zeugenaussagen und Einlassungen und deren Glaubhaftigkeit, in anderen Entscheidungen ein sehr variabler Anteilswert sein. Immerhin zeigt die Berücksichtigung der Einlassung, dass die Auseinandersetzung mit den gesamten Angaben des Angeklagten einen wichtigen Zweck erfüllte: sei es, dass einige seiner Angaben verifiziert werden konnten, sei es, dass ihre Widerlegung sodann Eingang in die stützenden Tatsachen und Rechtsaussagen des Urteils gefunden haben. Der wohl interessanteste Aspekt des Begründungsanteils der verschiedenen Modi im Vergleich zum Anteil an den Gesamtaussagen ist der annähernd gleiche Wert in der Kategorie „Dogma". Die leichte Erhöhung ist darauf zurückzuführen, dass einige Aussagen, die zuvor gezählt wurden, nun nicht mehr erfasst werden, weil sie kein Bestandteil eines logoserzeugenden Enthymems sind. Zwar hat *Neumann*[207] bereits festgestellt, dass diese Regelhaftigkeiten nicht Grund, sondern Prämisse, Rechtfertigung des Schlusses, seien. Sie haben aber, wie ebenfalls bereits zuvor erläutert, einen so starken Anteil an der Überzeugungskraft des ganzen Enthymems, dass sie auch in den Begründungsanteilen als Argumentteil erscheinen müssen. Anders als die Dogmen sind die Kodifikationen allerdings stets *begründend*, wie die Visualisierung der Begründungsstruktur (Abbildung 12) zeigt. Sie begründen indes nicht die *Behauptung*, sondern die Existenz der *Prämisse* (demnach meist den hinter dem Schluss stehenden Rechtssatz). Dieses Phänomen wird durch die folgenden fünf Entscheidungsanalysen – zumeist – perpetuiert.

Zuletzt soll noch das Verhältnis von Figurenanteil (FA) zu Stützenanteil (SAT) betrachtet werden:

207 S. Fn. 65.

Abbildung 16: Figuren- und Logoskurve – Vergleichsurteil.

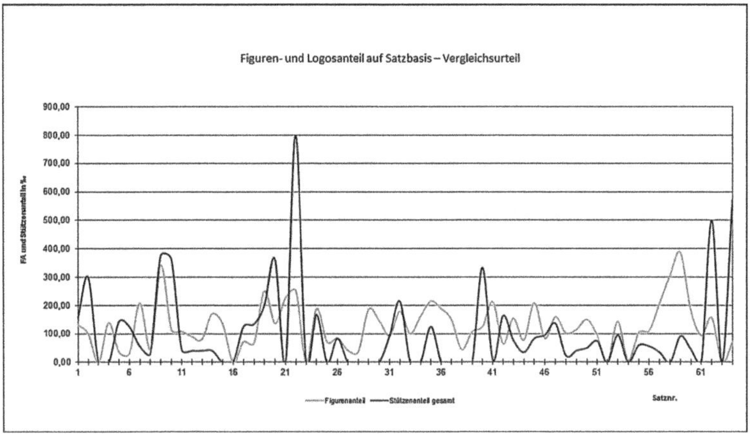

Genauer untersucht werden sollen die Stellen der Entscheidung, an denen Figuren- und Stützenanteil gemeinsame Maxima erreichen (etwa Sätze 19, 22 und 59), und jene, an denen die Kurven gegensätzliches Steigungsverhalten aufweisen (Sätze 4, 5 und 21).

Es soll zu dem Großteil dieser Sätze jeweils seine Relevanz für die Entscheidung insgesamt erläutert werden und sodann das Verhältnis von Figuren und Stützenanteil näher beleuchtet werden. Dies soll Rückschlüsse darauf ermöglichen, inwiefern der Einsatz rhetorischer Figuren zweckgerichtet zur Unterstreichung wichtiger Punkte unternommen wird und ob rhetorische Figuren zuweilen auch das Fehlen überzeugender Begründung glätten (sollen).

<u>Gemeinsame Peaks der Figurenanteils- und der Stützenanteilskurve</u>

<u>Satz 19: „Er konnte keinerlei Ticket vorzeigen."</u>

Dieser sehr kurze Satz weist einen FA (Figurenanteil) von 250 und eine SAT (Stützenanteil) von 200 auf. Betrachtet man die Mittelwerte der Entscheidung (um 125 FA und um 100 SAT), liegen diese Befunde deutlich über dem Durchschnitt und kennzeichnen – so die Vermutung dieser Analyse – einen wichtigen Referenzpunkt der Urteilsbegründung. Und in der Tat handelt es sich bei Satz 19 um *den* inkriminierenden Satz der Entscheidung: Er stellt die Tatbestandsmäßigkeit des vorgeworfenen Handelns in Bezug auf die hinter ihm stehende Strafnorm § 265a StGB fest. Im Sinne einer *condicio sine qua non* könnte diese Feststellung nicht hinweggedacht werden, ohne dass die Strafbarkeit des Angeklagten insgesamt entfiele. Die Analyse zeigt, dass diese zentrale Begründung sowohl mit Logos als auch mit Pathos (also Figureneinsatz) deutlich hervorgehoben wurde.

Satz 22: „Ein erforderlicher Strafantrag ist gestellt."

Dieser Satz weist wiederum einen FA von 250 auf, und sogar einen SAT von 800, und führt damit die Wertetabelle für SAT dieses Urteils an. Der Satz ist eigentlich eine reine Formalität; er erscheint immer dann, wenn es sich bei dem angeklagten Delikt um ein sogenanntes Antragsdelikt handelt, also ein Delikt, das die Staatsanwaltschaft nur auf Antrag eines Dritten verfolgt oder mangels eines solchen Antrags prüfen muss, ob ein öffentliches Interesse an ihrer Verfolgung besteht. An diesem Antrag bzw. an der Bejahung des öffentlichen Interesses hängt aber die Zulässigkeit der gesamten Strafverfolgung, von der Einleitung des Ermittlungsverfahrens über den Eröffnungsbeschluss bis zum Urteil. Ohne diesen Antrag auf Strafverfolgung oder der positiv beschiedenen Prüfung des öffentlichen Interesses (wiederum im Sinne einer *condicio sine qua non*) hätte es nicht zur Anklage und dementsprechend auch nicht zu einem Verfahren, geschweige denn zu einem Urteil kommen dürfen. In diesem Sinne ist der Satz für das Urteil zwar nicht *inhaltlich* zentral, wohl aber formal wesentlich, und er wurde mit deutlichem Pathos flankiert, um dieses existenzielle Gewicht zu verdeutlichen. Die hohen Anteile kommen zudem zustande, weil gemessen an der Knappheit des Satzes schon einige Figuren und im Hintergrund plausibilisierende Rechtsgedanken zu finden sind.

Satz 59: „Zu Lasten des Angeklagten haben sich seine nicht unerheblichen Voreintragungen ausgewirkt."

Der FA von rund 385, der höchste des Urteils, steht hier einem SAT von immerhin rund 90 (nur knapp unter dem Durchschnitt) gegenüber. Neben den Sätzen 19, 22 und 62 ist Satz 59 das deutlichste gemeinsame Maximum der Figurenanteilskurve und der Logoskurve. Er gehört inhaltlich zu den Strafzumessungserwägungen und leitet den strafschärfenden Teil der Strafausspruchsbegründung ein. Rhetorisch liegt auf diesem für den Angeklagten wohl relevantesten Teil der Urteilsbegründung schweres Gewicht, weil in diesem Fall wesentlich schwerwiegendere und auch zahlreichere Gründe negativ zu Buche schlugen, als dies bei der positiven Wertung (Satz 57) der Fall war. Von einem Logosstandpunkt aus betrachtet ist der Satz nicht weiter bemerkenswert; er ist begründender Teil der Strafausspruchsbegründung und Dreh- und Angelpunkt für die Verwertung der Vorbelastungen des Angeklagten in der Straffindung. Der hohe Figureneinsatz zeigt indes, dass es dem Richter hier darauf ankam, dem Angeklagten genau und mit Nachdruck zu erläutern, warum ihm, gemessen am geringen Unrechtsgehalt dieser einen Tat und ihrem infinitesimalen gesellschaftlichen Schaden, eine recht hohe Geldstrafe auferlegt wurde. Besonders hervorstechend ist hier die litotische Formulierung „nicht unerheblichen", als wolle der Richter dies als Gegensatz zur (in einer Gesamtbetrachtung tatsächlich eher unerheblichen) verhandelten Tat anführen und dem Angeklagten verdeutlichen, dass seine indifferente – und rechtlich schlicht falsche – Einstellung zur Leistungserschleichung ihn in Verbindung mit seinem Vorstrafenregister in wesentlich ernstere Schwierigkeiten verwickelt hat, als er es offenbar absehen konnte (und als es die Ersparnis von € 2,40 für einen Fahrausweis jemals wert gewesen sein könnte). Im Ergebnis unterstreicht der hohe Figureneinsatz also zwar den argumentativen Stellenwert des Satzes, erfüllt aber, wie angeführt, wohl eine weitere, übergeordnete Funktion, nämlich die des Versuchs einer verbalen Spezialprävention.

Auseinanderfallen der Figurenanteils- und der Stützenanteilskurve
Satz 4: „Der am ... in ... geborene Angeklagte ist deutscher Staatsangehöriger."

Gleich zu Beginn des Urteils findet sich dieser Satz bei den persönlichen Verhältnissen des Angeklagten; der Satz hat, gemessen an seiner relativen Kürze einen mäßigen FA von 139, weist aber einen SAT von 0 auf, weil er für die Urteilsbegründung gänzlich irrelevant ist. Dem Verfasser scheint, dass es gebräuchlich ist, die Staatsangehörigkeit des Angeklagten zu Beginn des Urteils stets anzugeben, weil sie nach dem Empfinden der meisten Entscheidungsverfasser formell zu den zu nennenden persönlichen Verhältnissen des Angeklagten zählt, auch wenn die Staatsangehörigkeit nur in den seltensten denkbaren Fällen Bewandtnis für die strafrechtliche Urteilsbegründung haben dürfte. Dieser Brauch läuft sowohl dem Gebot zuwider, in die Urteilsbegründung nur verfahrensrelevante Tatsachen aufzunehmen, als auch den Empfehlungen der Ausbildungsliteratur, „die Darstellung der persönlichen Verhältnisse des Angeklagten [...][nur insoweit aufzunehmen], als sie Schlüsse auf Anlage, Entwicklung, Persönlichkeit, und Umwelt des Angeklagten [...] [zuließe], damit einen Einfluss auf das Maß der Schuld oder die Höhe der Strafe hat oder kriminologisch von Bedeutung ist."[208] In der vorliegenden Entscheidung lässt sich nicht nachvollziehen, dass die Staatsangehörigkeit des Angeklagten derartige Schlüsse zugelassen hat oder in der Tat zulassen sollte, sodass der Satz keinerlei argumentative Funktion hat. Andererseits ist es auch kaum vorstellbar, dass diese Tatsache durch den immerhin den Durchschnitt etwas übersteigenden Figurenanteil überspielt werden sollte:

---

208 So etwa *Lutz Meyer-Goßner/Ekkehard Appl*, Die Urteile in Strafsachen, 27. Auflage, München 2002, Rn. 269 [Hervorh. v. Verf.].

Der Satz ist kein schwaches Argument, das pathetischer Unterstützung bedarf, sondern Ergebnis eines formalistischen Brauchs, alle grundsätzlichen, nicht aber unbedingt relevanten Personalien des Angeklagten im Urteil zu erfassen.

Satz 5: „Er ist ledig und hat keine Kinder."

Mit einem FA von rund 36 und einem SAT von 143 ist Satz 5 der erste Satz des Urteils, in dem die beiden Kurven ein gegensätzliches Verhalten zeigen. Der sehr geringe Figurenanteil ist Ergebnis der schmucklosen Zweckmäßigkeit dieses Satzes als Transportmittel für zwei inhaltlich für den Fall nicht gerade wesentliche Tatsachen. Für die Urteilsbegründung scheint der Satz zunächst ebenfalls keine große Relevanz zu haben, bleibt doch sein Zusammenhang unausgesprochen. Der kundige Jurist weiß aber, dass Personenstand und zu versorgende Kinder den für eine Geldstrafe relevanten Betrag, der dem Angeklagten als monatliches Einkommen angerechnet wird, beeinflussen können[209], was sich wiederum in der Höhe des für die Geldstrafe zugrunde zu legenden Tagessatzes niederschlägt. Für den Strafausspruch ist dieser Satz also durchaus relevant, spricht aber offenbar – jedenfalls wohl nach Meinung des Entscheidungsverfassers – ohne nennenswerte Unterstützung durch Pathos für sich.

Satz 21: „Zuvor war der Angeklagte bereits zweimal ohne Ticket angetroffen worden."

Dieser Satz hat einen recht hohen Anteil an Figuren (225 FA), fällt aber im Logos auf einen Wert von 0 SAT ab (im Vergleich zu Satz 20 mit rund 364 und Satz 22 mit 800). Relevant ist hier der Umstand, dass die Stützenkurve ein absolutes Minimum erreicht, während die Figurenanteilskurve ein Maximum erklimmt. Betrachtet man den Inhalt dieses Satzes, so stellt man fest: Die Ausdrucksweise, die in den Figuren ihren Niederschlag findet, beschwört eine quasibeweisartige Formel herauf – „Wer etwas schon zweimal getan hat, tut es auch ein weiteres Mal" – ein Alltagssatz, der eine Wahrscheinlichkeit als Regel formuliert. Erst beim zweiten Hinsehen wird deutlich: Von einem formal-strafrechtlichen Standpunkt betrachtet ist die vormalige Täterschaft des Angeklagten bei ähnlichen oder gleichen Delikten ein Kriterium für die Strafzumessung, nicht aber ein Beweismittel für die Frage, ob der Angeklagte ein drittes Mal ein zuvor begangenes Delikt erneut unternommen hat. Allenfalls indiziell kann eine solche Feststellung wirken und kein Ersatz für ein geeignetes Beweismittel sein. Seine Verortung im

209 Siehe hierzu etwa *Walter Stree* in: Schönke/Schröder, Strafgesetzbuch. Kommentar, 28. Auflage, München 2010, § 40 Rn. 9 ff. [14].

Urteilstext und der Kontext der umgebenden Sätze entlarvt diesen Satz aber als Begründungsversuch für die *Täterschaft* des Angeklagten. Der Figureneinsatz kann hier demnach als Instrument betrachtet werden, ein schwaches Argument (hier also ein bloßes Indiz) zu einer zustimmungserheischenden, Scheinbegründung erzeugenden Feststellung zu stilisieren. Der niedrige Logosanteil ist hier entsprechend, trotz eines plausibilisierenden Übergangsaspektes, der Tatsache geschuldet, dass weder die Begründung noch der Versuch ihrer Rechtfertigung mit einem allgemeinen Prinzip darüber hinwegzutäuschen vermögen, dass dieser Schluss aus rechtlicher Perspektive schlicht nicht überzeugen kann.

Fazit zum Vergleichsurteil: Ein erster Befund kann lauten, dass der Syllogismus als Argumentationsform nicht auftritt; an dessen (erwarteter) Stelle übernimmt das zweigliedrige Enthymem die Überzeugungsarbeit, wie die Visualisierung der Argumentstruktur deutlich hervorhebt. Wie erwartet, werden rhetorische Figuren eingesetzt, insbesondere dann – das zeigt die Analyse der Figurenanteils und Logoskurven –, wenn auch der Logos erstarkt. Das deutet auf den Versuch hin, besonders bemühte Argumentation durch Pathos zu amplifizieren. Nur in einem Fall konnte indes festgestellt werden, dass hoher Figureneinsatz bei gleichzeitigem Logosabfall diese Begründungsschwäche überdeckt hat. Insgesamt dürfte das Vergleichsurteil einen typischen Argumentationsverlauf eines einfachen Strafurteils aufweisen. Inwiefern dies genau der Fall ist, darüber mag die folgende umfassende Analyse von fünf weiteren erstinstanzlichen Entscheidungen verschiedener deutscher Strafgerichte Aufschluss geben.

II. Urteil 1 – Der Exhibitionist

Gericht	Amtsgericht Schwerte
Aktenzeichen	5 Cs 100 Js 241/09-197/09
Entscheidungsart	Urteil
Sätze	64
Wörter	804
Längster Satz (Wörter)	Satz 48 (30)
Kürzester Satz (Wörter)	3, 45, 49 (5)
Mittlere Wortanzahl/Satz	12,5
Mittlerer Figurenanteil	120,57
Höchster Figurenanteil (Satz)	350,00 (Sätze 47, 49)

Durchschnittliche Figuren/Satz	5,65
Mittlerer Logosanteil	153,25
Höchster Logosanteil (Satz)	800,00 (Satz 43)
Durchschnittlich Logos/Satz	1,92
Gemeinsame Peaks: Logos/Figuren (Sätze)	3, 11, 15, 17, 19, 25, 38, 41, 43, 49, 53, 57
Gegensatzverhalten: Logos/Figuren (Sätze)	2, 6, 13, 22, 40, 46, 54, 60, 61

Dieses Urteil 1 ist, wiewohl moralisch brisant, juristisch eher unaufregend. Ein junger Mann hatte – wohl unter Alkoholeinfluss – zwei Frauen morgens früh an einem Bahnhof durch autosexuelle Handlungen und beobachtende Blicke belästigt. Die Zeuginnen haben dies zur Anzeige gebracht; der Richter hatte über die Wahrheit des Geschilderten zu befinden und eine Strafe festzusetzen.

Entscheidungstext:

Der Angeklagte wird wegen exhibitionistischer Handlungen zu einer Geldstrafe in Höhe von 60 Tagessätzen verurteilt.
Die Höhe des Tagessatzes wird auf 10,00 € festgesetzt.
Angewandte Vorschrift: § 183 StGB

I.
Der ledige Angeklagte wurde am … in … geboren. Er ist Student und wohnt bei seinen Eltern. Ihm stehen monatlich 250,00 Euro zur Verfügung. Der Angeklagte ist strafrechtlich bereits in Erscheinung getreten. Ein Verfahren wegen exhibitionistischer Handlungen wurde am 24.08.2004 gemäß § 153a StPO nach Zahlung einer Geldauflage in Höhe von 200,00 Euro eingestellt.

II.
Der Angeklagte begab sich in angetrunkenem Zustand am 12.04.2009 gegen 7:00 Uhr in den Bahnhof in… Dort beobachtete er längere Zeit die Zeuginnen … und … Er ließ seine Hose und Unterhose herunter, entblößte sein Genital und onanierte über einen Zeitraum von mehreren Minuten. Dabei sah er die Zeuginnen an, welche sich durch das Verhalten des Angeklagten gestört fühlten. Diese Feststellungen beruhen auf der ausweislich des Hauptverhandlungsprotokolls durchgeführten Beweisaufnahme. Der Angeklagte hat sich dahingehend eingelassen, dass er am Vortag viel getrunken habe. Er wolle den ihm vorgehaltenen

Sachverhalt nicht bestreiten, könne sich aber aufgrund seines Alkoholeinflusses nicht mehr erinnern. Sein Erinnerungsvermögen setze erst wieder ein, als er sich in der Ausnüchterungszelle bei der Polizei befunden habe. Diese Einlassung des Angeklagten, dass er sich an nichts erinnern könnte, stellt zur Überzeugung des Gerichts jedoch eine reine Schutzbehauptung dar. Die Zeugin … hat angegeben, sie sei zusammen mit der Zeugin … an dem Morgen mit dem Zug gefahren und habe am Bahnhof in … umsteigen müssen. Sie hätten eine Stunde auf den Anschlusszug warten müssen. Sie hätten das Bahnhofsgebäude verlassen, um eine Zigarette zu rauchen. Da sei ihnen der Angeklagte aufgefallen, als dieser mehrfach an ihnen vorbei gegangen sei. Er habe sich hinter der Eingangstür aufgehalten und die Zeuginnen beobachtet. Er habe sie beide immer wieder angeschaut. Sie und die Zeugin seien dann in das Bahnhofsgebäude gegangen und hätten sich in den Fotoautomaten gesetzt, weil sie müde gewesen seien. Der Angeklagte habe sich dann im Bahnhofsgebäude auf den Treppen zu den Bahngleisen aufgehalten und habe seine Hose geöffnet. Er habe die Hose und Unterhose heruntergezogen. Dann habe er über mehrere Minuten lang onaniert. Diese Handlung sei eindeutig gewesen; es habe sich nicht um ein Urinieren gehandelt. Der Angeklagte habe dabei zu ihnen gesehen Sie und die Zeugin seien dann weiter in die Bahnhofshalle gegangen, weil sie sich durch das Verhalten des Angeklagten gestört gefühlt hätten. Dabei hätten sie gesehen, dass der Angeklagte immer noch onanierte und in ihre Richtung sah. Sie hätten noch eine ältere Frau, welche in den Bahnhof gehen wollte, gewarnt. Dabei hätten sie den Angeklagten wieder gesehen, der noch onanierte und sie beobachtet habe. Ihr sei nicht aufgefallen, dass der Angeklagte alkoholisiert gewesen sei. Dies habe sie erst später von den Polizeibeamten erfahren. Diese Aussage wird gestützt durch die Bekundungen der Zeugin …. Diese hat ergänzend ausgesagt, der Angeklagte habe zunächst seine Hose geöffnet, sein Genital in der Hand gehalten und dann onaniert. Als sie – die Zeugin – ihn das nächste Mal gesehen habe, habe er bereits die Hose bis zu den Knien, später bis zu den Knöcheln heruntergelassen gehabt. Dabei habe er die ganze Zeit onaniert und in die Richtung der Zeuginnen geschaut.

III.

Die beiden Zeuginnen haben das Geschehen glaubhaft und nachvollziehbar geschildert. Die Beurkundungen waren flüssig und in sich widerspruchsfrei. Die Zeuginnen sind auch glaubwürdig. Es waren keine Belastungstendenzen gegenüber dem Angeklagten erkennbar. Es ist ferner kein Grund erkennbar, warum der Angeklagte von beiden Zeuginnen zu Unrecht einer Straftat bezichtigt werden sollte. Im Gegenteil waren die Zeuginnen, die den Angeklagten nicht kannten und sich auch nur zufällig am Bahnhof aufhielten und auf ihren

Zug warteten, ersichtlich darum bemüht, die Wahrheit zu sagen. Sie räumten Erinnerungslücken bereitwillig ein.

IV.

Der Angeklagte hat sich wegen exhibitionistischer Handlung gemäß § 183 Abs. 1 StGB schuldig gemacht. Der erforderliche Strafantrag wurde gestellt, § 183 Abs. 2 StGB. Der Angeklagte hat wissentlich und willentlich den Zeuginnen sein entblößtes Genital gezeigt und onaniert. Dieses Verhalten ist geeignet, eine andere Person in seinem Empfinden nicht unerheblich zu beeinträchtigen. Die Zeuginnen fühlten sich durch die Handlung des Angeklagten gestört.

V.

Der Strafrahmen des § 183 StGB sieht Freiheitsstrafe bis zu einem Jahr oder Geldstrafe vor. Im Rahmen der Strafzumessung war zugunsten des Angeklagten zu werten, dass er sich in der Hauptverhandlung bei den Zeuginnen entschuldigt hat. Zudem ist nicht auszuschließen, dass er zur Tatzeit noch unter dem Einfluss von Alkohol stand. Zu Lasten des Angeklagten fiel ins Gewicht, dass der Angeklagte bereits einmal wegen der gleichen Tat in Erscheinung getreten ist, wenn das Verfahren auch gemäß § 153a StPO eingestellt worden ist. Unter Berücksichtigung der für und gegen den Angeklagten sprechenden Gesichtspunkte erscheint eine Geldstrafe von 60 Tagessätzen zu je 10,00 Euro tat- und schuldangemessen. Sie ist ausreichend, aber auch erforderlich, um dem Angeklagten das Unrecht seines Handelns vor Auge zu führen.

VI.

Der Kostenbescheid beruht auf §§ 464 Abs. 1, 465 Abs. 1 StPO.

Abbildung 17: Visualisierung der Begründungsstruktur – Urteil 1.

Urteil 1 –
Der Exhibitionist

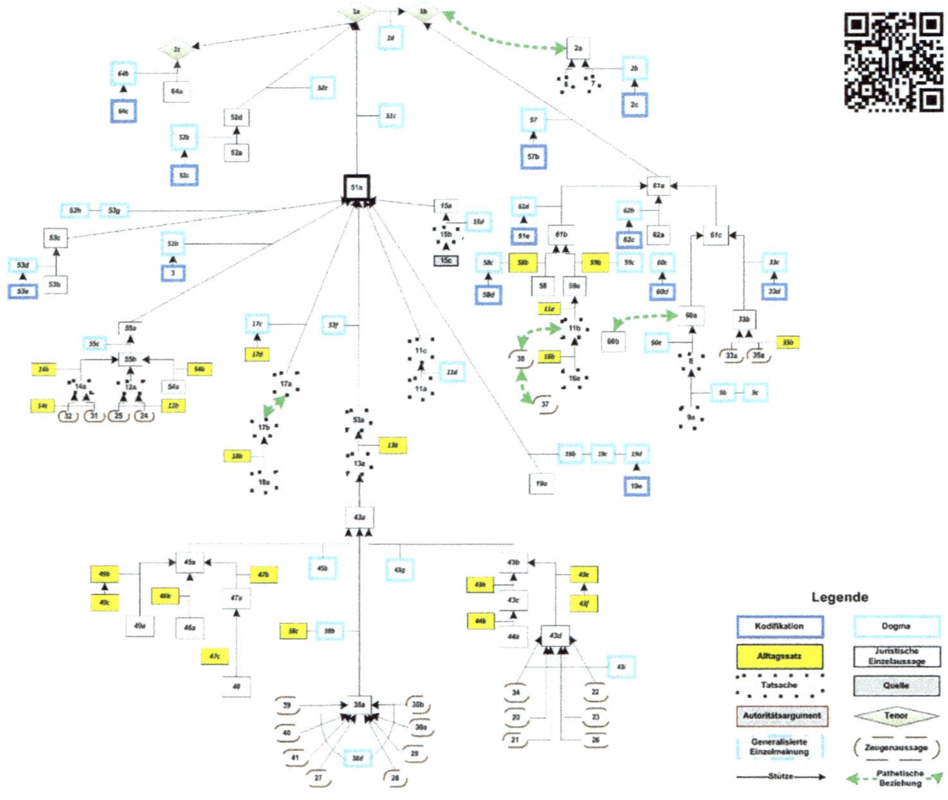

Analyse:

Zunächst betrachtet werden muss die Begründungsstruktur des Urteils, wie sie die Aussagenklassifikation und Aussagenzuordung ergeben hat. Das Urteil weist die gleichen Tenormerkmale auf wie das Vergleichsurteil, insofern soll hier auf die dort gemachten Beobachtungen verwiesen werden. Interessanterweise beginnt die eigentliche Urteilsbegründung mit einem der letzten Sätze der Entscheidung: Satz 52, der den Strafantrag als erforderlich kennzeichnet und ihn als gestellt schildert. Zum Strafantragserfordernis wurden bereits im Vergleichsurteil entsprechende Erläuterungen gemacht, für Satz 52 dieses Urteils 1 gilt Ähnliches. Argumentativ scheint hier kaum Material zu finden zu sein, um den Richter in seinem Ergebnis voranzubringen. Dabei ist der Satz ein exzellentes Beispiel für ein typisches Enthymem. Mit wenigen Worten rechtfertigt der Richter die Strafverfolgung und damit auch sein eigenes Urteil aus prozessrechtlicher Sicht, ohne auf die antragsfordernden Rechtssätze einzugehen: Ihre Existenz und Bestimmungen werden beim Leser vorausgesetzt. Da es sich bei § 183 StGB um ein sogenanntes Antragsdelikt handelt, ist seine Verfolgung und damit letztlich auch seine strafrechtliche Ahndung nur dann zulässig, wenn ein entsprechender Antragsteller darum schriftlich ersucht oder die Staatsanwaltschaft das öffentliche Interesse an der Strafverfolgung bejaht. Damit ist dieser unscheinbare Satz jedenfalls formellrechtlich der Dreh- und Angelpunkt des Urteils, nicht aber der Argumentation. Er ist separat von den anderen Komplexen zu sehen und leitet (von links gesehen) die Argumentationsstruktur des Schuldspruchs ein, ohne Teil davon zu sein. Dieser kumuliert wiederum in Satz 51a, ist aber mitnichten auf diesen beschränkt. Zum einen wird das Vorliegen des subjektiven (53c) und objektiven Tatbestands (55a) festgestellt, zum anderen begründet, warum diese Feststellungen so zu treffen waren. So begründet bereits der Satz 15a (Ergebnis der Beweisaufnahme) die Feststellungen, was allerdings weiter unten noch genauer elaboriert wird: Die Zeugenaussagen werden geschildert und verglichen (38a) und sodann für glaubhaft (43b), die Zeuginnen für glaubwürdig (45) befunden. Betrachtet man die Struktur als Ganzes, dürften zwei Dinge besonders augenfällig sein: Der Aufbau des Baumes folgt nicht zwingend der chronologischen Abfolge der Sätze. Idealtypisch wäre eine dem Urteilsstil entsprechende Abfolge der Begründungen, beginnend mit der Verurteilung und einer sodann folgenden „strafrechtschronologischen“ Argumentation. Soweit dies bereits jetzt gesagt werden kann, ist das zwar die Struktur der Begründungs*svisualisierung*, nicht aber ihrer *Verbalisierung*. Die sprachliche Aufmachung des Urteils ist nämlich vorgegeben, sie folgt einem sechsschrittigen Aufbau von den Angaben zur Person und zur Sache über die Beweiswürdigung, die rechtliche Würdigung und die Strafzumessung bis hin zur Kostenentscheidung, die den Gründen in Form eines tenorierten Ausspruchs vorangestellt wird, deren Begründung aber den Urteilstext abschließt. Das Urteil enthält die für die schriftliche Strafrechtspraxis geradezu archetypischen dreimaligen Wiederholungen einzelner Tatteilbetrachtungen; sie wirken redundant, zuweilen sogar ungeschickt formuliert, stellen aber den Überzeugungsweg des Richters auch für den Laien nachvollziehbar dar. Beginnend mit den Feststellungen des Urteils (II.), schildert der Richter die Zeugenaussagen, die die Beweisaufnahme zu Protokoll genommen hat (ebenfalls II.), um dann zu erläutern, warum die Feststellungen aufgrund der Beweisaufnahme so getroffen werden mussten (III.) und erläutert selbige Feststellungen aus strafrechtlicher Sicht (IV.). Es entsteht damit ein auf einander aufbauendes Argumentationsgeflecht, das den Überzeugungsprozess des Richters sichtbar macht und gleichzeitig plausibilisiert: Darstellung der Herstellung. Obschon hier, anders als im Vergleichsurteil, völlig unnötig, macht sich der Richter zudem die Mühe, sich mit den Einlassungen des Angeklagten auseinanderzusetzen (Satz 19). Falls nämlich der Angeklagte die ihm vorgeworfene Tat bestreitet, so muss sich mit dem Bestreiten auseinandergesetzt werden. In diesem Fall lässt sich der Angeklagte lediglich dahingehend ein, aufgrund Alkoholeinflusses keine Erinnerung an den Vorfall zu haben, ein Bestreiten ist hierin nicht zu sehen. Im Gegenteil heißt es genau genommen, „er [der Angeklagte] wolle den Sachverhalt [gerade] nicht bestreiten“[210]. Ob der Richter mit seiner Annahme einer „bloßen Schutzbehauptung“ hier den letzten vernünftigen Zweifel an der Tat des Angeklagten ausräumen oder – eventuellen Rechtsmittel vorgreiflich – auch Zweifeln an der Schuldfähigkeit des Angeklagten zuvorkommen wollte, kann nicht hinreichend, geschweige denn abschließend ermittelt werden. Es sei nur so viel festgestellt: Wenn die Zeugenaussagen glaubhaft und die Zeugen glaubwürdig sind und der Angeklagte obendrein den Tatvorwurf nicht bestreitet, erhellt es nicht, warum der Angeklagte Schutzbehauptungen äußern sollte, und erst recht nicht, warum hierauf noch einzugehen gewesen sein sollte.

Nach diesem ersten groben Einblick wenden wir uns den Analyseergebnissen für diesen ersten Urteilstext zu. Zum ersten Befund und der aufgeworfenen Frage, ob Strafrichter in ihren Entscheidungen Pathos einsetzen – also rhetorische Figuren –, sollen folgende Daten Aufschluss geben: Das Urteil 1 enthält 362 rhetorische Stilmittel in 64 Sätzen – fast 6 Figuren pro Satz. Damit dürfte, selbst wenn interpretative Zweifel an der einen oder anderen Figur auftreten sollten, über jeglichen ernsthaften Zweifel erhaben festgestellt sein, *dass* Pathos

210 Hervorheb. v. Verf.

eingesetzt wird. Dieses Pathos verteilt sich wie folgt auf die Figurengruppen, die unter D.II.1 vorgestellt worden sind:

Abbildung 18: Figurentypen Urteil 1 in Prozent.

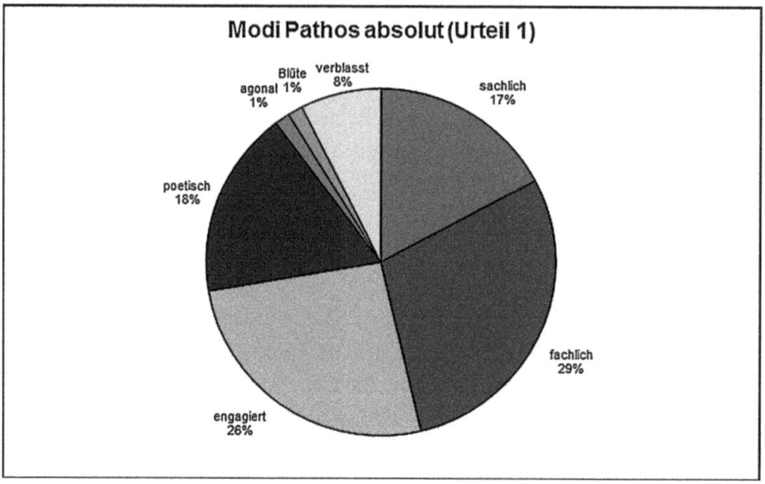

Den größten Anteil (46 %) bestreiten zusammen, wie erwartet und im Vergleichsurteil ebenfalls gesehen, die Gruppen „sachlich" und „fachlich" – sie repräsentieren einerseits das kühle Pathos, das subtil durch Wortstellung, Wortverschiebung und Worthervorhebung wirkt, andererseits die spezifische Fachsprache der Jurisprudenz und ihr naher Lebensbereiche (Rechtslehre, Verwaltung). Für gewöhnlich in der deutschen Alltagssprache verankerte Ausdrucksweisen, deren pathetischer Gehalt durch steten Gebrauch nicht ins Gewicht fällt, steht der Wert „verblasst" mit nur 8 %. Die Blüten – sprachliche Fehler – sind mit 1 % sehr gering vertreten, was angesichts des hohen Bildungsgrades der Richterschaft nicht weiter verwundert. Die „agonale" Gruppe fällt in diesem Urteil – zunächst überraschenderweise – auch nicht groß aus (ebenfalls 1 %), was aber bei genauerer Betrachtung darin begründet liegen dürfte, dass wenig kontrovers diskutiert werden musste – der Angeklagte hatte keine Erinnerung an den Fall und verzichtete jedenfalls auf ein Bestreiten des Vorwurfs; komplexe Rechtsfragen, deren Beantwortung unterschiedlich ausfallen hätte können und insofern einer widerstandbrechenden Begründungshöhe bedurft hätten, standen ebenfalls nicht im Raum. Dem unbedarften Leser fallen die übrigen beiden Gruppen indes ins Auge: engagierte Ausdrucksformen, also solche, die dem Gesagten besonderen Ausdruck verleihen sollen, machen über ein Viertel der verwendeten

Figuren aus (26 %). Das bedeutet, dass der Richter über das Urteil verteilt jede vierte Figur einsetzt, um seinem Urteil besonderen Nachdruck zu verleihen. Der überraschendste Faktor aber dürften die 18 % „poetische" Figuren sein – Poesie in einem so betont sachlichen Text wie dem eines Gerichtsurteils, in dem es obendrein noch um Strafe geht? Betrachten wir einige Okkurrenzen dieses Figurentyps: Satz 8 spricht von einem „in Erscheinung treten" (nicht: strafrechtlich vorbelastet), in Satz 11 „begab" sich der Angeklagte in den Bahnhof (nicht: ging), in Satz 15 beruhen die Feststellungen auf der „ausweislich" des Hauptverhandlungsprotokolls (nicht: im HVP dokumentierten) durchgeführten Beweisaufnahme, in Satz 43 haben die Zeuginnen das „Geschehen glaubhaft… geschildert" (nicht: den Vorfall glaubhaft wiedergegeben, die Situation glaubhaft beschrieben). Diese Beispiele weisen den poetischen Gehalt einiger Sätze des Urteils nach und zeigen, dass jedenfalls nicht ausschließlich ein sachlicher Stil verwendet wird, wie er von den meisten in einem Urteil erwartet wird. Die Beobachtungen der Analyse des Vergleichsurteils werden im Punkt „Figurentyp" also insgesamt gespiegelt.

Betrachtet man die logosbasierten Begründungsmodi des Urteils, so zeichnet sich folgendes Bild:

Abbildung 19: Gesamtverteilung der Aussagen – Urteil 1.

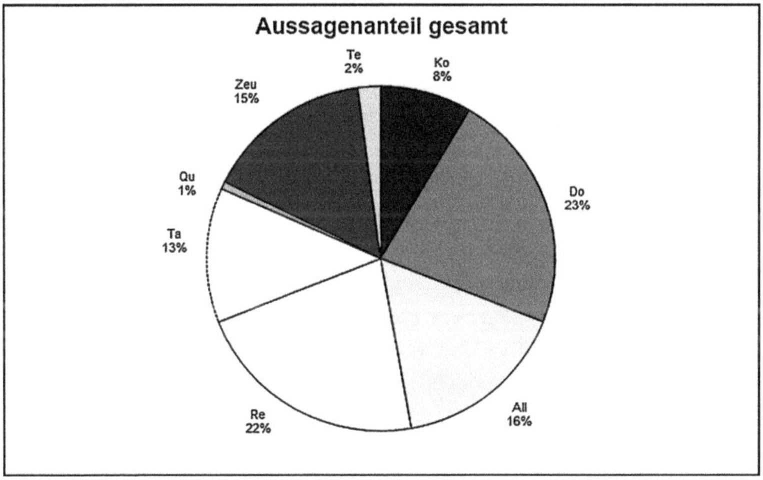

Abbildung 20: Verteilung der begründenden Argumentmodi – Urteil 1.

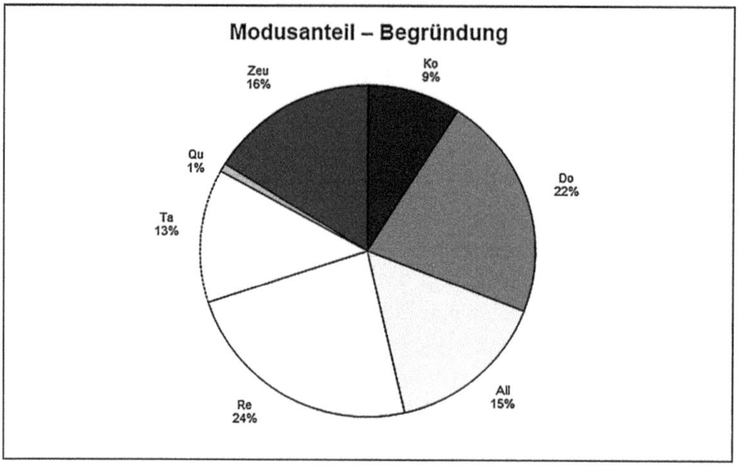

Nochmals zur Erläuterung: Die Grafik „Aussagenanteil gesamt" zeigt die Verteilung der aufgefundenen Aussagen auf die festgelegten Modi[211] ohne Rücksicht auf ihre Qualität als begründende Stützen; die Grafik „Modusanteil – Begründungen" greift diesen Aspekt indes auf und stellt dar, wie die Modi auf die tatsächlichen Begründungen verteilt sind. Hier zeigt sich der bereits zuvor vermutete Umstand, dass die Dogmen – also die Rechtssätze – eine große Rolle in der juristischen Argumentation spielen (selbst in einem rechtlich unproblematischen Text wie diesem Urteil sind sie in den plausibilisierenden Übergangsaspekten mit enormen 23 % vertreten). Indes sind sie hier jedenfalls niemals *direkt* begründend im Einsatz, was die Beobachtung *Neumanns*, Rechtssätze begründeten gerade *nicht*,[212] für diese eine Entscheidung jedenfalls als zutreffend erscheinen lässt; sie treten ausschließlich als Enthymembestandteil (Hauptaspekt) auf. Die dogmenbegleitenden Kodifikationen indes sind hier in aller Regel sogar als Stützen vertreten (8 %), die zudem auch noch expliziert sind. Der große zahlenmäßige Unterschied zwischen Dogmen und Kodifikationen (23 % zu 8 %) liegt dabei darin begründet, dass Dogmen auch Rechtssätze sein können, die nicht direkt kodifiziert sind (s. E.I.). Als Beispiel diene hier die in Satz 17 mitschwingende Regel „Ein Nichtbestreiten des Anklagevorwurfs in Verbindung mit der Einräumung von Erinnerungslücken liefert ein Indiz für die

211 D.III.2.

212 *Ulfrid Neumann*, Fn. 65.

Tatbegehung"[213]. Dies ist jedenfalls im geschriebenen *Straf*recht nicht angelegt – anders als z. B. die erste Teilaussage in § 138 Abs. 3 ZPO –, aber durchaus Teil der abwägenden Beweiswürdigung jeder strafrechtlichen Entscheidung, weshalb das Nichtbestreiten auch in diesem Urteil explizit angesprochen sein dürfte; die Regel geht zwar auf die freie Beweiswürdigung nach § 261 StPO zurück, ist dort aber eben nicht explizit kodifiziert. Wie bereits einleitend ausgeführt, war dies aber aufgrund der Beweislage keinesfalls nötig. Der Richter kommt auch ohne jedes Autoritätsargument aus – seine Ausführungen bedürfen keiner Stützung durch obergerichtliche Rechtsprechung, da der Fall rechtlich unproblematisch ist. Die einzige Quelle, die als Ethosanteil in die Stützenberechnung einfließt, ist dementsprechend auch kein Urteil, keine juristische Zeitschrift oder ein Kommentar, sondern der Verweis auf das Hauptverhandlungsprotokoll in Satz 15 – eine selbstbezügliche argumentative Stützung aus einem Dokument, dass allein anlässlich des Falls erstellt wurde. Das ist auch unproblematisch, soll dieser Hinweis doch lediglich die in Bezug genommenen Ergebnisse der Beweisaufnahme zur Grundlage der folgenden Ausführungen machen, damit diese Ergebnisse nicht in Gänze wiederholt werden müssen.

Bestritten wird die Begründung hauptsächlich mit rechtlichen Einzelaussagen und Tatsachen (35 % insgesamt, direkt begründend sogar 37 %). Im Stützungsbaum zeigt sich im Einklang damit die Begründungsstruktur in der Vertikalen (Einzelfallargumentation mit Tatsachen und rechtlichen Einzelaussagen): Der Urteilende arbeitet, wie es wohl auch besonders in der ersten Instanz sein sollte, eng am Fall. Die Zeugenaussagen fließen mit insgesamt 15 % in den Text und sogar mit 16 % in die Begründung ein, ein Umstand, der in einer Fallkonstellation mit zwei Zeugen und keinen anderen verwertbaren Beweismitteln durchaus Sinn ergibt. Zuletzt fällt die Verteilung der Alltagssätze ins Auge: Anders als bei den Dogmen, die sich hier vollständig im Hintergrund der Argumentation bewegen, fließen von neunzehn absolut auszumachenden Alltagssätzen immerhin drei als *direkte* Begründungen ein. Dies zeigt, dass Richter auch alltägliche (Volks-)Weisheiten zur Herstellung kausaler Zusammenhänge heranziehen; allerdings nimmt dies nicht gerade wunder, bedenkt man, welche Schlussarten dahinterstecken[214].

Diese einzelnen Betrachtungen zu Logos und Pathos geben schon guten Aufschluss über die rhetorische Beschaffenheit des Urteils, die wirklich interessanten Beobachtungen macht man aber bei Verknüpfung der beiden Ebenen.

---

213 Implizites Dogma, Aussage 17c, ohne Kodifikation.

214 Dazu D.III.2.

Das Ziel dieser Arbeit war es unter anderem festzustellen, ob es eine Beziehung zwischen Logos und Pathos (genauer: Figuren- und Stützeneinsatz) in Entscheidungstexten der strafrechtlichen Praxis gibt, und wie diese Beziehung gegebenenfalls beschaffen ist. Wie mehrfach angesprochen, wurden aus den pro Satz ermittelten Werten für Figuren- und Stützenanteil zwei übereinanderliegende Kurven in ein Koordinatensystem eingegeben, um eine Visualisierung ihrer Beziehung zu ermöglichen. Bevor nun aber die Grafik eingehend besprochen wird, soll noch eines expliziert werden: Obgleich die Formeln zur Berechnung des Figuren- und Stützenanteils gleich sind, ist der Einsatz dieser beiden Wirkmittel der Rhetorik alles andere als gleichartig beschaffen. Die Analysemethode hat sich bemüht, durch objektivierte Parameter – Formelgleichheit, Intensitäts- und Plausibilitätsmessungen, Bezug auf die in beiden Fällen gleiche Wortanzahl pro Satz – eine Vergleichbarkeit herzustellen, und in der Tat lassen sich Aussagen darüber treffen, wie sich Logos und Pathos in ihren Schwankungen zueinander verhalten. Die Möglichkeit eines quantitativen Vergleichs dergestalt, dass man nun aus den Zahlen abzulesen versuchte, welches Mittel denn überwiege oder wo das eine Mittel das andere übersteige, ist indes nach Ansicht des Verfassers nicht gegeben und auch nicht gewollt.

Abbildung 21: Figuren- und Stützenkurve – Urteil 1.

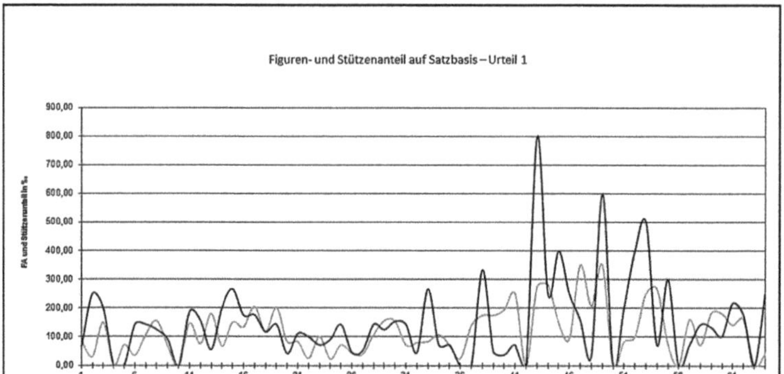

In dieser Grafik sind die gemeinsamen Peaks und gegensätzlichen Verläufe (Gegensatzverhalten) gut erkennbar. Die Untersuchung wird sich zunächst auf deutlichen gemeinsamen Anstieg konzentrieren, um nachzuweisen (oder zu widerlegen), dass Pathos und Logos an wichtigen Stellen des Urteils zusammenwirken. Besonders deutlich sind gemeinsame Konzentrationen in Satz 3, Satz 15,

Satz 19, Satz 30, Satz 43, Satz 49 und Satz 53 zu erkennen. Zweckmäßig ist eine Einzelbetrachtung der Sätze:

Gemeinsame Peaks der Figurenanteils- und Stützenkurve:

Satz 3: „Angewandte Vorschrift: § 183 StGB."

Freilich ist der verhältnismäßig hohe Anteil an Logos und Pathos in diesem Satz seiner Kürze geschuldet; die Figuren treten bereits grafisch durch den Doppelpunkt und inhaltlich in der Kürze der Ausdrucksweise – telegrammartig – zutage. Die Kodifikationsnennung ist nicht optional: Sie erfolgt stets aufgrund von § 260 Abs. 5 S. 1 StPO. Das Gebot von Transparenz für den Verurteilten sorgt für eine aus rhetorischer Sicht begründungskräftige Stütze. Das soll nicht etwa bedeuten, dass das Gesetz hier das Urteil direkt begründet[215], sondern – und dies ist in der Visualisierung des Urteils zu sehen – es begründet (= stützt) die Geltung des unausgesprochenen Dogmas (51b) aus § 183 StGB, das als Hintergrundaspekt für den Schluss dient: Der Angeklagte hat sich exhibitionistischer Handlungen schuldig gemacht (Behauptung – 51a), weil er die Zeuginnen belästigt hat (Begründung – 55a); nach Lektüre der Teile C und D dieser Schrift dürfte unschwer zu erkennen sein, dass es sich hier um ein Enthymem handelt. Dies ist zweifelsohne einer der gewichtigsten Sätze, ja, die Quintessenz des Urteils, und das Ergebnis der Untersuchung lautet hier: Pathos und Logos heben diesen Satz gemeinsam – und absichtsvoll – hervor.

Satz 15: „Diese Feststellungen beruhen auf der ausweislich des Hauptverhandlungsprotokolls durchgeführten Beweisaufnahme."

Sieben rhetorische Figuren verteilen sich auf zehn Wörter, hier sollte mit Nachdruck gearbeitet werden. Demgegenüber stehen, auf dieselbe Wortanzahl verteilt, gleich 3 Stützen und ein Hauptaspekt, was bei einer durchschnittlichen Logosanzahl von 1,92 pro Satz schon erheblich über dem Durchschnitt liegt. Der Grund dafür und für das zugleich ansteigende Pathos wird nach einem Blick in den Stützungsbaum offenbar: Obwohl Satz 15 nur einen kleinen Aspekt der Struktur darstellt, so ist es dennoch ein gewichtiger, rechtfertigt er doch die zuvor gemachten Feststellungen, die den Angeklagten inkriminieren, als Ergebnis der Beweisaufnahme, auf die sich schließlich jedes Urteil gründen muss (§ 267

215 *Meyer-Goßner* und *Appl* formulieren insofern nach Ansicht des Verfassers richtig, wenn sie feststellen, dass ein „Urteil [...] auf den angewendeten Vorschriften *beruht*.", vgl. *Lutz Meyer-Goßner/Ekkehard Appl*, Die Urteile in Strafsachen, 27. Auflage, München 2002, Rn. 184 [Hervorh. v. Verf.].

Abs. 1 StPO). Wie bereits oben erwähnt, stärkt hier ein Quellenargument, wenn auch zirkulär, die gegen den Angeklagten vorgebrachten Feststellungen, in der vertikalen Begründung findet man – nach allem Erörterten nun erwartbar – eine rechtliche Einzelaussage und eine Tatsache.

Satz 19: „Diese Einlassung des Angeklagten, dass er sich an nichts erinnern könnte, stellt zur Überzeugung des Gerichts jedoch eine reine Schutzbehauptung dar."

Die beiden Kurven erreichen hier gemeinsame Maxima. Besonders hervorzuheben ist hier der Hintergedanke des Satzes: Eine fehlende Erinnerung, die hier auf Alkoholeinfluss zurückzuführen sein könnte, öffnet den Weg für eine Überprüfung der Schuldfähigkeit des Angeklagten, die Voraussetzung einer (vollen) Strafbarkeit ist. Dem Richter ist hier bewusst, dass die Einlassung des Angeklagten, sich an nichts erinnern zu können, sollte er sie für glaubhaft halten, eine Überprüfung der Schuldfähigkeit zur Folge hätte. Dieser Prüfung, die allein an der Einlassung des Angeklagten hängt, entgeht der Richter durch die Klassifizierung der Einlassung als Schutzbehauptung. Pathos und Logos (nämlich Hintergrund der Schutzbehauptung mit den Konsequenzen der §§ 20, 21 StGB) werden verflochten, um, die Feststellung der Strafbarkeit des Angeklagten eine weitere Begründung zu geben: seine Schuldfähigkeit (die im Übrigen aus den übrigen Erläuterungen heraus auch eher nicht infrage zu stellen gewesen wäre). Ohne explizite Begründung und Erläuterung, warum eine Schuldfähigkeit nicht zu überprüfen war, ist dies freilich dennoch nicht besonders überzeugend.

Satz 30: „Diese Handlung sei eindeutig gewesen; es habe sich nicht um ein Urinieren gehandelt."

6 Figuren auf nur 13 Wörter bedingen den Pathosanstieg in diesem Satz; dieser Anstieg flankiert einen geheimen Dreh- und Angelpunkt des Urteils: die Unzweideutigkeit der von den Zeuginnen beobachteten und dem Angeklagten in der Folge vorgeworfenen Handlung. Die zwei parallelen Stützen drücken unmissverständlich aus, es habe sich eben um eine sexuelle Handlung (Straftat) und nicht bloß um ein öffentliches Wasserlassen (Ordnungswidrigkeit nach § 118 OWiG) gehandelt. Wieder wirken Pathos und Logos in einem wichtigen Punkt – der Abgrenzung strafbaren Verhaltens von bloß ordnungswidrigem – zusammen.

Satz 43: „Die beiden Zeuginnen haben das Geschehen glaubhaft und nachvollziehbar geschildert."

Die Ergebnisse der gemeinsamen Abbildung von Figuren und Stützen sprechen eine deutliche Sprache: Satz 43 ist der *zentrale* Satz des Urteils. Dies drückt sich nicht allein in den 8 Figuren auf 10 Wörter aus (der Figurenanteil erreicht sein Maximum allerdings erst in Satz 47), auch die 5 Stützen und 3 Hauptaspekte sind für sich genommen, obwohl das Maximum des Urteils im Hinblick auf den Logosanteil hier erreicht ist, nicht unbedingt dahingehend aussagekräftig. Erst das Zusammenfallen eines sehr hohen und höchsten Wertes legt die Vermutung eines Dreh- und Angelpunktes des Urteils nahe. Inhaltlich lässt sich dieser Eindruck ohne Weiteres bestätigen: Der Richter erklärt die Aussagen der Zeuginnen für glaubhaft. Das bedeutet nichts anderes, als dass er ihre Schilderungen im Wege der dann folgenden Beweiswürdigung in vollem Umfang als tatsächliche und damit als als Beweis brauchbare Schilderung des Sachverhalts anerkennt. Dieses Ergebnis der Beweisaufnahme (verkörpert in Satz 15) ist Grundlage der Verurteilung des Angeklagten, bestätigt die eigentliche strafbare Handlung (festgestellt in Satz 13). Ohne die rhetorische Urteilsanalyse hätte man immerhin bereits aus fachlicher Sicht diesen Satz als zentral bezeichnen können, mindestens aber als ausschlaggebend für die Verurteilung; die Analyse bestätigt diesen Ergebnis, indem sie nachweist, dass in diesem Satz (verglichen mit allen anderen Urteilssätzen) massiv Pathos und Logos eingesetzt wurden, was die Wichtigkeit des Satzes, die juristisch schon erahnt wird, auch aus rhetorischem Blickwinkel bestätigt.

Satz 49: „Sie räumten Erinnerungslücken bereitwillig ein."

Der hohe Figurenanteil erklärt sich hier mit der verhältnismäßig hohen Figurendichte (5) auf sehr wenige Wörter. Diese fünf Wörter liefern dabei gleichzeitig zwei begründende Stützen (eine für den Satz 45 – Glaubwürdigkeit der Zeuginnen – und eine für den Satz 49b, der erläutert, warum die Einräumung von Erinnerungslücken zur Glaubwürdigkeit eines Zeugen beiträgt), sowie einen Hauptaspekt, der immerhin erläutert, wann eine Schilderung glaubhaft ist. Satz 49 ist das gemeinsame Maximum der Figuren- und Stützenkurve; nirgendwo sonst erreichen beide Funktionen gemeinsam einen annähernd gleichen und zugleich so hohen Wert. Während die Höhe der Werte gewiss an der Kürze des Satzes liegt, ist es wiederum kein Zufall, dass beide Werte gleichzeitig und so eng bezogen ein Maximum erreichen, ist es doch entscheidend für ein auf Zeugenaussagen basierendes Urteil, welchen der Zeugen der Richter als glaubwürdig betrachtet, woraus sich wiederum ein Stück weit auch die Neigung ergibt, die

Aussagen eines solchen Zeugen auch als glaubhaft empfinden, jedenfalls dann, wenn es keine objektiven Anhaltspunkte gibt, der Schilderung des Zeugen keinen Glauben zu schenken. Man kann also wieder schließen, dass Figureneinsatz und Begründungsaufwand zusammenwirken, um einen wichtigen Orientierungspunkt für die Entscheidung hervorzuheben.

Satz 53: „Der Angeklagte hat wissentlich und willentlich den Zeuginnen sein entblößtes Genital gezeigt und onaniert."

Mit 11 pathetischen Vorkommnissen auf nur 14 Wörter errechnet sich für diesen Satz der vierthöchste Figurenanteil des Urteils, mit insgesamt 4 Stützen und 4 Hauptaspekten kommt der Satz auf den dritthöchsten Stützenanteil der Entscheidung überhaupt. Wirft man einen Blick auf den Inhalt des Satzes, ist dieser Befund – wieder – nicht überraschend: Ein bedeutender Aspekt der strafrechtlichen Lehre und Praxis ist der Vorsatzschuldvorwurf, dessen einer Bestandteil, der Vorsatz, in genau diesem Satz 53 festgestellt wird. Als Dogma steht die Vorsatzdefinition (53d), unterstützt durch die entsprechende Kodifikation im StGB (53e), im Hintergrund des Schlusses „wissentlich und willentlich (53b), also vorsätzlich (53c)"; hier ist wieder die als klassisch zu bezeichnende Enthymemform erkennbar. Die Feststellung der Vorsätzlichkeit ist auch wesentlich: Die Tat ist nur als *Vorsatztat* strafbar. Der gemeinsame Peak von Figuren- und Stützenanteil identifiziert diesen Satz also ebenfalls als integralen Bestandteil der Urteilsbegründung.

Nachdem nun gezeigt wurde, dass alle gemeinsamen Peaks von Stützen- und Figureneinsatz mit wesentlichen Urteilssätzen koinzidieren, sollen einige der Stellen knapp betrachtet werden, an denen Logos- und Pathosgebrauch auseinanderfallen. Dies soll, wie zuvor, zu Übersichtlichskeitszwecken in einer Satz-für-Satz-Betrachtung erfolgen. Das Augenmerk soll auf den Sätzen 8, 13, 40, 46, 48, 60 und 61 liegen.

Auseinanderfallen der Figurenanteils- und Stützenanteilskurve:

Satz 8: „Der Angeklagte ist strafrechtlich bereits in Erscheinung getreten."

Der einigermaßen hohe Figurenanteil, wie er sich als Peak im Pathos niederschlägt, ist mit der Ratio 6 Figuren auf 8 Wörter erklärlich, nur eine Stütze (auf das ganze Urteil gesehen leicht unterdurchschnittlich) liefert dieser Satz für das ganze Urteil, weswegen der Stützenanteil hier bereits im Abfallen begriffen ist. Die Vorstrafen des Angeklagten spielen für die wichtigsten Fragen einer Verurteilung in Zusammenhang mit dem „Ob" und dem „Weswegen" keinerlei Rolle, insofern handelt es sich hier nicht um ein konstitutives Urteilselement; vielmehr wird das vortatliche Betragen des Angeklagten Teil der Strafzumessungserwägungen – des „Wie" der Verurteilung. Dabei liefert das Bundeszentralregister Auskunft über das Vorleben des Angeklagten, das dem Richter für die sodann auszusprechende Strafe je nach Einschlägigkeit und Häufigkeit und Schwere der bereits abgeurteilten Taten Anhaltspunkte für eine – meist erhöhende – Modifikation der Strafe an die Hand gibt. Verglichen mit den gewichtigen Punkten des Urteils, bei denen gemeinsame Peaks bestehen, ist dieser Punkt nachrangig. Die später im Zusammenhang mit der Tatsache des strafrechtlichen In-Erscheinung-Getreten-Seins des Angeklagten gemachten Ausführungen, nämlich dass ein entsprechend einschlägiges Verfahren eingestellt worden sei, überzeugt vor dem Hintergrund der Strafzumessungserwägungen nur wenig (was jedenfalls pathetisch in der Wendung „wenn auch" zum Ausdruck kommt (60b). Der Bundesgerichtshof hat zwar festgestellt, dass auch eingestellte Verfahren dem Angeklagten im Rahmen der Strafzumessungserwägungen nachteilig ausgelegt werden dürfen[216], wenn sich der Angeklagte diese Verfahren nicht zur Warnung hat dienen lassen.[217] Dieser Umstand bedarf aber weiterer Begründung, auf die der Richter hier verzichtet: Die Schwäche des Arguments (oder eben dessen Fehlen) wird mit einem gehörigen Maß an Pathos in den Hintergrund gedrängt.

Satz 13: „Er ließ seine Hose und Unterhose herunter, entblößte sein Genital und onanierte über einen Zeitraum von mehreren Minuten."

Wieder erklärt sich der hohe Figurenanteil aufgrund der überdurchschnittlichen Figurenanzahl (8) auf relativ wenige Wörter (18) Wörter und wieder enthält der Satz nur 1 Stütze und einen Hauptaspekt. Betrachtet man den in Rede stehenden Satz inhaltlich, bietet sich hier allerdings ein anderes Bild als bei Satz 8: Die Feststellung der Handlung des Angeklagten als tatsächlich erfolgt ist wichtiger Bestandteil des Urteils, wenn auch ihre rechtliche Würdigung noch wichtiger ist. Das Auseinanderfallen von Logos und Pathos in diesem Fall ist also eher mathematisch-zufällig als rhetorisch-kaschierend.

Satz 40: „Als sie – die Zeugin – ihn das nächste Mal gesehen habe, habe er bereits die Hose bis zu den Knien, später bis zu den Knöcheln heruntergelassen gehabt."

Der Satz ist als Zeugenaussage allein nicht besonders aussagekräftig – hinzutreten muss ja auch die Überzeugung des Gerichts –, er enthält nur eine Stütze,

---

216 BGHSt 25, 64 ff.

217 *Walter Stree/Jörg Kinzig* in: Schönke/Schröder, Strafgesetzbuch. Kommentar, 28. Auflage, München 2010, § 46 Rn. 33.

wohingegen der Figurenanteil wieder über dem Durchschnitt liegt (doppelt so hoch). Er stützt entfernt die Feststellungen des Urteils, ist aber nur einer von vielen Aspekten, die das tun. Die hohe Figurendichte kann deshalb wieder nicht als kaschierend interpretiert werden; zu beachten ist hier freilich auch, dass es sich um eine Zeugenaussage handelt und der Richter hier vermutlich lediglich unter Verbesserung etwaiger Ausdrucksschwächen die Schilderung in indirekter Rede wiedergibt. Fazit: Zufälliges Auseinanderfallen der Anteile.

Satz 46: „Es waren keine Belastungstendenzen gegenüber dem Angeklagten erkennbar."

Der auf den Urteilsdurchschnitt bezogene unterdurchschnittliche Figureneinsatz („nur" drei Figuren) erklärt den Abfall der Pathoskurve mathematisch, aber auch inhaltlich kann nachvollzogen werden, warum die Aussage des Satzes aus Sicht des Entscheidungsverfassers etwa weniger Pathosunterstützung benötigt als z. B. Satz 49: Während die Einräumung von Erinnerungslücken nicht aus sich selbst heraus für eine Glaubwürdigkeit spricht, sondern erläuterungsbedürftig erscheint, lässt die trotz der Straftat neutrale Einstellung gegenüber dem Angeklagten (ohne „Belastungstendenzen") dergestalt Rückschlüsse auf die Person der Zeugin zu, dass sie sich in ihrer Aussage offenbar nicht durch irrationale, emotionalisierende Momente leiten lässt, sondern der Aussagesituation sachlich und vernünftig begegnet – ein Hinweis auf Stabilität der Persönlichkeit und damit auf Glaubwürdigkeit. Da hier die Figurenkurve fällt, während die Stützenkurve anzieht, fällt der Satz aus der Untersuchung der Frage, ob Pathoseinsatz schwache Argumentation verschleiert, heraus. Der Satz steht als (Teil-)Begründung für die Glaubwürdigkeit der Zeugin für sich selbst.

Satz 48: „Im Gegenteil waren die Zeuginnen, die den Angeklagten nicht kannten und sich auch nur zufällig am Bahnhof aufhielten und auf ihren Zug warteten, ersichtlich darum bemüht, die Wahrheit zu sagen."

Diesmal ist es nicht die Anzahl der Figuren, die den Anteil hochtreibt, sondern die Intensität der Figuren; der agonale Auftakt „im Gegenteil" lässt diesen Satz besonders engagiert und begründend erscheinen, was durch die antithetische Gegenüberstellung mit Satz 47 erreicht wird. Satz 48 enthält indes nur eine Stütze, die auch weiter begründungsbedürftig wäre: Der Richter gibt nicht preis, wie er zu dem Schluss gelangt, dass die Zeuginnen bemüht gewesen seien, die Wahrheit zu sagen. Statt dies zu begründen, formuliert er pathosreich, dass es „im Gegenteil" „ersichtlich" gewesen sei. Hier wurde auf „logische" Explikation verzichtet und mit pathetischen Wendungen geglättet.

Satz 60: „Zu Lasten des Angeklagten fiel ins Gewicht, dass der Angeklagte bereits einmal wegen der gleichen Tat in Erscheinung getreten ist, wenn das Verfahren auch gemäß § 153a StPO eingestellt worden ist.“

Fast die dreifache durchschnittliche Figurenanzahl macht diesen Satz zu einem pathetischen Schwergewicht im Urteil, was angesichts der bereits zu Satz 8 gemachten Ausführungen nicht überrascht. Dieser Satz 60 rechtfertigt die Feststellung aus Satz 8, dass der Angeklagte bereits „strafrechtlich in Erscheinung getreten“ sei, und stellt die zugehörige Strafzumessungserwägung dar. Der kaum betriebene Begründungsaufwand schlägt sich in der geringen Stützenzahl (1) nieder und auch in der Tatsache, dass die Stützenkurve – im Gegensatz zur Figurenkurve – hier abfällt. Das an sich starke Argument der einschlägigen Vorstrafe wird durch die Bemerkung zur Einstellung des Verfahrens zunächst extrem abgeschwächt; weitere Erläuterung wäre hier vonnöten, um greifbar zu machen, warum dies dennoch eine negative Zumessungserwägung sein kann. Eine solche Erläuterung fehlt, selbst wenn man die impliziten Regelhaftigkeiten als Hauptaspekte hier ergänzt. An die Stelle einer Erläuterung tritt augenfälliger Figureneinsatz. Auch dieser Satz ist daher ein Beispiel für solche Fälle, in denen Pathoseinsatz dazu dient, Begründungsschwächen oder -ungenauigkeiten zu glätten.

Satz 61: „Unter Berücksichtigung der für und gegen den Angeklagten sprechenden Gesichtspunkte erscheint eine Geldstrafe von 60 Tagessätzen zu je 10,00 Euro tat- und schuldangemessen.“

Hier fällt der Figurenanteil im Vergleich zu den Vorsätzen extrem ab, demgegenüber stehen ein Hauptaspekt und 3 Stützen, die den Haupttenor direkt begründen. Dies ist also der umgekehrte Fall, in dem der Logos so stark ist, dass das Pathos eine nur untergeordnete Rolle spielt. Ganz unabhängig davon, ob die tatsächlichen Zahlen nun höher oder niedriger sein mögen, ist Satz 61 ein Fall von massivem Steigungsverhalten in der Logoskurve bei gleichzeitigem Abfall der Figurenkurve. Als Logospeak und Pathosabfall fällt er allerdings aus der Untersuchung, ob das Fehlen von Argumenten mit Pathos überspielt wird, genau wie Satz 46 heraus.

Fazit zu Urteil 1: Es handelt sich um ein Urteil, in dem Kernsätze pathetisch unterstützt werden; alle sechs gemeinsamen Peaks der Stützen- und Figurenkurven sind wichtigen Sätzen der Urteilsgründe zuzuordnen. In vier von acht untersuchten Fällen bestehen Anhaltspunkte, dass fehlende oder schwache Argumentation mit massivem Figureneinsatz überbrückt wird. Zwei Fälle des gegensätzlichen Steigungsverhaltens fielen aus dem Muster heraus und zeigen aber, dass Pathos an solchen Stellen sparsamer eingesetzt wird, an denen der

Richter bereits begründungsstark zu überzeugen glaubt. Die Argumentationsweise im Urteil ist enthymematisch und an *keiner* Stelle syllogistisch. Rechtssätze spielen eine große Rolle bei den fallbezogenen Schlüssen, begründen aber keine Behauptungen, sondern plausibilisieren sie im Hintergrund. Dieses Urteil dürfte in seinem Aufbau, wie das Vergleichsurteil, ein typischer Vertreter der verurteilenden erstinstanzlichen Strafentscheidung sein.

III. Urteil 2 – Der dreifach Gepeinigte

Gericht	Amtsgericht Lüdinghausen
Aktenzeichen	9 Ds 82 Js 8979/09-186/09
Entscheidungsart	Urteil
Sätze	26
Wörter	600
Längster Satz (Wörter)	23 (53)
Kürzester Satz (Wörter)	9 (5)
Mittlere Wortanzahl/Satz	23
Mittlerer Figurenanteil	170,52
Höchster Figurenanteil (Satz)	304,69 (Satz 22)
Durchschnittliche Figuren/Satz	13,77
Mittlerer Logosanteil	126,11
Höchster Logosanteil (Satz)	500 (Satz 6)
Durchschnittlich Logosmerkmale/Satz	2,58
Gemeinsame Peaks Stützen und Figuren (Sätze)	6, 8, 11, 17, 22
Gegensatzverhalten Stützen und Figuren (Sätze)	4, 9, 15, 24, 26

Das zweite Urteil der Untersuchungsreihe behandelt ein sehr praxisrelevantes Delikt und seine zahlreichen Folgen für den Angeklagten: das Fahren ohne Fahrerlaubnis. Der Angeklagte besaß in diesem Fall keinen Führerschein, was ihn nicht daran hinderte, auf sein Mofa zu steigen und prompt angehalten zu werden, da er zu schnell gefahren war. Die Polizeibeamten wiesen ihn nach dem Vorfall an, sein Fahrzeug nunmehr schiebend fortzubewegen, was der

Angeklagte zum Schein tat. Nach kurzem Weg bestieg er sein Mofa aber wieder und fuhr weiter, was – entgegen seiner Hoffnung – aber von den Polizeibeamten beobachtet wurde. Sie hielten ihn erneut an und so lautete die Anklage auch auf Fahren ohne Fahrerlaubnis in zwei Fällen. Das Ergebnis waren eine Freiheitsstrafe auf Bewährung, ein Fahrverbot und eine isolierte Sperre zum Erwerb des Führerscheins. In juristischer Hinsicht sind hier zweierlei Themenkomplexe interessant, nämlich der Umgang mit einem umfassenden Geständnis des Angeklagten einerseits und andererseits die Frage, ob es sich bei dem geschilderten Tathergang um eine oder um zwei Taten handelt.

Entscheidungstext:

Der Angeklagte wird wegen vorsätzlichen Fahrens ohne Fahrerlaubnis in 2 Fällen zu einer Gesamtfreiheitsstrafe von 3 Monaten verurteilt.

Die Vollstreckung der Freiheitsstrafe wird zur Bewährung ausgesetzt.

Vor Ablauf von noch einem Jahr darf ihm keine neue Fahrerlaubnis erteilt werden.

Ihm wird für die Dauer von 3 Monaten verboten, Kraftfahrzeuge jeder Art im Straßenverkehr zu führen.

Der Angeklagte trägt die Kosten des Verfahrens.

Angewendete Vorschriften: §§ 21 I Nr. 1 StVG, 53, 44, 69a StGB.

Am 16.09.2009 befuhr der Angeklagte ohne gültige Fahrerlaubnis gegen 16.13 Uhr mit einem Kleinkraftrad von M kommend die O-Straße in W. und wurde anlässlich einer Laserkontrolle mit einer Geschwindigkeit von 44 km/h gemessen.

Diese Geschwindigkeit war infolge nicht ordnungsgemäßer Drosselung, welche dem Angeklagten bekannt war, allein fahrzeugbedingt. Der Angeklagte wurde daraufhin angehalten. Von der Polizei wurde vor Ort eine Anzeige gefertigt. Zudem wurde ihm die Weiterfahrt untersagt. Zunächst schob er nach Beendigung der polizeilichen Maßnahmen sein Kleinkraftrad weiter. Er hatte nämlich auch zunächst vor, das Kleinkraftrad noch die letzten Kilometer bis zu seinem Fahrziel in B weiter zu schieben. Dies war ihm jedoch schon nach 350 Metern zu mühsam, so dass er sich entschied, wieder aufzusteigen, den Motor anzulassen und mit dem Kleinkraftrad weiterzufahren. Er hoffte hierbei, die Polizei werde dies nicht mitbekommen. Tatsächlich konnte das Aufsteigen und Losfahren jedoch von der Polizei beobachtet werden, die den Angeklagten dann auch um etwa 16.30 Uhr ein zweites Mal anhielt.

Der Angeklagte war umfassend geständig und dementsprechend wegen Fahrens ohne Fahrerlaubnis gemäß §§ 21 Abs. 1 Nr. 1 StVG in 2 Fällen (§ 53 StGB) zu bestrafen.

§ 21 StVG ist ein so genanntes Dauerdelikt, das durch kürzere oder teils auch längere Fahrtunterbrechungen nicht zwingend beendet wird – dies gilt jedenfalls dann wenn die Weiterfahrt nach der Fahrtunterbrechung bereits beabsichtigt war (Hierzu: König in: Hentschel/König/Dauer, StVR, 40. Aufl. 2010, § 21 StVG Rn. 25). Zwar stehen beide Fahrten in einem unmittelbaren inneren Zusammenhang und auch in einem örtlich und zeitlich engen Zusammenhang, doch handelt es sich hierbei nicht um eine einheitliche Tat. Durch das Anhalten durch die beiden Polizeibeamten und die Kontrollsituation mit dem zunächst gefassten Vorsatz des Angeklagten, das Kleinkraftrad weiter zu schieben, ist die Tat (Tat im materiell-rechtlichen Sinn) unterbrochen worden und nach Aufsteigen auf das Kleinkraftrad nicht nur ein neuer Tatentschluss gefasst, sondern auch eine neuerliche Tat begonnen worden.

Unter Berücksichtigung aller für und gegen den Angeklagten sprechenden Umstände hat das Gericht zur Einwirkung auf den Angeklagten angesichts seiner zahlreichen einschlägigen Voreintragungen die Verhängung einer kurzen Freiheitsstrafe für jede der beiden Taten für unerlässlich zur Einwirkung auf den Angeklagten im Sinne des § 47 StGB erachtet. Tat- und schuldangemessen hielt das Gericht jeweils Freiheitsstrafen von 2 Monaten, die unter erneuter Berücksichtigung aller für und gegen den Angeklagten sprechenden Umstände auf eine Gesamtfreiheitsstrafe von 3 Monaten zurückgeführt werden konnte.

Das Gericht konnte die Vollstreckung dieser Freiheitsstrafe zur Bewährung aussetzen, da bislang trotz mehrerer Vorbelastungen freiheitsentziehende Maßnahmen gegen den Angeklagten bisher nicht festgesetzt wurden und dementsprechend das Gericht davon ausgehen kann und muss, dass der Angeklagte sich allein die Verurteilung hinreichend zur Warnung dienen lassen und in Zukunft sein Leben straffrei führen wird.

Angesichts der Tatbegehung mittels eines als Mofa zugelassenen Fahrzeuges erschien dem Gericht ein 3-monatiges Fahrverbot gemäß § 44 StGB zur erzieherischen Einwirkung auf den Angeklagten geboten.

Der Angeklagte hat sich zudem durch seine Tat erneut als ungeeignet zum Führen von Kraftfahrzeugen erwiesen, so dass auch eine isolierte Sperre gemäß § 69a StGB festzusetzen war, deren Dauer das Gericht angesichts des durch die Taten zu Tage getretenen Eignungsmangels auf noch ein Jahr bemessen hat.

Die Kostenentscheidung folgt aus § 465 StPO.

Abbildung 22: Visualisierung der Begründungsstruktur Urteil 2.

Urteil 2 –
Der dreifach Gepeinigte

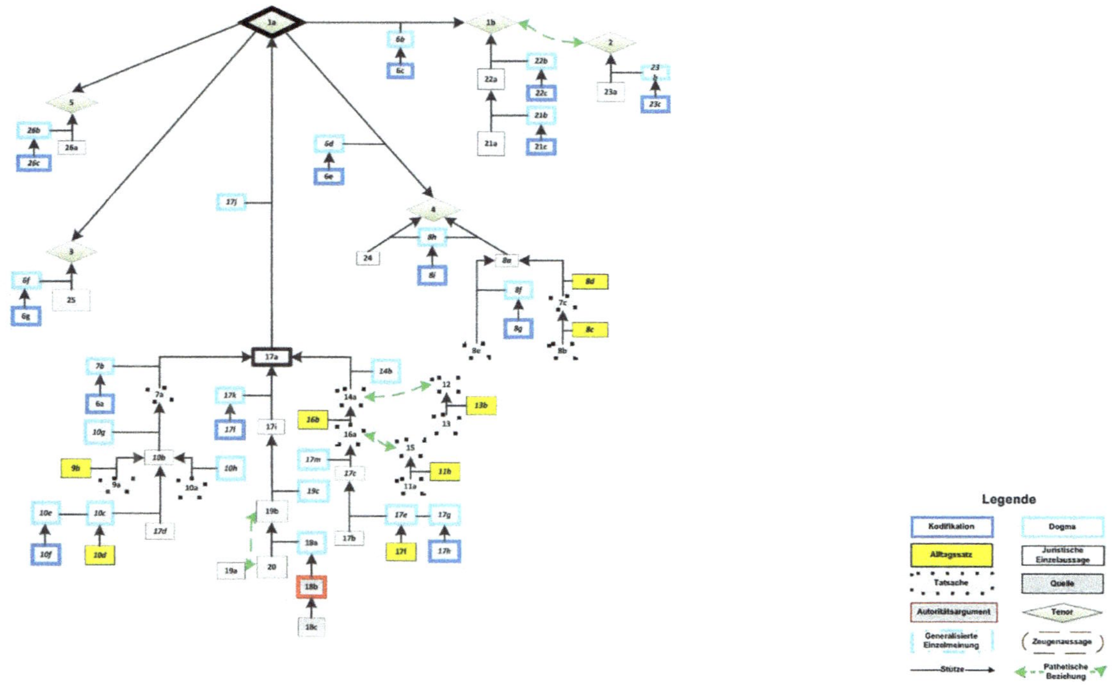

Analyse:

Auf den ersten, flüchtigen Blick scheint bereits die optische Form dieses Urteils der oben geäußerten Vermutung zu widersprechen, es gäbe einen typischen Aufbau für verurteilende erstinstanzliche Strafurteile. Man sollte sich aber nicht von der ungewöhnlichen Form des Baumes täuschen lassen; sie ist in großen Teilen der Tatsache geschuldet, dass hier zahlreiche verkehrsdeliktspezifische Nebenentscheidungen mit ausgeurteilt wurden. Die Gemeinsamkeiten in der Grobstruktur sind nämlich dennoch zu erkennen: der zweigliedrige Tenor – Schuldspruch (1a) und Strafausspruch (1b) – und die anschließende linksseitige Beschäftigung mit dem Tatbestand, dessen Feststehen die Ergebnisse der Beweisaufnahme belegen (7 bis 20), während rechtsseitig die Zusammensetzung des Strafausspruches gerechtfertigt wird (21, 22). Die zusätzlichen Nebenentscheidungen stellen für sich zu sehende kleine Argumentationskomplexe dar (die Aussetzung der Strafe zur Bewährung (2), die isolierte Sperre (3), das Fahrverbot (4) und die Kostenentscheidung (5)), die aber die argumentative Struktur des Urteils nicht so sehr beeinflussen, dass hier von einer gravierenden Abweichung des unter E.I. gemutmaßten Archetypen gesprochen werden soll. Vielmehr sind Abweichungen in der Mikrostruktur dadurch zu erklären, dass bei jedem zu entscheidenden Fall die Probleme anders liegen: Die umfassende Auseinandersetzung mit Zeugenaussagen und anderen strafprozessualen Beweismitteln etwa hat hier deswegen nicht stattgefunden, weil der Angeklagte ein volles Geständnis abgelegt hat (Satz 17), das er bis zur Urteilsverkündung auch nicht zurückgenommen hat. Der Richter begnügt sich mit Feststellungen, die er sämtlich mit der umfassenden geständigen Einlassung des Angeklagten begründet. Aus rechtlicher Sicht, also bei der materiell-juristischen Beurteilung der Tat, weist dieses zweite Urteil einige Ungereimtheiten auf. Diese betreffen die Aussetzung der Strafe zur Bewährung, die rechtliche Beurteilung des Vorgehens als zwei Taten (§ 53 StGB) sowie den Ausspruch des dreimonatigen Fahrverbots. In § 56 StGB heißt es, eine Strafe sei zur Bewährung auszusetzen, wenn zu erwarten sei, dass der Angeklagte sich die Verurteilung allein derart zur Warnung dienen lassen werde, dass er künftig keine weiteren Straftaten begehen werde. In die Abwägung, ob dies der Fall sein könne, sind unter anderem Vorleben des Angeklagten, sein Verhalten nach der Tat und etwaige Wiedergutmachungsversuche als Faktoren einzubeziehen. Hinter dem Begriff „Vorleben“ verbirgt sich vor allem das Wohlverhalten innerhalb der Rechtsordnung, sprich: die Frage nach Vorstrafen. Der Angeklagte hat „zahlreiche einschlägige Voreintragungen“ (21), die an sich zu einer negativen Sozialprognose führen sollten; wer immer wieder die gleiche Art von Straftaten begeht, bei dem ist gemeinhin auch nicht anzunehmen, dass er sich künftig straffrei verhalten wird. Dieses Phänomen wird in der Praxis (und so auch hier) typischerweise – wohl aus rechtspolitischen Gründen – umgangen, indem erstmals eine kurze Freiheitsstrafe (unter 6 Monaten), deren Ausspruch eigentlich zu vermeiden ist (§ 47 StGB), verhängt wird, die dann als Zumessungsgrund genutzt wird, dem Angeklagten als „letzte Verwarnung“ zu dienen und somit auszureichen. Diese Lösung ist zwar nicht *contra legem*, sie erfordert indes nach Meinung des Verfassers aufgrund ihrer gleich doppelten Abweichung von der regelgerechten Vorgehensweise einen erheblich gesteigerten Argumentationsaufwand, der hier nicht (und auch sonst nur selten) betrieben wird[218]. Ähnliches, nämlich dass nicht ausreichend argumentiert wird, kann von der Beurteilung des Vorwurfs als zwei Taten behauptet werden. In den Sätzen 18 bis 20 entscheidet der Richter kurzerhand, dass es sich um zwei separate Taten handelt, und zwar entgegen der von ihm selbst angeführten Fundstelle, die die Möglichkeit anführt, bei Vergehen nach § 21 StVG auch mehrere Fahrten in nahem örtlichen und zeitlichen Zusammenhang als eine Tat zu betrachten. Aus rhetorischer Sicht fallen hier zwei wichtige Vorgehensweisen ins Gewicht. Die erste ist der Pathoseinsatz, der wohlüberlegte Abwägung simulieren soll: die Restrictio „zwar…, aber…“. Nun bedeutet freilich nicht jede Restrictio schlichtweg eine rhetorische Manipulation durch Scheinargumente; beim Einsatz solcher Logos-Figuren ist allerdings ein genauerer Blick auf die Argumentation angezeigt, die sie unterstützen oder ersetzen. Tatsächlich wirkt diese Passage des Urteils nicht sehr überzeugend, und dies aus zwei Gründen. Zum einen macht eine Argumentation erst dann einen wahrlich stringenten Eindruck, wenn der Disputant mehrere mögliche Lösungen diskutiert und gegeneinander abwägt, bevor er erklärt, welche Lösung er für die treffende hält und warum. Der Richter weist hier hingegen lediglich darauf hin, dass es eine andere Lösung gibt, genauer gesagt leitet er die Argumentation mit diesem Hinweis ein. Statt aber diese Lösung zu erläutern, verneint er praktisch sofort ihre Validität für den vorliegenden Fall. Sicherlich könnte der Argumentation des Richters gefolgt werden;

218 So jedenfalls der Eindruck des Verfassers aus sieben Monaten strafrechtlicher Praxiserfahrung.

die Fassung eines neuen Tatentschlusses als Auftakt zu einer weiteren Tat bei erneutem Aufsteigen auf das Motorrad ist nun nicht schlicht unplausibel und geht mit einer strafrechtsdogmatischen Betrachtung konform. In einer Gesamtschau des Tatgeschehens aber könnte genauso einleuchten, nur *einen* Tatentschluss für die Fahrt auf dem Motorrad ohne gültige Fahrerlaubnis vom Startort A bis zum Erreichen des angestrebten Ziels B anzunehmen und das Anhalten durch die Polizei nur als – unangenehme und ungeplante – Unterbrechung zu deuten. Hierfür spricht einerseits, dass es unrealistisch erscheint anzunehmen, dass jemand sein Fahrzeug bis zu seinem Zielort je nach Strecke schieben werde, wenn er ursprünglich vorhatte, den Zielort schnell mit dem Fahrzeug zu erreichen. Andererseits ändert die Ermahnung durch die Polizei faktisch nichts an dem ursprünglichen Plan des Täters, sein Ziel mit dem jeweiligen Kraftfahrzeug zu erreichen. Der Lebenssachverhalt, so könnte man argumentieren, gibt für einen zweiten Tatentschluss keine ausreichenden Anhaltspunkte her. Der nahe örtliche und zeitliche Zusammenhang der Fahrten zusammen mit dem weiterhin übergeordneten Zweck des Erreichens des Zielorts sprechen vielmehr für die Annahme eines Dauerdelikts mit kurzer, strafrechtlich nicht relevanter Unterbrechung, und damit für die Annahme nur einer Tat. Insgesamt geht es indes nicht darum, ob dieser Meinung oder der Meinung des Richters gefolgt werden müsste, sondern darum, dass eine überzeugende Argumentation beide Möglichkeiten diskutieren sollte und begründen würde, warum der gewählten Variante gegenüber der ausgeschlagenen der Vorzug zu geben ist. Der bloße Hinweis auf Gegenmeinungen entfaltet nicht dieselbe argumentative Kraft wie ihre plausible Refutation. Die dritte „Schwachstelle“ des Urteils soll hier nur kurz angerissen werden: das Fahrverbot. Es steht zu vermuten, dass das ausgesprochene Fahrverbot nach § 44 StGB Konsequenz der Tat nach § 21 StVG sein soll („erzieherische Einwirkung auf den Angeklagten“), seine Anordnung ist eine Ermessensentscheidung. Man darf allerdings fragen, welchen Sinn ein Fahrverbot hat, wenn der Adressat des Verbotes keine Fahrerlaubnis hat und aufgrund einer isolierten Sperre zum Wiedererwerb auch voraussichtlich längere Zeit ohne Fahrerlaubnis sein wird. Weiteres wird die nachfolgende Analyse aufdecken und erläutern.

Betrachten wir zunächst die absolute Verteilung der ermittelten Figurentypen in diesem Urteil:

Abbildung 23: Figurentypen Urteil 2 in Prozent.

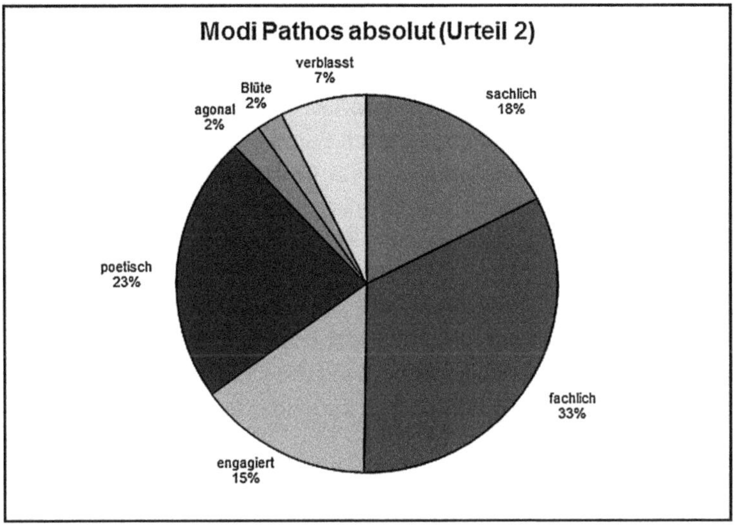

Die sachlichen und fachlichen Figuren sind mit 51 % ähnlich stark vertreten wie im Urteil 1 und im Vergleichsurteil. Es zeichnet sich hier ein kühler sachlicher Stil ab, der sich mit vielen Fachbegriffen vor dem überwiegend juristischen Auditorium verneigt (dazu bereits oben, Urteil 1). Verblasste Figuren sind nur gering vertreten, was das Ergebnis der ersten Analyse perpetuiert: Die Figuren sind in strafrechtlichen Entscheidungen vorhanden, machen aber einen nur sehr geringen Anteil der insgesamt eingesetzten Figuren aus. Ähnliches gilt von den Blüten (2 %), die aber im Gegensatz zu verblassten Wendungen nur selten „eingesetzt" werden, sondern eher koinzidenziell zu sein pflegen. Die Diagnose möge auch hier lauten, dass jedenfalls diese Entscheidung sehr sorgfältig ausgearbeitet wurde und dementsprechend nur wenige sprachliche Fehler und uneigentliche Ausdrücke enthält. Die agonalen Figuren sind ebenfalls in der Minderheit, was in die Standardsprache übersetzt bedeutet, dass der Richter kaum mit gegensätzlichen Ausdrücken oder konzessivem Satzgefüge arbeitet. Dies verwundert insofern, als er mehrfach von regelmäßigen Vorgehensweisen abrückt (Tatmehrheit und Bewährung); das Fehlen agonaler Figuren zeigt, dass der Richter sich gerade *nicht* konträr mit anderen Meinungsrichtungen auseinandersetzt. Eine gute Diskussion der Entscheidungsoptionen würde sicher einiges an Wettstreit vermittelnden Wendungen aufweisen. In knapp einem Siebtel der pathetischen Okkurrenzen wird indes besonders klar, dass der Richter pointiert betont (15 % engagierte Figuren). Die gehäufte Verwendung von Inversionen legt dabei jeweils den Schwerpunkt auf den Informationsgehalt am Satzanfang (Sätze 3, 4, 5, 10, 12 usw.). Die poetischen Wendungen beanspruchen in diesem Urteil sogar knapp ein Viertel (23 %) aller eingesetzten Figuren, was in folgenden Beispielen anklingt: Da ist die Rede von einer „bereits beabsichtigten" Weiterfahrt (Alliteration, Satz 18), das Gericht hat „die Verhängung einer kurzen Freiheitsstrafe für unerlässlich erachtet" (Archaismus, Satz 21), und zwar „zur Einwirkung auf den Angeklagten" (Metapher, Satz 21), überdies „sprechen" „die Umstände" für oder gegen den Angeklagten (Personifikation, Satz 22), der deswegen schlussendlich „freiheitsentziehende Maßnahmen" erleidet (Euphemismus, Satz 23).

Die Verteilung der Begründungsmodi auf das Urteil in absoluten Zahlen und bezogen auf diejenigen, die direkt begründend wirken, zeigen die folgenden zwei Abbildungen:

Abbildung 24: Gesamtverteilung der Begründungsmodi – Urteil 2.

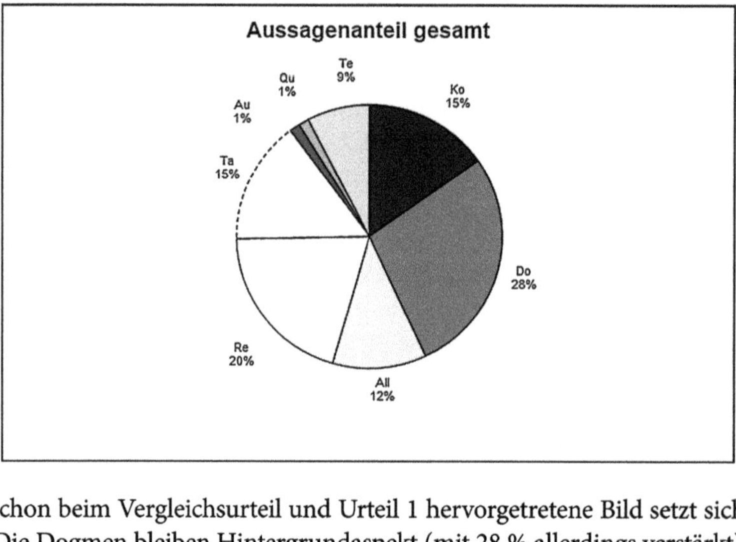

Das schon beim Vergleichsurteil und Urteil 1 hervorgetretene Bild setzt sich hier fort: Die Dogmen bleiben Hintergrundaspekt (mit 28 % allerdings verstärkt), was wiederum zeigt, dass sie als Rechtssätze zwar nicht die Begründungsarbeit im Sinne von Stützen leisten, sie aber ständig begleiten. Das Aufkommen sehr vieler Kodifikationen, die die Dogmen als Stützen rechtfertigen, zeigt, dass in diesem Urteil die zur Plausibilisierung herangezogenen Dogmen zumeist im Gesetz verankert sind. Mit 35 % sind die rechtlichen Einzelaussagen und Tatsachen wieder stärkste Kraft in der vertikalen Begründungslinie, was wiederum den Schluss zulässt, dass auch hier die Hauptstützen der Urteilsstruktur einzelfallbezogen sind. Während es hier auf Zeugenaussagen nicht ankam, weil der Angeklagte „umfassend geständig" war (Satz 17), fällt der doch recht hohe Tenoranteil (9 %) ins Auge. Im Gesamtaussagendurchschnitt liegt das an den zahlreichen Nebenentscheidungen des Urteils, die dem Angeklagten zusätzlich zur Freiheitsstrafe zwar eine Bewährung einräumen, ihm aber auch ein Fahrverbot und eine Sperre zum Erwerb der Fahrerlaubnis aussprechen. Die Kostenentscheidung ist hier ebenfalls vertreten. Der Anteil an Alltagssätzen ist absolut vergleichbar mit dem aus Urteil 1, mit dem Unterschied, dass weniger von ihnen hier tatsächlich echte Begründungen hergeben (nämlich absolut nur 2). Sehr interessant ist allerdings der Anteil der Autoritätsargumente und Quellen (die ethosbasiert sind): Dort, wo die *einzige* diskutable Rechtsfrage im Raum steht, nämlich bei der Frage, ob es sich beim Wiederaufsteigen auf das und Weiterfahren mit dem Mofa um eine zweite Tat gehandelt habe, bemüht der Richter ein explizites Dogma (18a), das er mit einer Autorität (18b) stützt und mit einer Quelle (18c) nachweist. Hervor sticht dabei nicht nur die Untermauerung mit einer Lehrmeinung (also nicht mit Rechtsprechung) und auch nicht allein, dass es sich um das einzige Autoritätsargument handelt, sondern vielmehr, dass die bemühte Meinung, so wie sie formuliert ist, eher *gegen* die Auffassung des Richters spricht, dass es sich um zwei Taten handelt.

Abbildung 25: Verteilung der begründenden Begründungsmodi – Urteil 2.

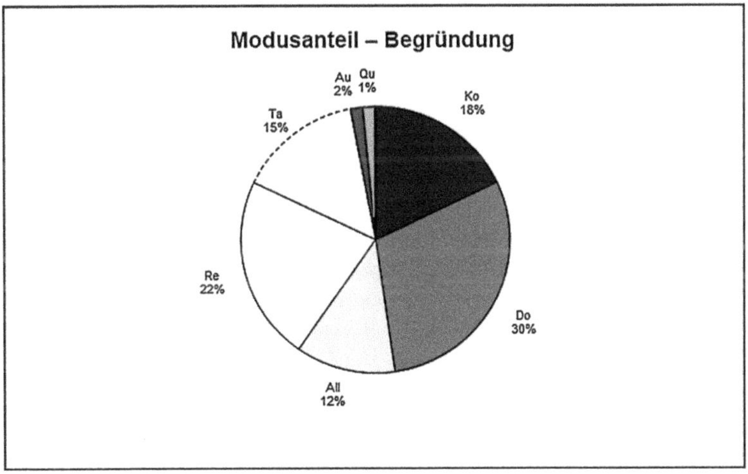

Satz 20, mit dem der Richter seine Auffassung rechtfertigt, greift argumentativ jedenfalls nicht mehr auf das Dogma zurück – der entscheidende Hinweis unter Berücksichtigung des zitierten Rechtssatzes ist der Satz 13, der für eine Unterbrechung und damit zwei Taten spricht, weil er nachweist, dass eine zweite Fahrt – zumindest zunächst – nicht beabsichtigt gewesen sei. Schon seine frühe Stellung im Urteil zeigt aber, dass der Richter diesen Satz in diesem Zusammenhang nicht berücksichtigen wollte, sonst hätte er ihn in dem Begründungskomplex der Sätze 17–20 untergebracht.

Betrachten wir nun den gemeinsamen Graphen von Figuren und Stützen, liefert dieser das Folgende:

Abbildung 26: Figuren- und Stützenkurve – Urteil 2.

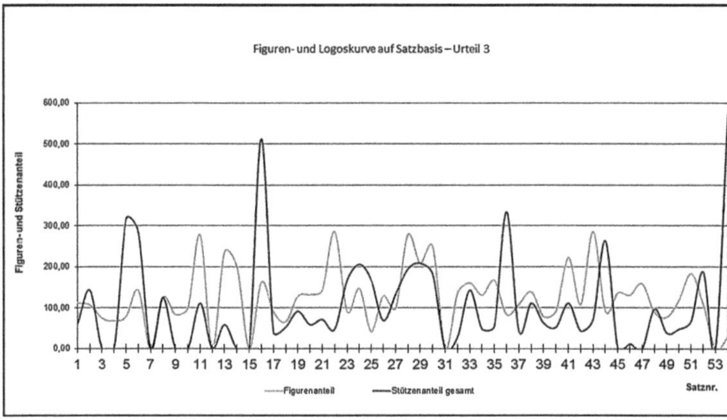

Festzustellen ist demgemäß gemeinsames Steigungsverhalten bei den Sätzen 6, 8, (11), 17, 19 und 22; dagegen stehen die Sätze 4, 9, 15, 18, 24 und 26 als Punkte, in denen das Steigungsverhalten gegenläufig ist. Wie in den vorigen Entscheidungen sollen hier zunächst die gemeinsamen Peaks betrachtet werden, ehe die Gegenprobe bei den auseinanderfallenden Daten gemacht wird.

<u>Gemeinsame Peaks der Figurenanteils- und Stützenanteilskurve:</u>

<u>Satz 6: „Angewendete Vorschriften: §§ 21 I Nr. 1 StVG, 53, 44, 69a StGB.“</u>

Der hier zu untersuchende Satz ist das Äquivalent des Satzes 3 aus Urteil 1, sodass größtenteils auf die hier gemachten Ausführungen Bezug genommen werden kann. Während aber Logos- und Pathoskonzentration in Satz 3 des Urteils 1 eher durch mittlere Werte ausgedrückt wurden, handelt es sich bei Satz 6 in diesem Urteil um das absolute Begründungsmaximum des Urteils bei mittlerem

Figurenanteil. Wie schon im ersten Urteil spielt hier die Kürze des Satzes eine Rolle; gemessen daran enthält der Satz die doch sehr hohe Anzahl von vier Stützen und drei Hauptaspekten: Die anzugebende Paragrafenkette liefert die Stützen für alle Dogmen, die im Hintergrund die verschiedenen Schlüsse zur Tat und ihren Nebenstrafen plausibilisieren (und damit als Logosmerkmale ebenfalls zubuche schlagen). Unter diesen Voraussetzungen ist der Satz aus streng argumentativer Sicht urteilszentral, was sich im gemeinsamen Anstieg der Kurven ausdrückt.

Satz 8: „Diese Geschwindigkeit war infolge nicht ordnungsgemäßer Drosselung, welche dem Angeklagten bekannt war, allein fahrzeugbedingt."

Dieser Satz belegt auf der Skala den zweiten Platz im Logosanteil und den vierten bei den Figuren, von denen hier 11 auf 14 Wörter eingesetzt wurden. Bei der juristischen Einordnung fällt schwer, dass dieser Satz nichts mit der eigentlichen Tat zu tun hat: Die Verurteilung lautet auf Fahren ohne Fahrerlaubnis in zwei Fällen, die Feststellung einer vorsätzlichen Geschwindigkeitsübertretung spielt für die materiellrechtliche Straftat keine Rolle, sondern beschreibt höchstens die Umstände, unter denen der dringende Tatverdacht entstand: das Anhalten durch die Polizeibeamten. Die Feststellung ist aber umso wichtiger für den Teil des Tenors, der ein dreimonatiges Fahrverbot ausspricht. Welchen Sinn dies hat, wenn der Angeklagte keine Fahrerlaubnis *besitzt* und auch vor Ablauf von einem Jahr keine *erwerben* darf, soll im Rahmen dieser Untersuchung allerdings unbeachtet bleiben. So viel sei aber angemerkt: Wiewohl die Möglichkeit bestünde, den Angeklagten den Führerschein nach Ablauf der Sperrfrist erwerben zu lassen und ihn sodann das Fahrverbot erdulden zu lassen, fehlte es an der Unmittelbarkeit der (Neben-)Strafe und damit an einem wichtigen erzieherischen Aspekt des Strafrechts. Die Diagnose muss aber auch hier abschließend lauten: Figuren- und Stützenanteil erreichen gemeinsam einen Peak, um die wichtigen gesetzlichen Grundlagen des Urteils hervorzuheben.

Satz 11: „Zudem wurde ihm die Weiterfahrt untersagt."

Logos- und Pathoskonzentration (Stützenanteil und Figurenanteil rund 292) sind hier, gemessen am Urteilsdurchschnitt (126 bzw. 170) sehr hoch. Das liegt rein rechnerisch an der Kürze des Satzes (die Wortanzahl stellt den Divisor, der ermittelte Wert fällt desto größer aus, je kleiner der Divisor ist). Aus juristischer Perspektive spielt die Tatsache, dass dem Angeklagten die Weiterfahrt untersagt wurde, keine Rolle, und zwar weder für die Beurteilung der Straftat selbst als auch für die Frage, ob die trotzdem fortgesetzte Fahrt auf dem Mofa ein neues Delikt oder Teil der Tathandlung des ersten war (Dauerdelikt). Denn ohne gültige Fahrerlaubnis hätte der Angeklagte ohnehin nicht weiterfahren dürfen. Zudem ist es nach der Begründungsstruktur des Urteils für die Frage, ob der Angeklagte die Weiterfahrt von vornherein beabsichtigt hatte, ohne Belang, dass ihm dies jedenfalls verboten worden ist. Andernfalls hätte der Richter im Rahmen seiner Argumentation zur Frage des Vorliegens eines Dauerdelikts auf das ausgesprochene Verbot zurückgegriffen. Zusammenfassend muss der Peak-Befund hier also auf eine mathematisch erklärbare Konzentration von Figuren und Stützen aufgrund der *Satzkürze*, nicht aber der *Wichtigkeit* des Satzes für die Urteilsbegründung zurückgeführt werden.

Satz 17: „Der Angeklagte war umfassend geständig und dementsprechend wegen Fahrens ohne Fahrerlaubnis gemäß §§ 21 Abs. 1 Nr. 1 StVG in 2 Fällen (§ 53 StGB) zu bestrafen."

Juristisch betrachtet trägt dieser Satz das Urteil: Der Richter kommt ohne Zeugenaussagen aus, sondern stützt seine Verurteilung allein auf das Geständnis des Angeklagten; gleichzeitig macht er dies in der Formulierung „und dementsprechend" deutlich. Dieser wichtige Satz vereinigt auf sich zwar nur einen mittleren Figurenanteil, weist aber einen der höchsten Logosanteilswerte des Urteils auf. Hier kann geschlussfolgert werden, dass die rhetorische Rechtstextanalyse wieder zuverlässig einen zentralen Satz aufgedeckt hat und auch zeigen konnte, dass dieser wesentliche, den Strafausspruch und in der Tat den gesamten Tenor tragende Satz Unterstützung durch immerhin mittleren Figureneinsatz erhält.

Satz 19: „Zwar stehen beide Fahrten in einem unmittelbaren inneren Zusammenhang und auch in einem örtlich und zeitlich engen Zusammenhang, doch handelt es sich hierbei nicht um eine einheitliche Tat."

Der Logosanteil dieses Satz erreicht nicht ganz die Hälfte des Durchschnitts, während der Figureneinsatz den Durchschnitt leicht übersteigt, so weit der Befund der rhetorischen Analyse. Juristisch betrachtet ist hier aber ebenfalls erkennbar, dass hier Argumentschwächen geglättet werden sollen: Der Richter bejaht die an sich gegebenen Voraussetzungen eines Dauerdelikts („unmittelbarer innerer und örtlich und zeitlich enger Zusammenhang"), lässt dies aber durch die Restrictio (zwar..., aber...) weniger gewichtig wirken als seine folgende Verneinung. Dies überrascht insofern, als er das Ergebnis seines Urteils, zumindest bezüglich der Anzahl an strafrechtlich relevanten Taten, auf diese Feststellung stützt, sie selbst aber bei Weitem nicht ausreichend begründet, sondern (trotz der Erläuterung in Satz 20) eine nachvollziehbare Auseinandersetzung mit der eigentlichen Ansicht, es handele sich vermutlich um ein Dauerdelikt und damit um eine Tat im strafrechtlichen Sinne, schuldig bleibt. Diese Lücke wurde hier mit (wenn auch nur leicht) überdurchschnittlichem Figureneinsatz kaschiert.

Satz 22: „Tat- und schuldangemessen hielt das Gericht jeweils Freiheitsstrafen von 2 Monaten, die unter erneuter Berücksichtigung aller für und gegen den Angeklagten sprechenden Umstände auf eine Gesamtfreiheitsstrafe von 3 Monaten zurückgeführt werden konnte."

Die Erläuterung der tat- und schuldangemessenen Strafe ist ein wichtiger und zwingender Bestandteil der Urteilsgründe, und dieser Satz wurde auch durch die rhetorische Analyse als wesentlich ausfindig gemacht: Der Stützenanteil ist hier zwar gering, aber steigt im Nachbarwertvergleich jedenfalls an. Etwas überraschend ist allerdings der sehr hohe Figurenanteil, der mit über 300 die Werteskala für dieses Urteil anführt. Ein Blick in die angehängte Pathostabelle erklärt diesen hohen Wert mit einem Befund von 25 (!) Figuren auf 32 Wörter. Das bedeutet in anderen Zahlen ausgedrückt, dass dieser Satz etwa doppelt so viele Figuren enthält wie das gesamte Urteil im Durchschnitt. Eine Begründungsanalyse fördert dabei zutage, dass der Logosanteil mit gut 93 dabei unterhalb des Urteilsdurchschnitts bleibt. Im Vergleich zu Urteil 1, bei dem ein ähnlicher Satz niedriges Pathos und hohen Logos erreichte, verwundert dieser Befund etwas. Ein Erklärungsansatz könnte sein, dass der Verfasser des ersten Urteils seine Zumessungserwägungen umfangreicher begründet hat (und begründen konnte) und diese Begründung eher hat für sich sprechen lassen. Die Begründung der Zumessung in diesem Urteil 2 hingegen ist vage und allgemeinplatzlastig: Es fehlt für die Verhängung dieser kurzen Gesamtfreiheitsstrafe an einer entsprechend zu erwartenden Abwägung zwischen Geld- und Freiheitsstrafe und einer Begründung der Einzelstrafen. Es spricht insofern vieles dafür, dass die pathetische Formulierung der Zumessungserwägungen dies kaschieren soll.

Vergleichend sollen nun die Instanzen des Auseinanderfallens des Kurvenverhaltens untersucht werden:

Auseinanderfallen der Figurenanteils- und Stützenkurve:

Satz 4: „Ihm wird für die Dauer von 3 Monaten verboten, Kraftfahrzeuge jeder Art im Straßenverkehr zu führen."

Diese als Teil des Tenors ausgeworfene Nebenstrafe besitzt eine mittlere Figurendichte, die aus ihrer relativen Kürze und ihrer von der Standardsprache abweichenden Formulierung erklärlich ist. Der Satz ist indes einer von sechs Sätzen im Urteil, der überhaupt keine Begründungen enthält, was für einen Tenorteil nicht weiter wundernimmt, ist der Tenor doch gerade die begründungsbedürftige

Behauptung der Entscheidung.[219] Begründende Stützen in solchen Sätzen sind also eher die Ausnahme. Der Figurenanteil dient also notwendigerweise nicht zur Unterstreichung einer solchen, und auch nicht zur Überbrückung eines Begründungsmangels (den es im Tenor nicht geben kann), sondern hat eher deklaratorische und stilistische Gründe: Die Strafe, wenn auch Nebenstrafe, wird emphatisch verkündet. Inhaltlich ist dieser Satz indes, wie oben bereits angesprochen, weder nötig noch sinnvoll – ein Fahrverbot bei fehlendem Führerschein ist aus rechtlichem Blickwinkel tautologisch, was ebenfalls für den rein deklaratorischen Charakter des Satzes spricht.

Satz 9: „Der Angeklagte wurde daraufhin angehalten."

Dieser Satz ist für die Urteilsbegründung ohne große Bedeutung. Wie bereits oben festgestellt, lieferte das Anhalten des Angeklagten durch die Polizeibeamten allenfalls *Anlass* für die Strafverfolgung. Die doch vorhandene Begründungswirkung wird im Stützungsbaum deutlich, liefert das Anhalten des Angeklagten immerhin *einen* Beweis dafür, dass er vor Ort und auf einem Kraftfahrzeug unterwegs war. Dies wäre aber von größerer Bedeutung, wenn der Angeklagte die Tatbegehung nicht eingeräumt hätte, mit Blick auf das umfassende Geständnis ist dieser Satz 9 für den Begründungsfluss unbeachtlich. Das Pathos dieses Satzes, das hier den vierthöchsten Peak des Urteils erreicht, liegt wiederum allein in der Kürze des Satzes begründet und verdeckt daher mitnichten eine Begründungslücke.

Satz 15: „Er hoffte hierbei, die Polizei werde dies nicht mitbekommen."

Dieser Satz hat keine stützende Funktion, was sich im nicht vorhandenen Logosanteil niederschlägt und auch durch die pathetische Beziehung in der Visualisierung dargestellt wird. Er ist für die Urteilsbegründung schlicht irrelevant (und gehört damit, streng genommen, überhaupt nicht ins Urteil). Demgegenüber steht ein Figurenpeak, der den dritthöchsten Figurenanteilwert (rund 278) des Urteils beschreibt und damit den Urteilsdurchschnitt um über 60 % übersteigt. Diesmal, so die Vermutung des Verfassers, ist der Figurenanteil nicht allein mathematisch zu erklären, sondern fördert noch etwas zutage, das mit dem Hinweis beginnt, dass dieser Satz an sich nicht ins Urteil gehört und sich noch dazu vom Grundsatz ablöst, die Urteilsgründe müssten „ruhig und sachlich reden"[220]. Hier werden Hoffnungen und Wünsche des Angeklagten wiedergegeben, die

---

219 Vgl. aber zu *begründenden* Tenorteilen bereits die Erläuterung zu D.III.2.

220 Vgl. *Lutz Meyer-Goßner/Ekkehard Appl*, Fn. 215, Rn. 240.

allenfalls eine listige Gesinnung andeuten könnten, aber für sogenannte innere Tatsachen – die dargelegt werden *müssten*, wenn sie für einen Urteilsbestandteil relevant wären – keine Anhaltspunkte liefern, insbesondere weil diese „Hoffnungen" des Angeklagten an keiner Stelle begründend aufgegriffen werden. Es handelt sich insofern um eine *contra artem* unternommene, lebhafte Schilderung des Innenlebens des Angeklagten, was sich dann richtigerweise in einem hohen Figurenanteil niederschlägt. Eine fehlende Begründung soll damit allerdings nicht geglättet werden.

<u>Satz 24: „Angesichts der Tatbegehung mittels eines als Mofa zugelassenen Fahrzeuges erschien dem Gericht ein 3-monatiges Fahrverbot gemäß § 44 StGB zur erzieherischen Einwirkung auf den Angeklagten geboten."</u>

Dieser Satz begründet formell den Ausspruch der Nebenstrafe (Satz 4), besitzt aber seinerseits keinerlei weitere Begründung, insbesondere weil das Fahrverbot im Lichte der isolierten Sperre aus spezialpräventiver Sicht sinnlos erscheint (s.o.). Warum ein solches Fahrverbot also dem Gericht „geboten erschien", wird nicht erläutert, nimmt man einmal den Hinweis auf die Begehung mittels Mofas aus. Die abfallende Logoskurve schlägt hier insofern zu Recht Alarm. Der hohe Pathosanteil zeigt hier ein deutliches Ablenkungsmanöver: Die offiziös wirkende Formulierung klingt bereits in den Ohren eines Juristen, in denen eines Außenstehenden erst recht, durch bekannte Floskeln wie „geboten", oder „erzieherische Einwirkung" plausibel und schließt die eben beschriebene, klaffende Lücke in der Begründung durch zahlreiche Figuren wie Archaismen, Alliterationen, Metaphern und sehr viele andere – eine kaum zu fassende Anzahl von 22 Figuren auf 26 Wörter.

<u>Satz 26: „Die Kostenentscheidung folgt aus § 465 StPO."</u>

Dieser Hinweis auf die tenorierte Kostenentscheidung ist schnörkellos, aber hintergründig mit einem Dogma und einer Kodifikation unterlegt. Das so entstehende Enthymem ist für jeden Juristen voll plausibel: Wer verurteilt wird, trägt die Kosten und seine Auslagen, so will es das Gesetz. Demgegenüber fällt die Pathoskurve an dieser Stelle ab: Einer Betonung im Sinne sprachlicher Unterstützung bedarf dieses strafverfahrensrechtliche Grundprinzip nicht: Es wirkt von allein. Satz 26 ist damit eine aus den Untersuchungszielen herausfallende Steigerung des Logos bei gleichzeitigem Absinken des Pathos. Dies fördert aber den Befund, dass von sich aus plausible Begründungen nicht immer durch Figuren unterstützt werden. Bei der bislang untersuchten Menge an Sätzen zeichnet sich indes das Bild ab, dass solche Vorkommnisse eher selten sind.

Fazit zu Urteil 2: Das durchweg nach enthymematischem Argumentationsmuster aufgebaute Urteil zeigt an wesentlichen Stellen ein gemeinsames Ansteigen sowohl der Figuren- als auch der Stützendichte. In einem von sechs untersuchten Peaks konnte dieser Befund nicht greifen. Bei der Untersuchung, ob Pathoseinsatz schwache Begründungen glättet bzw. fehlende Begründungen überbrückt, konnte in nur einem von fünf Fällen diese Beobachtung gemacht werden, in einem dieser Fälle konnte, wie schon beim ersten Urteil, auch beobachtet werden, dass der Figureneinsatz sinkt, wenn die Begründung in einem Kurvenmaximum stark hervortritt. Die Analyse hat aber ebenfalls zutage gefördert, wie durch geschickte Formulierung Begründungsmängel verdeckt werden können, und dass dieses Urteil nicht in allen Punkten einer Entscheidung *lege artis* entspricht.

IV. Urteil 3 – Der reuige Verkehrssünder

Gericht	Amtsgericht Pinneberg
Aktenzeichen	33 Ds 302 Js 23702/07 (118/07)
Entscheidungsart	Urteil
Sätze	54
Wörter	910
Längster Satz (Wörter)	Satz 51 (45)
Kürzester Satz (Wörter)	Satz 9 (3)
Mittlere Wortanzahl/Satz	17
Mittlerer Figurenanteil	123,95
Höchster Figurenanteil (Satz)	285,71 (Sätze 22 und 43)
Durchschnittliche Figuren/Satz	9,52
Mittlerer Logosanteil	105,32
Höchster Logosanteil (Satz)	512,50 (Satz 16)
Durchschnittliche Logosmerkmale/Satz	1,8
Gemeinsame Peaks Stützen und Figuren (Sätze)	6, 11, 13, 16, 28, 30, 33, 38, 41, 43, 54
Gegensatzverhalten Stützen und Figuren (Sätze)	2, 19, 22–26, 36, 37, 45–47, 49, 51

Das dritte untersuchte Urteil befasst sich ebenfalls mit Verkehrsstraftaten, deren Folgen sich allerdings ganz anders gestalten als diejenigen in Urteil 2. Der Angeklagte, ein zuvor Unbescholtener, übersah in alkoholisiertem Zustand beinahe eine Polizeikontrolle und fuhr mit seinem Pkw gefährlich nahe an die ihn anhaltende Polizeibeamtin heran. Dies brachte ihm eine Anklage wegen gefährlichen Eingriffs in den Straßenverkehr in Tateinheit mit Trunkenheit im Verkehr sowie Widerstandes gegen Vollstreckungsbeamte ein. Das Urteil spricht ihn wegen der ersten beiden Taten schuldig, aber bezüglich der letzten Tat frei, da der Angeklagte nicht erkannt habe, dass es sich um eine Polizeibeamtin gehandelt habe. Strafrechtlich interessant ist aber eine lange Strafzumessungserwägung, die schließlich mit einem Verzicht auf die in solchen Fällen regelmäßige Entziehung der Fahrerlaubnis endet.

Entscheidungstext:

Der Angeklagte wird wegen vorsätzlicher Trunkenheit im Verkehr in Tateinheit mit vorsätzlichem Eingriff in den Straßenverkehr zu einer Geldstrafe von 70 Tagessätzen in Höhe von je 50,00 Euro verurteilt.

Ihm werden monatliche Raten von 100,00 Euro ab dem der Rechtskraft folgenden Monat bewilligt.

Diese Vergünstigung entfällt, wenn ein Teilbetrag nicht rechtzeitig gezahlt wird.

Der Angeklagte trägt die Kosten des Verfahrens und seine notwendigen Auslagen.

Die Entscheidung ergibt sich aus den §§ 315b Abs. 1 Nr. 3, 316 Abs. 1, 52, 69, 69a StGB.

(abgekürzt gem. § 267 Abs. 4 StPO)

I.

Der 43-jährige Angeklagte ist Fahrer und verdient netto 2.000,00 Euro. Er ist geschieden. Seine 25-jährige Tochter wohnt bei ihm. Strafrechtlich ist der Angeklagte bislang nicht in Erscheinung getreten.

II.

Hinsichtlich des Sachverhaltes wird auf den zugelassenen Anklagesatz der Anklageschrift vom 17.12.2007 Bezug genommen mit folgender Einschränkung:

Der Vorwurf des Widerstandes gegen Vollstreckungsbeamte war fallen zu lassen.

III.

Der vorgenannte Sachverhalt steht zur Überzeugung des Gerichts fest aufgrund der glaubhaften geständigen Einlassung des Angeklagten sowie der durchgeführten Beweisaufnahme. Der Angeklagte hat erklärt, auf einer Betriebsfeier Alkohol getrunken zu haben und dann mit seinem Fahrzeug gefahren zu sein, was ein einmaliger Vorfall gewesen sei. Er könne sich beim besten Willen nicht daran erinnern, ein Polizeifahrzeug oder Polizeibeamte auf der Fahrbahn gesehen zu haben.

Die Zeugin … hat glaubhaft ausgesagt, sie habe sich in Uniform mit einer Taschenlampe zunächst an der Mittellinie der Fahrbahn aufgestellt und dem herannahenden Pkw, der noch einige hundert Meter entfernt war, mit der Taschenlampe und dem erhobenen Arm bedeutet zu haben, anzuhalten. Das Fahrzeug sei mit unverminderter Geschwindigkeit auf sie zugefahren, so dass sie habe zur Seite springen müssen. Zu diesem Zeitpunkt sei der Abstand zu dem Wagen nur noch sehr gering gewesen. Der Angeklagte habe, nachdem man ihn dann angehalten habe, erklärt, er habe eine Person wahrgenommen, diese aber nicht als Polizisten erkannt.

Der Angeklagte hat sich der vorsätzlichen Trunkenheit im Verkehr in Tateinheit mit vorsätzlichem Eingriff in den Straßenverkehr strafbar gemacht, §§ 315b Abs. 1 Nr. 3, 316 Abs. 1, 52 StGB.

Der Angeklagte hat mit einer BAK von 1,48 0 / 00 das Fahrzeug geführt und war damit absolut fahruntüchtig. Dies hat der Angeklagte auch gewusst.

Zudem hat er – indem er mit hoher Geschwindigkeit auf die Polizeibeamtin … zufuhr, so dass diese im letzten Moment beiseite springen musste – einen gefährlichen Eingriff in den Straßenverkehr vorgenommen.

Es ist davon auszugehen, dass der Angeklagte die Person auf der Fahrbahn auch wahrgenommen hat. Zumindest hat er dies unmittelbar nach dem Vorfall eingeräumt.

Nicht nachzuweisen war dem Angeklagten allerdings, dass er die Polizeibeamtin … als solche, nämlich als Polizeibeamtin wahrgenommen hat. Eine tateinheitlich begangene Widerstandshandlung gegen Vollstreckungsbeamte war ihm daher nicht nachzuweisen.

V.

Das Gesetz sieht in § 315b Abs. 1 StGB einen Strafrahmen von Freiheitsstrafe bis zu 5 Jahren oder Geldstrafe vor, die vorsätzliche Trunkenheit im Verkehr ist mit Freiheitsstrafe bis zu einem Jahr oder Geldstrafe sanktioniert.

Aufgrund der tateinheitlichen Begehung war von dem Strafrahmen des § 315b Abs. 1 StGB auszugehen. Bei der konkreten Bemessung der Strafe war zu Gunsten des Angeklagten zu berücksichtigen, dass dieser die tatsächlichen Umstände weitestgehend eingeräumt hat. Er hat glaubhaft versichert, er könne sich nicht an ein Fahrzeug am Straßenrand erinnern, hat aber freimütig eingeräumt, dass er wohl eine Person wahrgenommen haben muss, weil er dies unmittelbar nach dem Vorfall eingeräumt haben sollte. Dies hat die Zeugin … bestätigt.

Darüber hinaus war dem Angeklagten zugute zu halten, dass er sich aus freien Stücken bei der Zeugin … im Hauptverhandlungstermin glaubhaft entschuldigt hat. Der Angeklagte war ersichtlich über sein eigenes Verhalten erschrocken. Er hat auch glaubhaft dargelegt, in welcher persönlichen Ausnahmesituation er sich zum Tatzeitpunkt befand und dass er die Hintergründe seines damaligen Verhaltens in den sodann durchgeführten Sitzungen bei der … besprochen hat. Der Angeklagte hat aus eigener Initiative kurz nach dem Vorfall Verbindung zur … aufgenommen und dort mehrere Sitzungen durchgeführt. Darüber hinaus hat er sich einer freiwilligen MPU unterzogen. Der Angeklagte hat glaubhaft versichert, nach dem Vorfall überhaupt keinen Alkohol mehr getrunken zu haben und dies auch bis heute so zu handhaben. Darüber hinaus war zu berücksichtigen, dass der Angeklagte bislang strafrechtlich nicht Erscheinung getreten ist. Vor diesem Hintergrund war die Verhängung einer Geldstrafe von 70 Tagessätzen in Höhe von 50,00 Euro tat- und schuldangemessen.

Von einer Entziehung der Fahrerlaubnis und Anordnung einer Sperre war abzusehen. Zum Zeitpunkt der mündlichen Hauptverhandlung war nicht mehr festzustellen, dass der Angeklagte zum Führen von Kraftfahrzeugen ungeeignet ist, § 69 StGB. Zwar ergibt sich aus § 69 Abs. 2 StGB, dass der Täter in der Regel als ungeeignet zum Führen von Kraftfahrzeugen anzusehen ist, wenn er eine Trunkenheitsfahrt im Verkehr begeht. Der Angeklagte hat jedoch im vorliegenden Fall unmittelbar nach der Tat aus eigener Initiative sich mit seinem Verhalten auseinandergesetzt und an mehreren Sitzungen der … teilgenommen sowie eine MPU durchführen lassen.

Aus dem in der mündlichen Hauptverhandlung eingereichten Gutachten ergibt sich nachvollziehbar, dass ein Rückfall in das bei der Tat zutage getretene Verhaltensmuster nicht zu erwarten ist. Der Gutachter stellt abschließend fest, es sei nicht zu erwarten, dass der Angeklagte auch zukünftig ein Kraftfahrzeug unter Alkoholeinfluss führen wird.

Auch aus dem Bericht der … vom 14.11.2007 ist zu entnehmen, dass der Angeklagte sich umfangreich und tiefgehend mit der Trunkenheitsfahrt und den ursächlichen Bedingungen auseinandergesetzt hat, so dass mit überwiegender Wahrscheinlichkeit davon ausgegangen werden kann, dass seine Abstinenz dauerhaft und ausreichend ist.

Das Gericht folgt aufgrund des Eindrucks, den der Angeklagte in der Hauptverhandlung hinterlassen hat, dieser Einschätzung.

VI.
Die Kostenentscheidung folgt aus § 465 Abs. 1 StPO.

Abbildung 27: Visualisierung der Begründungsstruktur Urteil 3.

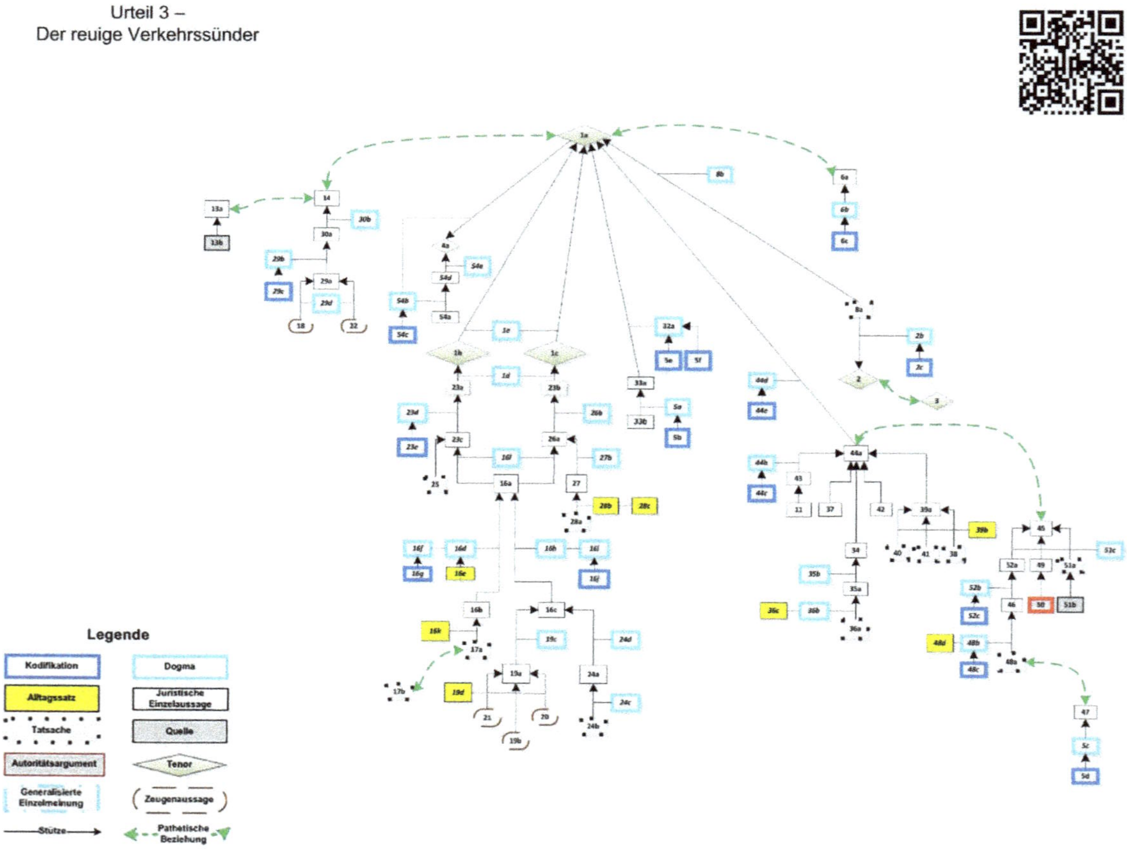

Analyse:

Schon der erste Anblick der visualisierten Begründungsstruktur dieses dritten Urteils genügt, um zu erkennen, dass in diesem Urteil ein anderer Schwerpunkt gesetzt wurde als im inhaltlich ganz ähnlichen Urteil 2. Ansatzweise ist die Doppeltenorstruktur noch zu erkennen; durch die weite Verzweigung der Tenorierungen wegen der zahlreichen Nebenentscheidungen und der zum Teil doppelfunktionalen Begründung beider Tatbestände zugleich erschien es indes opportun, eine leicht andere Darstellungsweise zu wählen, die eher der Struktur eines Beschlusses (vgl. jeweils die Visualisierung des Beschlusses 1 und 2) ähnelt. Es ist aber nicht der soeben angesprochene Teil, der so ins Auge fällt, sondern der sehr umfangreiche Argumentationskomplex zur Strafzumessung (Sätze 34 bis 52, rechts unten), der mehr als ein Drittel des Gesamtsatzvolumens des Urteils in Anspruch nimmt. Der Argumentationsaufwand, der hier betrieben wird, um eine regelmäßig gebotene Fahrerlaubnisentziehung und Wiedererwerbssperre zu umgehen, mutet zunächst etwas übertrieben an, zumal der eigentliche tat- und strafbegründende Urteilsabschnitt hierdurch nahezu in den Hintergrund gedrängt wird. Seine Rechtfertigung findet dies aber in zwei Aspekten: Zum einen verlässt sich der Richter auf die geständige Einlassung des Angeklagten, die von den Aussagen der anwesenden Polizeibeamten gestützt wird – eine ausführliche Auseinandersetzung mit den zur Verfügung stehenden unbestrittenen Beweismitteln wird hierdurch obsolet. Ohne rechtliche Problemfälle, die einer tieferen Erläuterung bedürften, gerät somit der tatbestandsbezogene Urteilskomplex kurz. Zugleich sieht der Entscheider sich mit der Situation konfrontiert, eine regelmäßig gebotene Nebenstrafe bei Verkehrsdelikten aufgrund des Eindrucks, den der Angeklagte in der Hauptverhandlung offensichtlich hinterlassen hat, nicht aussprechen zu *wollen*. Nun erfordert die Abweichung von einer Regel einen gesteigerten Begründungsaufwand gerade deswegen, weil gegen eine als Normfall, fast als Automatismus, zu betrachtende Rechtsfolge argumentiert werden soll. Der Überzeugungsgrad einer solchen Argumentation hängt häufig von der besonderen Qualität und Quantität der gegen die Regel angeführten Gründe ab und erfordert augenfälligen Aufwand, den der Richter hier auf mehrfache Weise betreibt. Neben dem Satzvolumen ist nämlich zunächst auffällig, dass der Richter keine Punkte anführt, die *gegen* den Angeklagten sprechen und sich strafschärfend auswirken könnten. Die abwägende Strafzumessung ist gemeinhin von Pro- und Contraaspekten geprägt, deren gemeinsame Betrachtung in einem „tat- und schuldangemessenen" Strafausspruch kumuliert. In der Strafzumessung dieses dritten Urteils fehlen aber jegliche negativen Gesichtspunkte; dies lässt den Angeklagten bereits in einem besseren Licht erscheinen und fördert die Disposition des Lesers, Abweichungen von der Norm in diese Richtung zu akzeptieren. Freilich scheint es auch keine derartigen negativen Punkte gegeben zu haben, weshalb auch keine zu erwähnen waren, und genauso freilich ist es nicht mehr nachvollziehbar, ob solche Aspekte doch hätten konstruiert werden können. Zum Fehlen der negativen Abwägungsaspekte tritt indes das einzige Autoritätsargument des Urteils. Bereits festgestellt worden ist, dass der Rückgriff auf Autoritäten in der Strafgerichtsbarkeit häufig geschieht und die Argumentation erleichtert. Der Durchschnitt des Einsatzes solcher Begründungsmodi liegt bei den fünf untersuchten Entscheidungen (ohne das Vergleichsurteil) bei rund 8 %, in diesem dritten Urteil aber lediglich bei 2 %. Dies spricht zum einen für die rechtliche Unterkomplexität des Falles, zum anderen wirkt der Einsatz dieser einen Referenz auf eine Autorität – den Gutachter – sehr gezielt: Eine unabhängige Instanz bestätigt die *rechtliche* Meinung des Richters in Bezug auf die Entscheidung, auf die Entziehung der Fahrerlaubnis zu verzichten, mit durch psychologische Evaluation festgestellten Eindrücken. Die im Ethos liegende Argumentationskraft dieser Referenz wird durch die Tatsache augmentiert, dass ein nicht an dem Verfahren direkt Beteiligter mit seiner Einschätzung die Argumentation des Richters rechtfertigt, es wird der Anschein von Objektivität vermittelt, weil eine gleiche Meinung mehrerer zu einem Lebenssachverhalt nicht so schnell als subjektiv entwertet werden kann wie die Meinung eines einzelnen Individuums; zum anderen wird dieser Anschein mit dem Ausspruch, das Gericht „schließe sich dieser Einschätzung an", noch verstärkt. Der Leser gewinnt den Eindruck, das Gericht lege die Entscheidung in die Hand eines objektiven Dritten, der durch seine Fachkompetenz zum richtigen Ergebnis gelangt ist, das der Richter als logische, vernünftige Konsequenz nur noch bestätigen muss. Zu guter Letzt kann noch eine Beobachtung gemacht werden, die bereits an mehreren Stellen dieser Arbeit angeklungen ist. Der Argumentationskomplex zum Verzicht auf die Entziehung der Fahrerlaubnis beginnt mit einer mittlerweile altbekannten Logos-Figur: „Zwar ergibt sich aus § 69 Abs. 2 StGB, dass der Täter in der Regel als ungeeignet zum Führen von Kraftfahrzeugen anzusehen ist, wenn er eine Trunkenheitsfahrt im Verkehr begeht." Und wiederum wird nicht argumentativ abgewogen, welche Gründe für und welche gegen eine Entziehung sprechen; stattdessen entsteht nur der *Anschein* einer Abwägung durch die restringierende Einleitung „zwar", in deren Folge der Leser mit Gegenargumenten regelrecht bombardiert wird. In diesen Beobachtungen zeigt sich erneut, dass die gewählte Ausdrucksweise die Argumentation entscheidend unterstützt: Eine gegenteilige Entscheidung ist durchaus denkbar, aber unter dem Eindruck der zahlreichen guten Argumente dagegen kaum fassbar bzw. fassenswert.

Das bislang aufgestellte Analyseschema beibehaltend, folgt nun nach dieser ersten inhaltlichen Einschätzung der Blick auf die Verteilung der Figurentypen, die im Entscheidungstext zu finden waren:

Abbildung 28: Figurentypen Urteil 3 in Prozent.

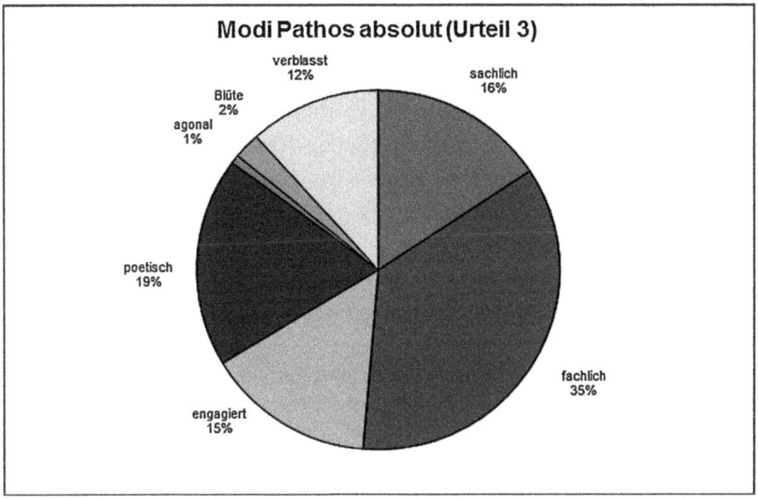

Auch in diesem Entscheidungstext setzt sich das bereits ermittelte Bild der Figurenverteilung fort. Kühles Pathos und fachsprachliche Termini dominieren den Figureneinsatz mit einem Anteil von 51 %; mit 35 % sind die fachlichen Figuren ungefähr doppelt so oft vertreten wie die nächsthöhere Gruppe der poetischen und sachlichen Figuren. Die standardsprachlich verankerten Wendungen, deren Pathosgehalt verblasst ist, sind hier in größerem Anteil vertreten (12 %) als in den anderen Urteilen, was für eine Bemühung des Entscheidungsverfassers sprechen könnte, öffentlichkeitsnah zu formulieren. Bei genauerem Hinsehen allerdings wird offenbar, dass der beträchtlich größte Teil dieser Wendungen verblasste Metaphern und Topifizierungen der *Fach*sprache und nicht der *Volks*sprache sind. Die sprachliche Korrektheit des Urteils schlägt sich, wie es auch in den anderen Urteilen der Fall war, in dem niedrigen „Blüten"-Wert von 2 % nieder. Wieder kommt das kämpferische Moment der Auseinandersetzung mit verschiedenen Meinungen und insbesondere der Einlassung des Angeklagten mit 1 % nicht recht zur Geltung – ein Umstand, der vermutlich auf das Geständnis des Angeklagten (Satz 16) zurückzuführen ist. Gut ein Siebtel der Figuren sind gewollt emphatisch eingesetzt, um einzelne Aspekte der Urteilssätze hervorzuheben.

Der Entscheidungstextanalysator – und mit ihm die aufmerksamen Leserinnen und Leser – ist nunmehr wenig überrascht, wenn auch das dritte Urteil poetische Wendungen mit einem ansehnlichen Anteil von immerhin 19 % enthält. Wieder sollen zum Nachweis einige sprachliche Wendungen des Urteils betrachtet werden: Es wird von „Vergünstigung" statt weiterhin von „Ratenzahlung" (Satz 3) und von „Auslagen" (Satz 4) gesprochen, Satz 11 weist darauf hin, dass der Angeklagte „noch nicht strafrechtlich in Erscheinung getreten" sei, ein „Vorwurf" „wird fallen gelassen" (Satz 14). Als letztes, aber hervorstechendes Beispiel poetischer Ausdrucksweise diene Satz 19, in dem einem „herannahenden Pkw" – und nicht etwa dem sich darin befindlichen Angeklagten – „mit erhobenem Arm bedeutet" wird, „anzuhalten". Angesichts dieser (und zahlreicher weiterer) Befunde kann von einem „sachlichen, ruhigen" Duktus der Entscheidungsgründe[221] kaum mehr die Rede sein.

Wieder soll nun die Ebene der Argumentation betreten werden, indem die Verteilung der Begründungsmodi herangezogen und bewertet wird.

Abbildung 29: Gesamtverteilung der Aussagen– Urteil 3.

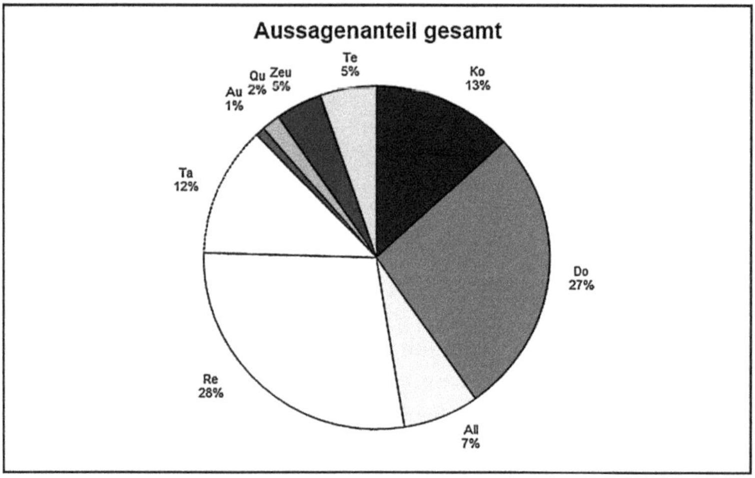

Der Befund der Begründungsmodizuordnung weist im Vergleich zu den vorherigen Urteilen einige Besonderheiten auf, die im Laufe der folgenden Beurteilung zur Sprache kommen sollen. Diese Besonderheiten beginnen mit dem bereits augenfälligen Umstand, dass von den festgestellten Dogmen in diesem

221 Vgl. dazu Fn. 220.

Urteil – obwohl die rhetorische Entscheidungstextanalyse im Grundsatz davon ausgeht, dass dies nicht der Fall sein wird – einige nun doch direkt begründend zu wirken scheinen. Um besser nachzuvollziehen, warum hier zwei Dogmen (entspricht in der Begründung 3 %) *direkte* Begründungen darstellen und nicht lediglich Hauptaspekte, ist eine genauere Betrachtung des Stützungsbaums vonnöten. Der erste Rechtssatz, der in dieser Untersuchung eine Begründung darstellt, ist Satz 5c: „Ist die rechtswidrige Tat in den Fällen des Absatzes 1 ein Vergehen … der Trunkenheit im Verkehr (§ 316), so ist der Täter in der Regel als ungeeignet zum Führen von Kraftfahrzeugen anzusehen." Die Formulierung lässt bereits etwas über den Begründungscharakter dieses Rechtssatzes vermuten: Die Wendung „in der Regel" ist eine – freilich Ausnahmen zulassende – Anordnung des Gesetzgebers, wie mit der bezeichneten Täterschaft umzugehen ist. Hier bleibt dem Richter wenig Spielraum für anderweitige Sichtweisen. Dennoch: Es ist eine Regel, die von sich aus nicht begründen soll, sondern die Voraussetzungen zur Plausibilisierung von darauf bezogenen Schlüssen schafft. Das Fehlen eines Schlusses an dieser Stelle ist es aber, das diese Regel hier als Begründung und gerade nicht als Plausibilisierung im Übergang auftreten lässt: Der Zusammenhang zwischen Satz 47, den die Regel begründet, und Satz 48 unterliegt nämlich keinem Plausibilisierungsversuch, weil die Beziehung zwischen den Sätzen *pathetisch* ist, also *keinen Schluss* darstellt, der plausibilisiert werden *könnte*. Das ist in dem Umstand angelegt, dass hier mit einer Restrictio („zwar…, aber") die grundsätzliche Anordnung des Gesetzgebers („in der Regel") zunächst nur semantisch, sodann aber auch ausdrucksbreit argumentativ missachtet wird. Das Dogma begründet also den Grundsatz der Nichteignung zum Führen von Kraftfahrzeugen, ist aber notwendig nicht Hintergrund des gegenteiligen Schlusses, dass der Angeklagte in diesem Fall diese Ungeeignetheit gerade nicht aufweist (Sätze 49 bis 52). Nachdem nun erklärlich wurde, warum das erste Dogma eine Begründung liefert, wenden wir uns dem zweiten zu. Satz 6b lautet: „Die Urteilsgründe können nach Ermessen des Richters abgekürzt werden." Dieser Grundsatz ist zum einen in der Strafprozessordnung verankert (§ 267 Abs. 4 S. 3 StPO). Zum anderen spielt er in der Praxis eine große Rolle, da er das Urteile-Verfassen erleichtert. Ein kurzer Blick auf den Stützungsbaum macht wiederum klar, dass hier kein Schluss existiert, der plausibilisiert werden könnte oder gar müsste. Die essenzielle Aussage lautet: Die Gründe *wurden* abgekürzt, weil sie abgekürzt werden *durften*. In diesem Fall zeigt sich nachgerade, dass die rhetorische Entscheidungstextanalyse insbesondere an die Annahme von impliziten Begründungen nicht *beliebig* herangeht, sondern ein gewisses Auge für Wesentlichkeit entwickelt. Es wäre hier durchaus methodentechnisch *möglich*, einen Schluss mit Implikation zu konstruieren: Die Gründe wurden weggelassen (explizit!), weil sie in diesem Fall weggelassen werden durften (implizite rechtliche Einzelaussage) – im Übergang hätten Dogma und Kodifikation den Schluss plausibilisiert. Aber: Eine solche Konstruktion wäre mit Blick auf die Begründungsstruktur sinnlos gewesen und hätte den Logosanteil verfälscht. Dem Richter ein solches Gedankenkonstrukt zu unterstellen, anstatt anzuerkennen, dass er sich aus praktischen Gründen und mit gesetzlicher Gestattung die Arbeit erleichtern wollte, wäre tatsächlich beliebig und war damit zu vermeiden. Nach alledem kann zur Verteilung der Kodifikationsargumente Stellung genommen werden, die hier mit 13 % absolut und einem Anteil von 16 % begründend einfließen. Im Vergleich mit den anderen beiden Urteilen bewegen sich die Zahlen in der Mitte, beweisen aber letztlich, dass das Gesetz als Topoi-Lieferant durchaus die Gründe auch dieser Entscheidung trägt. Ganz wesentlich fließen die Tatsachen und rechtlichen Einzelaussagen mit 51 % ein. Wie bereits mehrfach betont und nunmehr zum dritten Male festgestellt, sind es diese Begründungsmodi, die den Hauptteil der vertikalen Argumentationsstruktur ausmachen, wobei besonders der hohe Anteil an rechtlichen Einzelaussagen hervortritt – 29 % aller Begründungen des Urteils 3 sind fallbezogene Einzelstützen, die damit die Urteilsbegründung dominieren – die Dogmenkonzentration ist zwar noch etwas höher, zu bedenken ist hierbei indes, dass die allermeisten dieser Dogmen Implikationen sind und „nur" Hauptaspekte, und keine „echten" Stützen. Trotz des Geständnisses des Angeklagten stützt der Richter seine Urteilsbegründung zum Teil auch auf Zeugenaussagen der Polizeibeamten; mit insgesamt 5 % schlagen diese Aussagen zu Buche und sichern somit den festgestellten Tathergang auch ohne das begleitende Geständnis des Angeklagten ab. Der mehrteilige Tenor erklärt, wie bereits in den anderen untersuchten Entscheidungen, den absoluten Anteil von 5 % in den gesamten Aussagen[222]. Wie in den bisherigen Urteilsanalysen sind Alltagssätze zwar präsent (7 %), begründen aber eher selten (5 %). *Wenn* sie begründen, dann häufig andere Alltagssätze oder auch Dogmen in den Übergängen, nur sehr selten – und hier überhaupt nicht – als direkte Stützen einer Tatsache oder rechtlichen Einzelaussage. Auffällig ist wiederum der geringe Anteil an juristischen Autoritätsargumenten, der mit 1 % einerseits auf eine stringente und sichere Falllösung hinweist, andererseits aber umso mehr ins Auge fällt, als dieses eine Autoritätsargument wiederum nicht eine Gerichtsentscheidung zitiert, sondern die Einschätzung eines Gutachters betrifft. Nicht ohne Grund greift der Richter hier plötzlich (auch) auf ein ethosbasiertes Argument zurück, das unmittelbar augenfällig ist, entscheidet er doch, wie bereits festgestellt, *gegen* den Grundsatz aus § 69 Abs. 2 StGB. Der Aufwand, mit dem der

222 Vgl. hierzu auch die Ausführungen unter D.III.2.

Richter hier die Ausnahme Präzedenz nehmen lassen will, wird unter anderem durch dieses eine Autoritätsargument erreicht. Dass die Quellenargumente trotz der beschriebenen Nähe zum Autoritätsargument zu einem (wenn auch geringfügig) höheren Anteil in die Begründung einfließen (2 %), erklärt sich mit dem Verweis auf die Anklageschrift als Dokument in Satz 13 des Urteils ohne Umweg über die Staatsanwaltschaft als juristische Autorität.

Weitere Informationen über die rhetorische Zusammensetzung des Urteils verrät der folgende Vergleich der Figuren- mit der Stützenkurve.

Abbildung 30: Verteilung der begründenden Argumentmodi – Urteil 3.

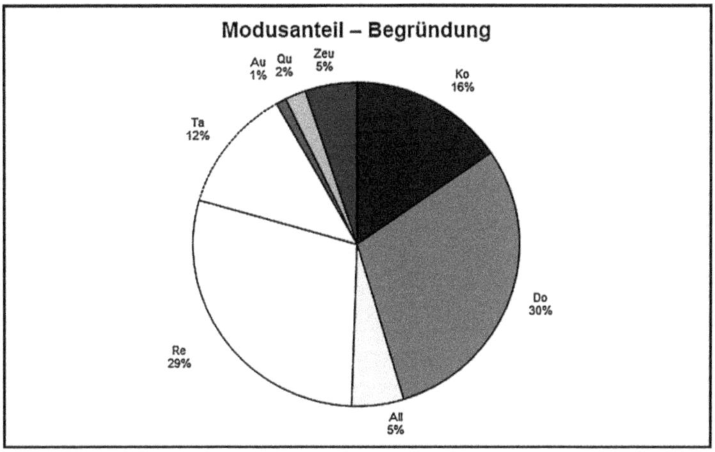

Abbildung 31: Figuren- und Stützenkurve – Urteil 3.

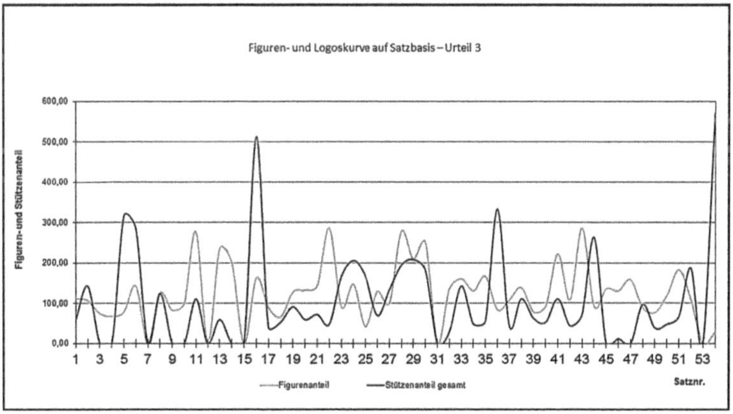

Wie gewohnt, sollen zunächst einige augenfällige gemeinsame Spitzen beleuchtet werden, ehe sodann die Diskrepanzpunkte untersucht werden. Fokus der ersten Betrachtung seien die Sätze 6, 11, 16, 24, 33, 41 und 43:

Gemeinsame Peaks der Figurenanteils- und Stützenanteilskurve:

Satz 6: „(abgekürzt gem. § 267 Abs. 4 StPO)"

Im ersten gemeinsamen Peak vereinigen sich ein leicht überdurchschnittlicher Figurenanteil (142,86) und der fünfthöchste Logosanteil des gesamten Urteils (rund 286). Während in den anderen untersuchten Urteilen solche Ergebnisse der zwingenden Paragrafennennung vorbehalten waren (und dies durchaus in Satz 5 des dritten Urteils zum Ausdruck kommt), tappt die rhetorische Entscheidungstextanalyse hier in eine Falle: Die Kürze des Satzes und seine Darstellung als Satzfragment[223] sorgen für überragende Werte in beiden Kategorien, ohne dass es sich um ein wichtiges Kernelement der Entscheidung handelte. Wie bereits zuvor ausgeführt, ist Satz 6 für die Urteilsbegründung bedeutungslos, beinhaltet aber zwei Stützen, die voll ausschlagen. Hier gewahrt man deutlich eine erste Schwäche des Analyseverfahrens, zu der auch später noch einmal Stellung genommen werden soll[224]; so viel aber vorab: Schon nach der Analyse nur dreier Urteile zeichnet sich ab, dass die rhetorische Untersuchung an ihre Grenzen gelangt, wenn der untersuchte Satz bestimmte Merkmale enthält. Ist er kurz, mit grafischen Emphasen versehen und enthält er obendrein Hinweise auf Paragrafen, gelangt die Analyse zu hohen Pathos- und Logoswerten, die teils inhaltlich gerechtfertigt sind (vgl. Urteile 1 und 2) und teils, wie es hier der Fall zu sein scheint, nur den aufgezählten Merkmalen, nicht aber einer besonderen Bedeutung für die Begründung geschuldet sind. Fazit für diesen gemeinsamen Peak muss also sein: Die Koinzidenz beider Spitzen ist rein mathematisch und hat für den Begründungsverlauf keinerlei Bewandtnis.

Satz 11: „Strafrechtlich ist der Angeklagte bislang nicht in Erscheinung getreten."

Anders verhält es sich bei diesem Satz. Beide Werte steigen hier an, der Figurenanteil weist ungefähr den doppelten Mittelwert auf, der Logosanteil übersteigt den Mittelwert leicht. Der Satz hat große Relevanz für den Strafausspruch insofern, als jedenfalls das Vorleben des Täters aus strafrechtlicher

223 Hingegen erfolgt die sonst semantisch fragmentiert wiedergegebene Nennung der entscheidungserheblichen Paragrafen hier in einem vollständigen Satz (5).

224 Dazu unter F.

Sicht beanstandungslos war – dies ist in aller Regel bei der Strafzumessung zu berücksichtigen.[225] In der Tat greift der Richter diesen Umstand in Satz 43 (dazu sogleich) wieder auf. Diese Tatsache ist immerhin Teil des betriebenen, ungewöhnlich hohen Begründungsaufwandes für die Nichtentziehung der Fahrerlaubnis. Insoweit nimmt dieser Satz gerade mit Blick auf die umfangreiche Darlegung der Strafzumessungserwägungen einen wichtigen Teil der Urteilsgründe ein, sodass der Befund hier nur lauten kann, dass Figureneinsatz und Begründung zur Überzeugungsstiftung zusammenwirken.

Satz 16: „Der vorgenannte Sachverhalt steht zur Überzeugung des Gerichts fest aufgrund der glaubhaften geständigen Einlassung des Angeklagten sowie der durchgeführten Beweisaufnahme."

Dieser Satz ist der absolute Spitzenreiter der Stützenkurve mit einem fast fünfmal höheren Logosanteil, als das Urteil durchschnittlich aufweist. Begleitend stellen wir einen gegenüber dem Urteilsdurchschnitt immerhin leicht erhöhten Figurenanteil fest. Satz 16 des dritten Urteils reiht sich damit in die Untersuchung ähnlicher Sätze aus den anderen beiden Urteilen (Urteil 1: Satz 43, Urteil 2: Satz 17) ein. Die Überzeugung des Gerichts von dem Tathergang ist der vornehmliche urteilstragende Faktor. Diesem Faktor kommt auch in der rhetorischen Analyse offenbar zentrale Bedeutung zu: Das eingesetzte Pathos unterstützt die Wirkung der begründungsträchtigen Formulierungen des Richters mit Blick auf seine für das Urteil so wesentliche Überzeugungskraft in diesem Punkt.

Satz 24: „Der Angeklagte hat mit einer BAK von 1,48 0/00 das Fahrzeug geführt und war damit absolut fahruntüchtig."

Mit dem doppelten Mittelwert des Logosanteils (206) und einem über dem Durchschnitt liegenden Figurenwert (147) wartet diese rechtliche Einschätzung auf. Sie ist Teil der Subsumtion und unbedingte Voraussetzung der Strafbarkeit nach § 316 StGB. Dementsprechend finden sich hier vier Logosmerkmale (2 Stützen und 2 Hauptaspekte), die die Argumentation zur Strafbarkeit des Angeklagten tragen. Pathos und Logos wirken auch in diesem Punkt zusammen, um einen wesentlichen Entscheidungssatz hervorzuheben.

---

225 *Lutz Meyer-Goßner/Ekkehard Appl*, Fn. 215, Rn. 476 m. w. N.

Satz 33: „Aufgrund der tateinheitlichen Begehung war von dem Strafrahmen des § 315b Abs. 1 StGB auszugehen."

Mittlere, leicht über dem Durchschnitt rangierende Figuren- und Logoswerte lassen bei diesem Untersuchungspunkt die beiden Kurven einen eng aneinander liegenden Verlauf beschreiben. Die Festlegung des Strafrahmens ist bei mehreren Taten oder mehreren, *eine* Tat im strafrechtlichen Sinne konstituierenden Handlungen ein wichtiger Aspekt der Urteilsbegründung, weil sie für die Strafzumessungserwägungen rahmengebend wirkt. Obschon es sich nicht um einen *tragenden* Aspekt der Urteilsbegründung handeln dürfte, geht der Richter in seinem Strafausspruch von dem durch das Gesetz vorgegebenen Strafrahmen aus, sodass es sich bei diesem Satz um eine grundsätzliche, an § 52 StGB angelehnte Orientierung für die der Tat und der Schuld des Täters angemessene Strafe handelt. Diese grundsätzliche Bedeutung kommt sowohl im Pathos- als auch im Logosbefund des Satzes zum Ausdruck, der Untersuchungspunkt ist damit ein weiteres Beispiel des Zusammenagierens der beiden rhetorischen Wirkmittel zur Überzeugung des Auditoriums der Entscheidung.

Satz 41: „Darüber hinaus hat er sich einer freiwilligen MPU unterzogen."

Dieser Satz fungiert als eine der wichtigsten Stützen für die Argumentation des Richters zu § 69 Abs. 2 StGB und übersteigt den Mittelwert des Logosanteils leicht. Dieser Wert liegt wiederum in der relativen Kürze des Satzes begründet. Aber auch der Figurenanteil ist überdurchschnittlich ausgestaltet und weist zusammen mit dem hohen Logoswert daraufhin, dass hier ein wichtiger urteilsbegründender Aspekt hervorgehoben werden soll. Die freiwillige Teilnahme des Angeklagten an einer medizinisch-psychologischen Untersuchung scheint dem Richter besondere Aufmerksamkeit wert zu sein, was sich inhaltlich an zwei Dingen messen lässt: Zum einen ist eine MPU üblicherweise etwas Unangenehmes, das als Folge einer oder mehrerer schwerer Verkehrsdelikte – meist im Zusammenhang mit unterschiedlichem Substanzmissbrauch (Alkohol und BtM) – angeordnet wird, sehr kostspielig ist und das Risiko mit sich bringt, die Fahrerlaubnis zu verlieren oder nicht (wieder) erwerben zu dürfen. Eine *freiwillige* Teilnahme, so die Argumentationsrichtung des Richters, deute auf eine ernstliche Auseinandersetzung mit der Tat hin. Zum anderen setzt der Richter sich unter anderem mit dem Argument aus Satz 41 über die regelmäßige Anordnung des § 69 Abs. 2 StGB hinweg. Eine Hervorhebung erschien also geboten und zeigt sich im gleichzeitigen Anstieg des Figuren- und des Stützenanteils.

Satz 43: „Darüber hinaus war zu berücksichtigen, dass der Angeklagte bislang strafrechtlich nicht Erscheinung getreten ist.“

Während die Logoskurve hier nur einen mittleren Wert erreicht (71,43), befindet sich in diesem Satz der höchste Ausschlag der Figurenkurve des Urteils 3 (mit Satz 22) mit einem Figurenanteil von gut 286. Der Logoswert ergibt sich aus einer Verteilung von einer einzelnen Stütze auf 14 Wörter, der Satz ist Teil der Strafzumessungserwägungen, in die das straflose Vorleben des Täters mildernd einzufließen hat (s.o.). Während der Satz also wesentlicher Bestandteil der Strafzumessung ist, kommt ihm auf das Urteil insgesamt bezogen keine große Bedeutung zu. Die Figurenkurve schlägt hier trotzdem massiv aus, was einerseits auf die relativ geringe Wortanzahl zurückzuführen ist und andererseits darin begründet liegt, dass in dieser standardisierten Formulierung viele engagierte Figuren enthalten sind, die dem Inhalt besonderen Nachdruck verleihen. Für diesen Peak muss aber die Diagnose lauten: Pathos und Logos steigen zwar im Vergleich zu den Vor- und Nachsätzen gemeinsam an und betonen gewiss gemeinsam den Inhalt des Satzes, ohne dass es sich indes um einen wesentlichen Urteilsbegründungsbestandteil handelt.

Demgegenüber stehen die deutlichsten Okkurrenzen gegensätzlichen Steigungsverhaltens in den Sätzen 22, 25, 26, 35, 45 und 47.

Auseinanderfallen der Figurenanteils- und Stützenanteilskurve:

Satz 22: „Der Angeklagte habe, nachdem man ihn dann angehalten habe, erklärt, er habe eine Person wahrgenommen, diese aber nicht als Polizisten erkannt.“

An dieser Stelle des Urteils erreicht der Figurenanteil (mit Satz 43) sein Maximum von gut 286, der Stützenanteil fällt auf einen unterdurchschnittlichen Wert von rund 48. Für die Frage, ob hier entscheidend fehlende Argumentation mit Pathos retuschiert wird, muss zunächst ermittelt werden, welchen Stellenwert dieser Satz in der Urteilsbegründung hat. Einerseits handelt es sich hier um eine teilweise Wiedergabe des Geständnisses des Angeklagten („er habe eine Person wahrgenommen“, ergänze: „und sei trotzdem mit unverminderter Geschwindigkeit weiter auf sie zu gefahren“), andererseits liegt in diesem Satz auch der Grund für das Fallenlassen des Vorwurfs des tateinheitlichen Widerstandes gegen Vollstreckungsbeamte („diese aber nicht als Polizistin erkannt“). Der Wegfall eines Vorwurfs beeinflusst üblicherweise reduzierend den auszuwerfenden Strafausspruch, weil in Tateinheit begangene Delikte ihrer Zahl nach strafschärfend wirken können (insbesondere, wenn sie selbstständiges Unrecht beinhalten).[226] Dieser Satz ist also für die Höhe der gegenüber dem Angeklagten auszusprechenden Strafe zentral, es wird allerdings nicht erläutert, ob der Angeklagte hier nur eine Schutzbehauptung bemüht, indem zum Beispiel Ausführungen zur Erkennbarkeit der Polizisten als solcher gemacht werden (diese erfolgen zwar in Satz 19 – die Polizisten seien „in Uniform und mit einer Taschenlampe“ auf die Fahrbahn getreten – veranlassen den Richter aber nicht, an der Aussage des Angeklagten zu zweifeln). Das Fehlen dieser Ausführungen zu einem wesentlichen Punkt, nämlich ob die Strafe des Angeklagten wegen eines dritten Tatvorwurfs in Tateinheit mit den anderen beiden Vorwürfe weiter zu erhöhen wäre, werden durch den massiven Pathoseinsatz überspielt.

Satz 25: „Dies hat der Angeklagte auch gewusst.“

Hier dominiert der Logosanteil, während die Figurenkurve (übrigens trotz der Kürze des Satzes) stark fällt. Der Satz enthält den Vorwurf des Vorsatzes und ist aus sich selbst heraus so überzeugungskräftig, dass eine pathetische Unterstützung nicht nötig erschien und im Wesentlichen auch nicht erfolgt ist. Dies ist einer der Fälle, in denen gezeigt werden kann, dass der Figureneinsatz zurückhaltend ausgeübt wird, wenn die Begründung *ea ipsa* schlagkräftig ist.[227]

Satz 26: „Zudem hat er – indem er mit hoher Geschwindigkeit auf die Polizeibeamtin … zufuhr, so dass diese im letzten Moment beiseite springen musste – einen gefährlichen Eingriff in den Straßenverkehr vorgenommen.“

Die relativ hohe Wortanzahl bedingt in diesem Satz gleichermaßen den niedrigen Stützenanteil (69, etwas mehr als halber Mittelwert) wie auch den „nur“ den Mittelwert erreichenden Figurenanteil (129,31). Ohne Hehl dürfte allerdings klar sein, dass dieser Satz eine wesentliche, das Urteil tragende Begründung enthält und diese Stellung auch in der Visualisierung der Begründungsstruktur sowohl rein optisch als auch inhaltlich einnimmt. Schwerlich kann hier konstruiert werden, dass eine schwache Begründung durch einen hohen Figurenanteil überspielt werden soll, zumal weder die Begründung besonders schwach erscheint (es ist der konkludierende Satz eines Teils des Vorwurfs) noch der Figureneinsatz besonders intensiv hervorsticht.

---

226 Dazu *Walter Stree/Jörg Kinzig*, Fn. 217, § 46 Rn. 19.

227 Hierzu gehören etwa auch die Sätze 23 und 36.

Satz 35: „Er hat glaubhaft versichert, er könne sich nicht an ein Fahrzeug am Straßenrand erinnern, hat aber freimütig eingeräumt, dass er wohl eine Person wahrgenommen haben muss, weil er dies unmittelbar nach dem Vorfall eingeräumt haben sollte."

Ein überdurchschnittliches Figurenaufkommen (rund 167) steht hier einem geringen Logosanteil gegenüber (rund 56). Der Satz steht im Zusammenhang mit den zugunsten des Angeklagten sprechenden Strafzumessungserwägungen, genauer: seinem Geständnis. Inhaltlich enthält der Satz einige zweifelhafte Stellen, zumal der Angeklagte, wie es scheint, in der Hauptverhandlung keine genaue Erinnerung mehr an den Vorfall hatte, aber offenbar auf Vorhalt seiner unmittelbar nach der Tat aufgenommenen Aussage diese für wahrheitsgetreu hält. Die Stärke des Arguments für eine positive Wertung des Geständnisses im Rahmen der Strafzumessung wird durch die fehlende Erinnerung eigentlich geschmälert und nur durch pathetische Wendungen wie „glaubhaft versichert" und „freimütig eingeräumt" in die Begründungsrichtung gedeutet, die der Richter hier zugunsten des Angeklagten einschlägt. Der Figureneinsatz erfolgt an dieser argumentativ zumindest holprigen Stelle eindeutig, um diese Passage überzeugender wirken zu lassen, als sie für sich genommen tatsächlich ist.

Satz 45: „Von einer Entziehung der Fahrerlaubnis und Anordnung einer Sperre war abzusehen."

Ein leicht über dem Urteilsdurchschnitt liegender Figurenanteil begleitet einen Tiefpunkt der Stützenkurve (Anteil 0,00). Argumentlogisch ist dies leicht dadurch zu erklären, dass Satz 45 keine Begründung, sondern lediglich eine Behauptung darstellt, die begründet werden muss (und im weiteren Verlauf auch mit großem Aufwand begründet *wird*). Dem Richter ist dieser Ausspruch aber offenbar schon im Vorgriff auf diese Begründung wichtig genug, um ihn figurenintensiv ins Rampenlicht der Urteilsbegründung zu rücken. Hier wird deutlich, dass Pathoseinsatz nicht immer eine Begründung flankiert und auch nicht immer deren Fehlen überbrückt, sondern auch allein dafür herhält, besonders wichtige Sätze der besonderen Aufmerksamkeit der Adressaten zuzuleiten.

Satz 47: „Zwar ergibt sich aus § 69 Abs. 2 StGB, dass der Täter in der Regel als ungeeignet zum Führen von Kraftfahrzeugen anzusehen ist, wenn er eine Trunkenheitsfahrt im Verkehr begeht.

Ein überdurchschnittlicher Pathoseinsatz fällt hier gegenüber einem Stützenanteil von 0,00 sofort ins Auge. Die Klassifikation des Satzes als Aussage anstatt als Stütze bedingt diesen niedrigen Stützenanteil. Der Satz begründet in der Tat auch nichts, ist er doch schließlich das genaue Gegenteil von dem, was der Richter ausgesprochen hat (Satz 45), was wiederum seine pathetische Anbindung im Stützungsbaum erklärt. Die Restrictio „Zwar…aber" bewirkt hier, wie in Teil D.I.3. und D.III.3. zu den „Logos-Figuren" ausgeführt, den Anschein einer wohlüberlegten, deliberativ unterlegten Entscheidung zwischen zwei möglichen Ansichten – der Entziehung der Fahrerlaubnis oder der Belassung derselben. In Wahrheit aber täuscht diese Formulierung über eine fehlende Auseinandersetzung mit dem Zwar-Bestandteil hinweg: Anders erklärt sich nicht, warum der Richter keinerlei Ausführungen dazu macht, warum die Fahrerlaubnis vielleicht *doch* und *gemäß* § 69 Abs. 2 StGB entzogen werden sollte. Nur für das Gegenteil bemüht er eine beträchtliche Argumentation. Hierin zeigt sich die Qualität des „Zwar…aber" sehr deutlich und hieran lässt sich erneut feststellen, dass Pathoseinsatz fehlende Argumentation ersetzt – zumindest in der *Darstellung* der Herstellung des Urteils; über die Gedanken, die sich der Richter *für* eine Entziehung der Fahrerlaubnis vielleicht gemacht hat, berichtet er nicht.

Fazit zu Urteil 3: Die Visualisierung des Urteils zeigt deutlich seinen enthymematischen Aufbau; die rhetorische Textanalyse hat in fünf von sieben Fällen bestätigen können, dass Pathos und Logos in wichtigen Sätzen zusammenwirken, um die Überzeugungskraft des Gesagten zu steigern. In drei von sechs Fällen konnte nachgewiesen werden, dass Pathoseinsatz schwachen oder fehlenden Logos überspielt, in einem Fall zeigte sich wiederum, dass der Pathoseinsatz bei hohem Logos schwindet.

V. Beschluss 1 – Geschwindigkeit ohne Gefahr

Gericht	Amtsgericht Rudolstadt
Aktenzeichen	135/06 Gs jug
Entscheidungsart	Beschluss
Sätze	45
Wörter	1413
Längster Satz (Wörter)	Satz 45 (95)
Kürzester Satz (Wörter)	Satz 13 (4)
Mittlere Wortanzahl/Satz	31
Mittlerer Figurenanteil	159,95
Höchster Figurenanteil (Satz)	291,67 (Satz 22)

Durchschnittliche Figuren/Satz	14,1
Mittlerer Logosanteil	63,30
Höchster Logosanteil (Satz)	250,00 (Satz 13)
Durchschnittliche Logosmerkmale/Satz	1,66
Gemeinsame Peaks Logos und Figuren (Sätze)	15, 21, 26, 29, 33
Gegensatzverhalten Logos und Figuren (Sätze)	13, 14, 17, 18, 34–39, 41, 42, 44

In diesem Beschluss hatte das Amtsgericht Rudolstadt über den Antrag der Staatsanwaltschaft zu befinden, dem Beschuldigten die Fahrerlaubnis gemäß 111a StPO vorläufig zu entziehen. Der Beschuldigte war an einer nach Ansicht der Staatsanwaltschaft unübersichtlichen Stelle zu schnell gefahren; die Staatsanwaltschaft erwartete daher eine Verurteilung wegen § 315c StGB und beantragte unter präventiven Gesichtspunkten die Entziehung der Fahrerlaubnis bereits *vor* der Verurteilung. Aus analytischem Blickwinkel ist dieser Beschluss bereits deswegen interessant, weil er sich, anders als die vorher untersuchten Urteile, fast ausschließlich mit *Rechts*fragen auseinandersetzt. Dies schlägt sich auch in der rhetorischen Entscheidungstextanalyse nieder, wie die folgenden Erörterungen zeigen werden und bereits die Visualisierung der Entscheidungsstruktur deutlich macht.

<u>Entscheidungstext:</u>

Der Antrag der Staatsanwaltschaft, dem Beschuldigten die Fahrerlaubnis vorläufig zu entziehen, wird abgelehnt.

I.
Der Beschuldigte befuhr am 05.05.2006 gegen 07.00 Uhr mit seinem Personenkraftwagen VW Golf die Bundesstraße 281 aus Arnsgereuth kommend in Richtung Saalfeld. Weil er verschlafen und es eilig hatte, um rechtzeitig zur Schule zu gelangen, erhöhte der Beschuldigte seine Geschwindigkeit ausgangs der Ortschaft Arnsgereuth auf mindestens 115 km/h. Dabei übersah er aus Unachtsamkeit, daß sich auf seiner Fahrbahn vor einer Linkskurve ein Stau gebildet hatte. Obwohl er eine Vollbremsung einleitete, als er schließlich des Staus gewahr wurde, konnte er aufgrund seiner übersetzten Geschwindigkeit einen Zusammenstoß nicht mehr vermeiden und fuhr auf den am Stauende mit einer

Geschwindigkeit von 30 km/h fahrenden Personenkraftwagen Renault des Geschädigten C T auf.

Durch die Wucht des Aufpralls wurde dessen Fahrzeug auf die Gegenfahrbahn geschleudert, wo es mit dem entgegenkommenden Personenkraftwagen Honda des Geschädigten R R zusammenprallte. An den unfallbeteiligten Fahrzeugen entstand wirtschaftlicher Totalschaden. Die Fahrzeuginsassen C T, Paul R und R R erlitten leichte Verletzungen. Der Beschuldigte blieb bei dem Unfallereignis unverletzt.

Unter dem 30.06.2006 beantragte die Staatsanwaltschaft, dem Beschuldigten die Fahrerlaubnis gemäß § 111a StPO vorläufig zu entziehen.

II.

Der Antrag war abzulehnen.

Die vorläufige Entziehung der Fahrerlaubnis setzt voraus, daß dringende Gründe für die Annahme vorhanden sind, die Fahrerlaubnis werde gemäß § 69 StGB entzogen. Das bedeutet, daß nach dem gegenwärtigen Ermittlungsstand eine hohe, fast an Gewißheit grenzende Wahrscheinlichkeit dafür gegeben sein muß, daß die Maßregel der Fahrerlaubnisentziehung im Urteil erfolgen wird (vgl. Pfeiffer, StPO, 5. Aufl., § 111a Rn. 1).

Daran fehlt es hier, weil der Beschuldigte nicht dringend verdächtig ist, eine rechtswidrige Tat im Sinne des § 69 Abs. 2 Nr. 1 StGB begangen zu haben. Nach § 315c Abs. 1 Nr. 2d StGB, auf den die Staatsanwaltschaft ihren Entziehungsantrag gestützt hat, macht sich wegen Gefährdung des Straßenverkehrs strafbar, wer im Straßenverkehr grob verkehrswidrig und rücksichtslos an unübersichtlichen Stellen – oder auch an Straßenkreuzungen, Straßeneinmündungen oder Bahnübergängen – zu schnell fährt, und dadurch Leib oder Leben eines anderen Menschen oder fremde Sachen von bedeutendem Wert gefährdet. Die Voraussetzungen des § 315c Abs. 1 Nr. 2d StGB sind jedoch nach dem Akteninhalt nicht hinreichend feststellbar, so daß dringender Tatverdacht als Grundlage für eine Maßnahme im Sinne des § 111a StPO zum gegenwärtigen Zeitpunkt ausscheidet. Es mangelt bereits am Merkmal der „unübersichtlichen Stelle" im Sinne des § 315c Abs. 1 Nr. 2d StGB. Diese Vorschrift, welche zu schnelles Fahren an unübersichtlichen Gefahrenstellen unter Kriminalstrafe stellt, knüpft an die straßenverkehrsrechtliche Grundregel an, wonach ein Fahrzeugführer nur so schnell fahren darf, daß er sein Fahrzeug ständig beherrscht (§ 3 Abs. 1 Satz 1 StVO). Von der Strafdrohung erfaßt wird nicht jedes zu schnelle Fahren (LK-König, StGB, 11. Aufl., § 315c Rn. 106). Vielmehr greift das Gesetz typisierend die übermäßige Geschwindigkeit an bestimmten Gefahrenstellen heraus. Der Begriff der unübersichtlichen Stelle ist aus § 9 Abs. 1 StVO a. F. übernommen worden, der vorschrieb, daß „besonders an unübersichtlichen Stellen und an höhengleichen Bahnübergängen der Fahrzeugführer die Fahrgeschwindigkeit so einzurichten hat, daß er jederzeit in der Lage ist, seinen Verpflichtungen im Verkehr Genüge zu leisten, und daß er das Fahrzeug nötigenfalls rechtzeitig anhalten kann". Diesen Begriff kennt die StVO heute nicht mehr. Das StGB hat ihn hingegen beibehalten, ohne daß dessen Ausfüllung durch die Neufassung der StVO aus dem Jahre 1970 eine Änderung erfahren hätte. Eine Stelle war und ist danach unübersichtlich, wenn der Fahrzeugführer den Verkehrsablauf wegen ungenügenden Überblicks über die Fahrbahn oder die sie umgebende Örtlichkeit nicht vollständig übersehen, deshalb Hindernisse und Gefahren nicht rechtzeitig bemerken und ihnen nicht sicher begegnen kann (BayObLG, VRS 75, 209, 210).

Dem Akteninhalt kann jedoch nicht ohne weiteres entnommen werden, daß von einer Unübersichtlichkeit auszugehen ist. Ob und in welchem Maß die Voraussetzungen für eine solche Annahme erfüllt sind, kann nur aufgrund exakter Beschreibung der Örtlichkeit und präziser Feststellungen der in Betracht zu ziehenden Abmessungen sowie der konkreten Sicht- und Verkehrsverhältnisse zum Tatzeitpunkt erschöpfend beurteilt werden (OLG Düsseldorf, VRS 79, 370). Hierzu lassen sich nach dem derzeitigen Ermittlungsstand keine genügenden Anhaltspunkte ausreichend sicher feststellen. In Anbetracht der von der Polizei den Akten beigefügten Lichtbilder, die einen geraden, nicht durch andere Hindernisse beeinträchtigten Streckenverlauf vor der Unfallstelle zeigen, liegt vielmehr eher die Vermutung nahe, daß es sich in dem fraglichen Verlauf der Bundesstraße 281 ausgangs der Ortschaft Arnsgereuth nicht um eine unübersichtliche Stelle gehandelt hat. Im übrigen ist nach Aktenlage auch nicht erkennbar, daß eine aus dem Qualifikationsmerkmal der Unübersichtlichkeit typischerweise sich ergebende besondere Gefahrenlage zu der von dem Beschuldigten durch zu schnelles Fahren hervorgerufenen Gefahr ursächlich beigetragen hat.

Für die Erfüllung des Tatbestandes des § 315c Abs. 1 Nr. 2d StGB genügt es nämlich nicht, daß der Täter rein örtlich gesehen an einer der in der genannten Vorschrift bezeichneten Stellen grob verkehrswidrig und rücksichtslos zu schnell gefahren ist und hierbei andere gefährdet hat. Vielmehr muß die durch das zu schnelle Fahren herbeigeführte Gefahr in innerem Zusammenhang mit der sich aus dem Vorhandensein einer der genannten Straßenstellen – hier einer unübersichtlichen Stelle – typischerweise ergebenden besonderen Gefahrenlage stehen (vgl. Janiszewski, Verkehrsstrafrecht, 5. Aufl., Rn. 278). Daß der Gefahrerfolg nur gelegentlich des zu schnellen Fahrens an einer solchen Stelle eintrat, genügt nicht (HK StVR-Griesbaum, 2. Aufl., § 315c StGB Rn. 29). Das Vorhandensein einer dieser Straßenstellen stellt nämlich ein Qualifikationsmerkmal dar, das wegen der an solchen Stellen bestehenden besonderen Gefahrenlage in Verbindung mit grober Verkehrswidrigkeit und Rücksichtslosigkeit sowie der Herbeiführung einer konkreten Gefahr zu schnelles Fahren, das sonst als solches nur den Tatbestand einer Ordnungswidrigkeit erfüllen würde, zum Vergehen macht.

Nach dem Gesetz ist der Bereich des Strafwürdigen und der Strafe Bedürftigen nur dann erreicht, wenn der Täter die spezifischen Risiken der Gefahrstelle mißachtet und sich gerade dies in der Gefährdung fremder Rechtsgüter realisiert (LK-König, StGB, 11. Aufl., § 315c Rn. 113). Dieses Qualifikationsmerkmal ist also nicht verwirklicht, wenn das Vorhandensein der in § 315c Abs. 1 Nr. 2d StGB bezeichneten Straßenstelle und die mit ihr wesensmäßig verbundene besondere Gefahrenlage zum Eintritt der konkreten Gefahr nicht beigetragen hat, das heißt wenn diese Straßenstelle hinweggedacht werden kann, ohne daß damit die Herbeiführung einer konkreten Gefahr durch das zu schnelle Fahren entfällt (HK StVR-Griesbaum, 2. Aufl., § 315c StGB Rn. 30). In diesem Falle ist der Tatbestand des § 315c Abs. 1 Nr. 2d StGB nicht erfüllt (BayObLG, VRS 64, 371, 372).

Im vorliegenden Fall war unter Berücksichtigung des bisherigen Ermittlungsergebnisses die von dem Beschuldigten eingehaltene Geschwindigkeit, bei der er nach dem Akteninhalt bei ausreichender Aufmerksamkeit und Reaktionsbereitschaft nötigenfalls innerhalb der für ihn einsehbaren und als hindernisfrei erkannten Strecke hätte anhalten können, nicht wegen der Unübersichtlichkeit der Stelle, sondern deshalb zu hoch, weil sie ihm – unabhängig von den Sichtverhältnissen – infolge seiner Unachtsamkeit ein gefahrloses Anhalten innerhalb der übersehbaren Strecke unmöglich machte. Die Unübersichtlichkeit des weiteren Straßenverlaufs, insbesondere der Umstand, daß auf der Bundesstraße 281 zwischen Arnsgereuth und Saalfeld zahlreiche enge Kurven vorhanden sind, war hierfür ohne Bedeutung; sie hat sich weder auf die Fahrweise des Beschuldigten noch auf den Ablauf des zum Unfall führenden Verkehrsgeschehens ausgewirkt. Verunfallt der Täter ungeachtet der Sichtverhältnisse aufgrund zu hoher Geschwindigkeit oder wegen eines Fahrfehlers, so geht er unter dem Aspekt des § 315c Abs. 1 Nr. 2d StGB straffrei aus. Daß die übrigen Alternativen des § 315c Abs. 1 Nr. 2d StGB im Hinblick auf die Stelle, an der sich der Unfall ereignet hat, nicht in Betracht zu ziehen sind, liegt auf der Hand und bedarf keiner näheren Ausführungen.

Das Gericht hat deshalb den Antrag der Staatsanwaltschaft auf vorläufige Entziehung der Fahrerlaubnis abgelehnt, da dem Beschuldigten ein Vergehen der Gefährdung des Straßenverkehrs gemäß § 315c Abs. 1 Nr. 2d StGB nach dem Ergebnis der bisherigen Ermittlungen nicht nachzuweisen ist. Soweit dem

Beschuldigten indes eine tateinheitlich begangene dreifache fahrlässige Körperverletzung nach § 229 StGB zur Last liegt, muß es der Hauptverhandlung vorbehalten bleiben, ob diese Straftat eine Entziehung der Fahrerlaubnis rechtfertigt. Denn bislang können dem Akteninhalt keine gesicherten Feststellungen zu den bei den Geschädigten eingetretenen Gesundheitsbeschädigungen entnommen werden, weil die Bekundungen der Verletzten äußerst vage bleiben und ärztliche Atteste nicht vorliegen, zumal die Entscheidung darüber, ob sich aus der Tat eine charakterliche Unzuverlässigkeit des heranwachsenden Beschuldigten ergibt, die ihn zum Führen von Kraftfahrzeugen ungeeignet macht, eine Würdigung der Persönlichkeit, soweit sie in der Tat zum Ausdruck kommt, erfordert, wobei insbesondere die bisherige Fahrweise, eventuelle Vorstrafen, Charaktermängel und sonstige kennzeichnende Umstände, soweit sie in Beziehung zur Tat stehen, von Bedeutung sind (OLG Zweibrücken, VRS 38, 263, 265).

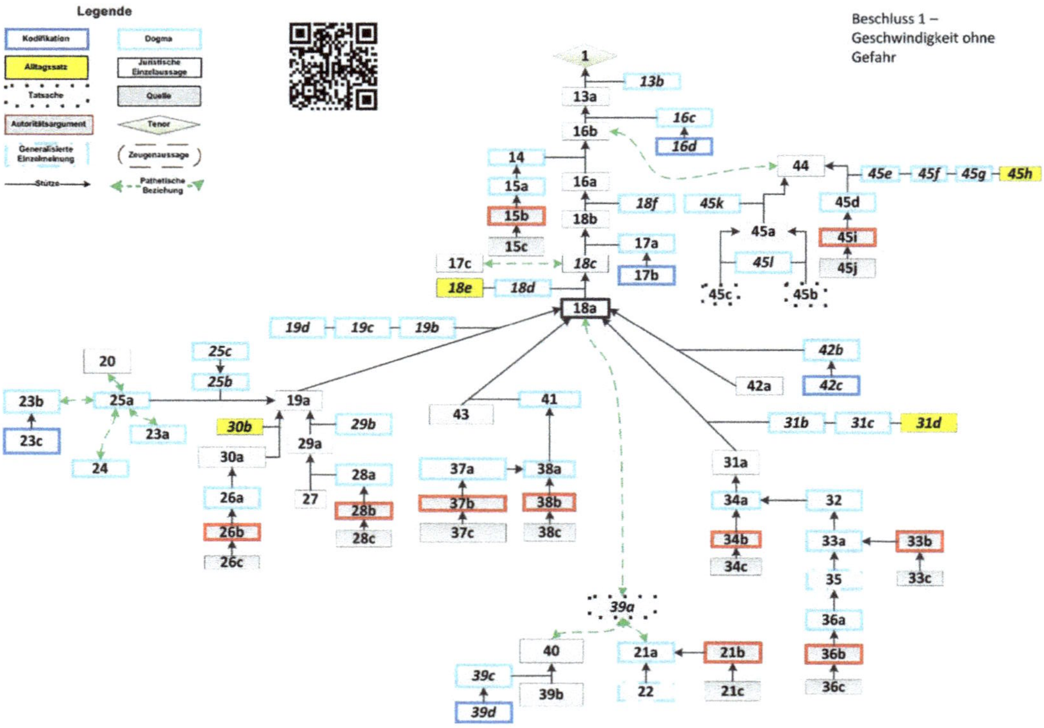

Abbildung 32: Visualisierung der Argumentationsstruktur Beschluss 1.

Analyse:

Wieder soll die Analyse mit einem visuellen Faktor eingeleitet werden, der schließlich eine grafische Projektion des Inhalts darstellt. Es fallen bei Betrachtung der Begründungsstruktur dieses ersten Beschlusses zwei Aspekte unmittelbar auf – der fehlende Doppeltenor und die zahlreichen Autoritätsargumente, die nahezu jeden Begründungsstrang zieren. Bei den drei zuvor analysierten Urteilen wurde die Doppeltenorierung mit dem Erfordernis erklärt, dass die zugehörigen Argumentationsstränge voneinander getrennt zu betrachten waren, weil die Gründe für Schuldspruch und Strafzumessung zwar im gleichen Lebenssachverhalt angelegt sind, aber doch unterschiedliche Bewertungsmaßstäbe maßgeblich sind; etwa sei es für den Schuldspruch relevant, *dass* der Angeklagte etwas Bestimmtes getan habe, während es in der Strafzumessung eine Rolle spielen kann, *wer* der Angeklagte ist und *wie* er die Tat ausgeführt hat. Die Form des Beschlusses – und wahrscheinlich auch die eines allein freisprechenden Urteils – ist indes eine andere. Diese Arten der strafrechtlichen Entscheidung sind erwartbar auf ein einzelnes Ergebnis konzentriert, das die Kumulation aller Argumentstränge darstellt. Hier tritt dann die „klassische" Stützungsbaumform auf, die bereits in so vielen Verwaltungsgerichtsentscheidungen beobachtet worden ist: ein einzelner Hauptstrang (Stamm), dessen tragende Begründungskomplexe die Äste und Krone des umgedrehten „Stützungsbaumes" darstellen. Diese Beobachtung ist konsistent mit der Darstellungsweise der Begründungsstruktur einer Entscheidung, wie die rhetorische Analyse sie vornimmt: Offenbar bestimmt die Anzahl der begründbaren und begründungsbedürftigen Letztentscheidungen die Anzahl der Hauptstränge. Ebenfalls beobachtet wurde, dass es von der Intensität des Argumentationsaufwands abhängt, welche Argumentationsansätze als Hauptstränge zu erkennen sind und welche nur annexweise ausgeführt werden (z. B. typischerweise die Kostenentscheidung). Die Begründungen dieses Beschlusses sind monostringent insofern, als sie nur eine einzige Entscheidung – die Ablehnung des staatsanwaltlichen Antrags – tragen sollen. Die hohe Konzentration von Autoritätsargumenten unterdessen zeigt eine Gemeinsamkeit dieses Beschlusses mit dem letzten analysegegenständlichen Urteil. Das Ergebnis ist unerwartet und untypisch, betrachtet man die Schilderung des Tathergangs: Es kann postuliert werden, dass auf den ersten Blick jeder kundige Jurist vermutet hätte, dass eine vorläufige Entziehung der Fahrerlaubnis in diesem Fall geboten gewesen wäre. Dies bedeutet wiederum, dass – ganz wie im Urteil 3 – ein erhöhter Aufwand betrieben werden musste, um mit einer gegenteiligen Entscheidung argumentativ zu überzeugen. Anders als im Urteil 3 aber, in dem die

Argumentation mit den Eindrücken aus der Hauptverhandlung und tatsächlichen Geschehnissen bestritten wurde, musste der Richter hier das rechtlich unerwartete Ergebnis größtenteils mit eben solchen autoritätengestützten Begründungen verfolgen, da es sich weniger um eine tatsächliche Frage und eher um eine rechtliche Frage drehte: die Frage nach der Unübersichtlichkeit der Stelle, also einem Tatbestandsmerkmal des § 315c Abs. 1 Nr. 2d StGB. Dabei ist der Argumentationspfad zunächst durchaus einleuchtend nachvollzogen: Die vorläufige Entziehung ist nur dann gerechtfertigt, wenn dringende Gründe dafür sprechen, dass die Fahrerlaubnis als Ergebnis der Hauptverhandlung entzogen werden wird, was wiederum voraussetzt, dass dringender Tatverdacht bezüglich einer die Entziehung rechtfertigenden Tat besteht. Diesen dringenden Tatverdacht und damit die Wahrscheinlichkeit einer Fahrerlaubnisentziehung in der Hauptsache sieht der Richter unter anderem als nicht gegeben an, weil bereits ein Tatbestandsmerkmal der in Rede stehenden Tat nicht gegeben sei, nämlich die unübersichtliche Stelle. Um dies nachzuweisen, verfolgt der Richter eine multivektorale Argumentation, wie es bei unbestimmten Rechtsbegriffen wie dem der „unübersichtlichen Stelle" geboten ist (hier kommt, nach dem Ansatz dieser Analyse, die Topik zum Einsatz). Zunächst erläutert er die Historie des Begriffs in der StVO und demgegenüber parallel im StGB, vermutlich um zu verhindern, dass mit Aspekten aus der neu gefassten StVO gegen seinen Interpretationsansatz des strafgesetzbuchlichen Begriffes der unübersichtlichen Stelle argumentiert wird. Gleichzeitig stellt er fest, dass die Lichtbilder der Unfallstelle tatsächlich keine Anhaltspunkte für eine unübersichtliche Stelle liefern, zieht man auch die gängige Definition einer solchen heran. Weiter widerlegt er den Zusammenhang zwischen übertretener Geschwindigkeit und Missachtung einer unübersichtlichen Stelle, der aber die Kausalität für die Bejahung des objektiven Tatbestands des § 315c Abs. 1 Nr. 2d StGB liefern müsste. Alle diese Argumentationsansätze sind an der einen oder anderen Stelle mit Referenzen auf juristische Autoritäten versehen, deren Einsatz zeigen soll, dass die Sicht des Richters keine subjektiv-emotionale Einzelmeinung ist, sondern eine auf objektive Deliberation zurückgehende, in der Fachwelt verwurzelte Entscheidung ist. Den Eindruck, den der Richter mit seiner Argumentation hinterlässt, nämlich den einer sorgfältig und *lege artis* entworfenen Rechtsfindung, schmälert er indes mit seinem geradezu lapidaren Hinweis auf die Offensichtlichkeit des Fehlens anderer Begehungsweisen des Delikts im Rahmen des § 315c StGB (Satz 42a). Mag dies auch zutreffen, so wirkt diese Praeteritio im Vergleich zur geradezu penibel vorgenommen Dekonstruktion der Fallvariante 2d ein Stück weit ungeschickt und weckt insofern beim Leser Zweifel an der Validität dieser Aussage. Dies hätte verhindert werden können, hätte der Richter auch an dieser Stelle nochmals (oder auch erstmals) darauf hingewiesen, dass die Staatsanwaltschaft ihren Entziehungsantrag nur auf § 315c Abs. 1 Nr. 2d StGB gestützt habe. *Rebus sic stantibus* wirken beide Bemerkungen ungezielt, wenig überlegt und kaum relevant, wohingegen sie sich hätten gegenseitig augmentieren können, wenn sie zusammen aufgetreten wären. Wie üblich folgt nun die sprachliche Feinanalyse, deren Ergebnisse die soeben gemachte Beobachtung konkretisieren werden.

Die Betrachtung des im Verlauf des Beschlusses eingesetzten Figurentypenspektrums liefert dies:

Abbildung 33: Figurentypen Beschluss 1 in Prozent.

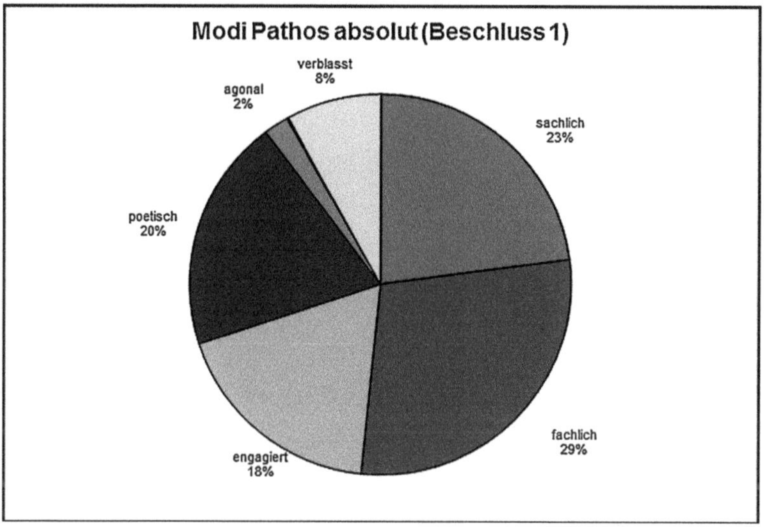

Bei der Einschätzung des eingesetzten Figurenspektrums eröffnet sich bereits ein aus allen drei vorher analysierten Urteilen bekanntes Muster: Wieder machen die sachlichen und fachlichen Figurentypen mit 52 % über die Hälfte des Gesamtanteils aus. Damit ist auch für den ersten analysierten *Beschluss* aus der strafrechtlichen Praxis festgestellt, dass der sprachliche Duktus vermehrt und betont kühl und sachlich ist. Die verblassten, im allgemeinen Sprachgebrauch aufgegangenen Wendungen machen einen Anteil von 8 % aus, der mit den anderen Befunden nunmehr als durchschnittlicher Standardwert festgelegt werden kann. Die Abwesenheit von Blüten zeigt eine besondere Sorgsamkeit des Entscheidungstextverfassers bei der schriftlichen Niederlegung, wie sie in der Praxis vorausgesetzt wird[228]. Wieder ist der Anteil der agonalen Figuren niedrig (2 %), was darauf schließen lässt, dass die pathetisch häufig schwer ins Gewicht fallenden kämpferischen Wendungen äußerst sparsam eingesetzt werden. Der Wert für die engagierten Figurentypen entspricht auch hier in etwa den festgestellten Werten für die drei bereits analysierten Urteile. In etwas mehr als einem Siebtel der Fälle werden demnach Figuren gezielt eingesetzt, um einzelne Aspekte besonders in den Vordergrund zu rücken. Mit einem Fünftel des Gesamtaufkommens sind auch in diesem Beschluss die poetischen Figuren deutlich vertreten; der Wert ist durchaus mit dem zuvor gemachten Befund vergleichbar.

Ein Blick auf die gesamten und begründenden Modusanteile fördert hier allerdings etwas sonderbare Ergebnisse zutage:

Abbildung 34: Gesamtverteilung der Argumentationsmodi – Beschluss 1.

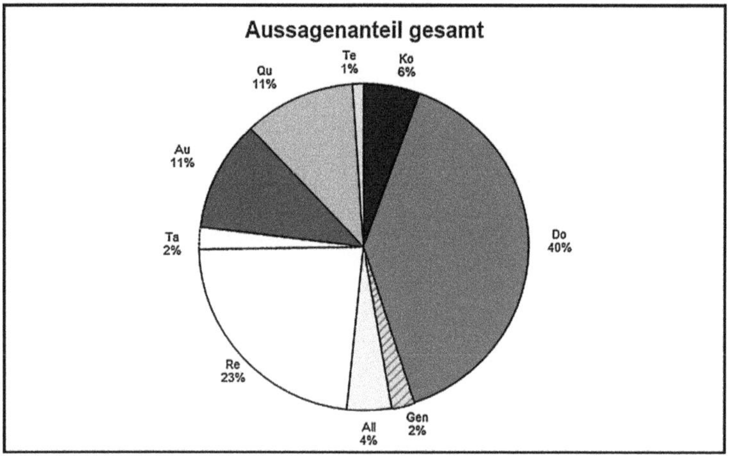

228 Vgl. *Lutz Meyer-Goßner/Ekkehard Appl*, Fn. 215, Rn. 218.

Abbildung 35: Verteilung der begründenden Argumentationsmodi – Beschluss 1.

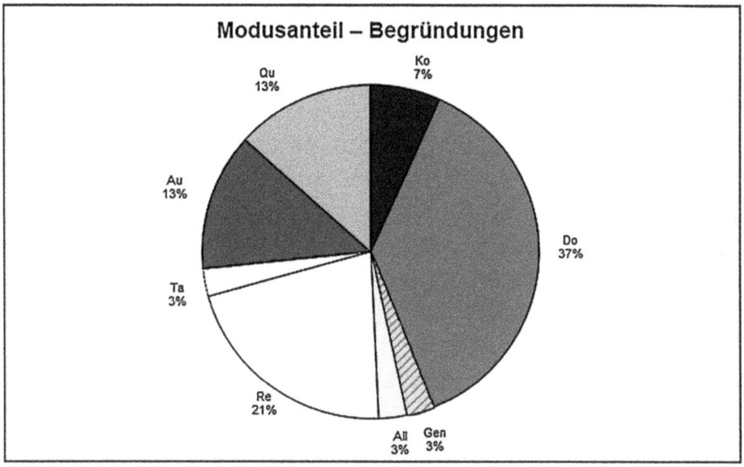

Wieder beginnen wir die Betrachtung mit einem Blick auf die Verteilung der Dogmen im Beschluss insgesamt (40 %) und als Anteil der begründenden Stützen (37 %). Muss nun die These, dass mit einem Rechtssatz gerade *nicht* begründet werden könne, berichtigt oder sogar verworfen werden? Ein Blick in die Visualisierung der Begründungsstruktur bringt Aufklärung. Keines der ausweislich der Abbildung 35 begründenden Dogmen ist in der vertikalen und damit fallbezogenen Argumentation zu finden; die als begründend erfassten Dogmen stützen allesamt andere Dogmen oder generalisierte Einzelmeinungen, das bedeutet, sie begründen als Rechtssätze *andere* Rechtssätze, was im Gegensatz zur Begründung von Einzelaussagen oder gar Tatsachen durch Dogmen nicht im Widerspruch zum aufgeworfenen Problem der *quaternio terminorum* (Viergliedrigkeit) juristischer Subsumtion steht. Das Aufkommen begründender Dogmen in diesem Beschluss ist also kein Problem der *Methode*, sondern ein Anzeichen für ein gesteigertes Plausibilisierungsbemühen des Textverfassers. Der geringe Kodifikationsanteil deutet darauf hin, dass die herangezogenen Dogmen sich nicht ausschließlich aus Gesetzen ableiten lassen, sondern auch aus anderen Dogmen oder Entscheidungen anderer (wohl höherer) Gerichte. Trotzdem in diesem Beschluss Rechtsfragen zentral sind, tritt die Begründung mit rechtlichen Einzelaussagen im Vergleich zu den analysierten Urteilen nicht wesentlich in den Hintergrund, wohingegen Tatsachen nur noch eine sehr untergeordnete Rolle spielen (2 bzw. 3 %). Während in den zuvor analysierten Entscheidungen Ethos erzeugende Autoritätsargumente eher verhalten eingesetzt worden sind

(1–2 %), kann in diesem Beschluss mit einem Befund von 11 % absolutem Anteil und sogar 13 % begründendem Anteil sowohl bei Autoritätsargumenten als auch Quellenargumenten von einer massiven Begründungsbemühung mittels bereits vorhandener Rechtsprechung und anderen juristischen Autoritäten gesprochen werden. Dies weist auf eine, freilich in keiner Weise statistisch belastbare, Tendenz hin, dass in strafrechtlichen Entscheidungen das Aufkommen solcher Argumentationsweisen dann vergrößert ist, wenn es im Kern um Rechts- und nicht um Tatsachenfragen geht. Dieser Verdacht festigt sich zumal mit der Untersuchung der Begründungsmodiverteilung des zweiten Beschlusses.[229] Die Verweise auf die Rechtsprechung anderer Gerichte und auf einschlägige Literatur zum Verkehrsstrafrecht stützen im ersten Beschluss ausschließlich Dogmen, die im Hintergrund der Schlussbeziehung die Begründungsbeziehung zwischen Behauptung und Begründung plausibilisieren. Damit *begründet* der Entscheidungsverfasser seine Schlüsse nicht mit den Entscheidungen der Rechtsprechung, wie es etwa in der anglo-amerikanischen Rechtssphäre gehandhabt würde (Präzedenzfallrechtsprechung), sondern führt an, warum das im Hintergrund plausibilisierend wirkende Dogma plausibilisierende „Gültigkeit" besitzt.

Es folgt nun der Blick auf das Verhalten der Stützen- und Figurenanteilkurve:

Abbildung 36: Figuren- und Logoskurve – Beschluss 1.

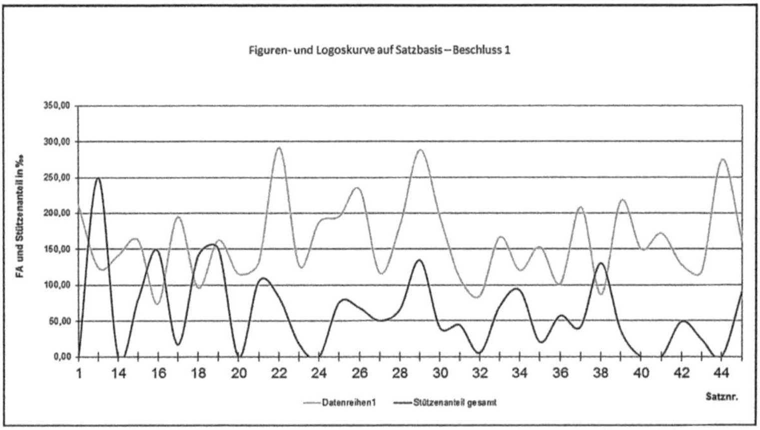

Betrachtet werden sollen zunächst wieder die gemeinsamen Spitzen der Kurven bei Satz 15, 21, 26, 29 und 33.

229 Dazu E.V.

Gemeinsame Peaks der Figurenanteils- und Stützenanteilskurve:

Satz 15: „Das bedeutet, daß nach dem gegenwärtigen Ermittlungsstand eine hohe, fast an Gewißheit grenzende Wahrscheinlichkeit dafür gegeben sein muß, daß die Maßregel der Fahrerlaubnisentziehung im Urteil erfolgen wird (vgl. Pfeiffer, StPO, 5. Aufl., § 111a Rn. 1)."

Der erste gemeinsame Punkt, an dem die Kurven ansteigen, weist überdurchschnittliche Figuren- (162) und Stützenanteile (81) auf, wobei der Figurenwert nur leicht über dem Durchschnitt liegt, der Stützenwert aber fast das Anderthalbfache erreicht. Der Satz kann zwar nicht als zentrale Begründung des Beschlusses aufgefasst werden, jedoch durchaus als ein wichtiger Satz, der die Grundlage für die Entscheidung bereitstellt, die im darauf folgenden Satz fällt. Den hohen Logosanteil liefern dabei ein Hauptaspekt sowie die drei Stützen des Satzes, die den Übergang Satz 14 in geradezu typischer Folge (Quelle stützt Autorität, Autorität stützt Dogma, Dogma stützt weiteres Dogma, das einen Übergang darstellt) begründen. Der Satz erläutert die Voraussetzungen der gesamten Entscheidung und wird über seinen Logosanteil hinaus durch pathetische Wendungen hervorgehoben.

Satz 21: „Von der Strafdrohung erfaßt wird nicht jedes zu schnelle Fahren (LK-König, StGB, 11. Aufl., § 315c Rn. 106).

Insgesamt elf Figuren mit einem Anteil von rund 132 vereinen sich mit zwei Stützen (Anteil 105) in diesem zweiten Peak beider Kurven. Wieder enthält der Satz keine wesentliche Entscheidung, aber erneut ist festzustellen, dass die Entscheidungsgrundlage (nämlich gegen eine vorläufige Entziehung der Fahrerlaubnis) mit diesem Satz vorbereitet werden soll. Der Richter steuert damit die Begründung in einen konzessiven Zusammenhang desjenigen Inhalts, dass der Beschuldigte zwar zu schnell gefahren sei, dies aber (und dazu dient der Satz 21) nicht notwendigerweise einen Verstoß gegen ein Strafgesetz konstituiert. Diese grundsätzlich richtungsweisende Meinung hebt der Richter nach dem gleichen Muster hervor, wie es bereits bei Satz 15 festgestellt werden konnte.

Satz 26: „Eine Stelle war und ist danach unübersichtlich, wenn der Fahrzeugführer den Verkehrsablauf wegen ungenügenden Überblicks über die Fahrbahn oder die sie umgebende Örtlichkeit nicht vollständig übersehen, deshalb Hindernisse und Gefahren nicht rechtzeitig bemerken und ihnen nicht sicher begegnen kann (BayObLG, VRS 75, 209, 210)."

3 Stützen mit rund 68 Stützenanteil werden in diesem Satz von einem sehr hohen Figurenanteil von 233 begleitet. Wieder handelt es sich um ein den Hintergrund

eines Schlusses plausibilisierendes Gebilde von Quelle, Autorität und Dogma und wieder erscheint dieser Satz weniger für die Entscheidung selbst als vielmehr für ihre Vorbereitung wesentlich. Zum dritten Mal in Folge, in der die Kurven gemeinsam ansteigen, betont der Richter mit Logos und unterstützendem Pathos seinen argumentativen Ausgangspunkt und zunächst gerade nicht das Ergebnis seiner Erwägungen.

Satz 29: „Hierzu lassen sich nach dem derzeitigen Ermittlungsstand keine genügenden Anhaltspunkte ausreichend sicher feststellen."

Mit Blick auf Satz 26 ist Satz 29 anders zu interpretieren: Der Anstieg beider Kurven, vor allem aber der Figurenkurve, die hier ihren zweithöchsten Wert von rund 288 erreicht, deutet auf eine wesentliche Stelle in der Beschlussbegründung hin, und tatsächlich stellt man fest, dass hier einer der Gründe erläutert wird, weshalb dem Beschuldigten die Fahrerlaubnis nicht vorläufig entzogen wird: *Realiter* kann der Richter aus den ihm zur Verfügung stehenden Beweismitteln keine Tatsachen feststellen, die eine Tat nach § 315c StGB konstituieren würden (insbesondere die „Unübersichtlichkeit der Stelle" vermag der Richter hier nicht zu erkennen). Bereits dieser Grund für sich allein genommen wäre zureichend, um den Antrag der Staatsanwaltschaft abzulehnen. Das stellt der Richter nicht nur begründend, sondern zugleich mit einem gerüttelt Maß Figuren klar.

Satz 33: „Vielmehr muß die durch das zu schnelle Fahren herbeigeführte Gefahr in innerem Zusammenhang mit der sich aus dem Vorhandensein einer der genannten Straßenstellen – hier einer unübersichtlichen Stelle – typischerweise ergebenden besonderen Gefahrenlage stehen (vgl. Janiszewski, Verkehrsstrafrecht, 5. Aufl., Rn. 278)."

Der letzte Peak, den die Kurven in ihrem Steigungsverhalten gemeinsam beschreiben, zeichnet sich durch einen leicht über dem Beschlussdurchschnitt liegenden Figurenanteil (167) und einem den Logosanteilsdurchschnitt immerhin knapp übersteigenden Logosanteil aus. Der Satz, wie schon die ersten drei untersuchten, ist kein wesentlicher, den Beschluss tragender Aspekt im Sinne einer tatsächlichen Begründung; er bereitet lediglich den Boden für die Entscheidung des Richters, die ein alleiniges zu schnelles Fahren, dessen der Beschuldigte immerhin überführt ist, nicht ausreichen lassen will. Diesen Punkt rückt der Richter in die gehobene Aufmerksamkeit der Adressaten, indem er die Hintergrundtrias Dogma – Autorität – Quelle mit der pathetischen Formulierung des Vollzitats vermittelt.

Auseinanderfallen der Figurenanteils- und Stützenanteilskurve:

Zu untersuchen sind nunmehr die Stellen der Kurven, an denen ein entgegengesetztes Steigungsverhalten zu verzeichnen ist. Dabei soll bereits vorab angemerkt werden, dass die Sätze 13, 18, 34, 36, 38 und 42 aus dieser Untersuchung ausgenommen sein sollen, da sie allesamt Maxima der Stützenkurve bei gleichzeitigem Abfall der Figurenkurve repräsentieren und dieses Verhalten zum einen nicht Gegenstand der Arbeitshypothesen dieser Arbeit ist und zum anderen bereits durch die Untersuchung der ersten drei Urteile als Phänomen hinreichend festgestellt worden ist. Besondere Diskrepanzen zwischen hohem Figurenwert und geringem Stützenanteil enthalten demnach noch die Sätze 14, 17, 20, 35, 37, 39, 41 und 44.

Satz 14: „Die vorläufige Entziehung der Fahrerlaubnis setzt voraus, daß dringende Gründe für die Annahme vorhanden sind, die Fahrerlaubnis werde gemäß § 69 StGB entzogen."

Dieser Satz ist ein im Hintergrund plausibilisierendes Dogma als Teil eines Enthymems und enthält insofern keine Stützen, dafür wartet er mit einem gewissen – wenn auch unterdurchschnittlichen – Maß an Figuren (rund 141 FA) auf. Damit wird der Unterschied zu den als Peak in Erscheinung getretenen Rechtssätzen aber unmittelbar deutlich: Es handelte sich um andere Rechtssätze stützende, zumeist erläuternde Dogmen, wohingegen Satz 14 „nur" den Übergang des Enthymems 16a→16b bildet, ohne hier wenigstens Hauptaspekt zu sein, und damit aus dem berechneten Logosanteil herausfällt. Dies ist indes kein Fall einer schwachen Begründung, die es durch Figuren zu überbrücken gälte, da Satz 14 *eo ipso* nicht begründen *will*. Das Pathos lenkt indes die Aufmerksamkeit auf diesen Satz, weil er die entscheidende Frage des Beschlusses liefert: Sind dringende Gründe für eine Entziehung der Fahrerlaubnis als Ergebnis der Hauptverhandlung (der die begehrte Entscheidung in diesem Punkt vorgriffe) vorhanden?

Satz 17: „Nach § 315c Abs. 1 Nr. 2d StGB, auf den die Staatsanwaltschaft ihren Entziehungsantrag gestützt hat, macht sich wegen Gefährdung des Straßenverkehrs strafbar, wer im Straßenverkehr grob verkehrswidrig und rücksichtslos an unübersichtlichen Stellen – oder auch an Straßenkreuzungen, Straßeneinmündungen oder Bahnübergängen – zu schnell fährt, und dadurch Leib oder Leben eines anderen Menschen oder fremde Sachen von bedeutendem Wert gefährdet."

Diesen Satz machen ein überdurchschnittlicher Pathosgebrauch (in nicht weniger als 28 verwendeten Figuren erkennbar) und ein sehr schwacher Logosanteil von knapp 17 aus. Wieder handelt es sich um ein nicht begründendes Dogma, das hier aber von einer Kodifikation gestützt wird, die allein den Logoswert des Satzes einbringt. Wieder ist der Satz nicht begründungswesentlich, sehr wohl findet sich in ihm aber die Grundlage des Tatvorwurfs, handelt es sich doch um den Normtext des § 315c Abs. 1 Nr. 2d StGB. Für diesen Satz gilt demgemäß das zu Satz 17 bereits Festgestellte entsprechend: Es soll keine fehlende Begründung geglättet werden, sondern dem Adressatenkreis durch Figureneinsatz der Fokus der Entscheidungserwägungen zur Aufmerksamkeit gebracht werden.

Satz 20: „Diese Vorschrift, welche zu schnelles Fahren an unübersichtlichen Gefahrenstellen unter Kriminalstrafe stellt, knüpft an die straßenverkehrsrechtliche Grundregel an, wonach ein Fahrzeugführer nur so schnell fahren darf, daß er sein Fahrzeug ständig beherrscht (§ 3 Abs. 1 Satz 1 StVO)."

Die Diskrepanz zwischen FA und Logosanteil in diesem Satz entsteht durch die Tatsache, dass er keinerlei Bewandtnis für die Entscheidung hat. Weder bereitet er dogmatisch eine bestimmte Begründung vor noch wird er an irgendeiner Stelle des Beschlusses tatsächlich relevant. Vielmehr ist er Teil eines historischen Exkurses des Richters zum Begriff der „unübersichtlichen Stelle"; dieser Exkurs hat keinen Platz in diesem Beschluss und erlangt an keiner Stelle wirkliche Relevanz für die getroffene Entscheidung. Die Visualisierung mit zahlreichen pathetischen Beziehungen zeigt dies ebenso wie der errechnete Logos. Gleichzeitig besitzt der Satz eine gewisse Formulierungshöhe, die durch immerhin 17 Figuren zum Ausdruck kommt. Wollte man diesen Exkurs bereits als nur leidlich begründend ansehen, dann könnte man sehr wohl in dem erhöhten Pathoseinsatz einen Versuch erkennen, diese Schwäche zu überdecken.

Satz 35: „Das Vorhandensein einer dieser Straßenstellen stellt nämlich ein Qualifikationsmerkmal dar, das wegen der an solchen Stellen bestehenden besonderen Gefahrenlage in Verbindung mit grober Verkehrswidrigkeit und Rücksichtslosigkeit sowie der Herbeiführung einer konkreten Gefahr zu schnelles Fahren, das sonst als solches nur den Tatbestand einer Ordnungswidrigkeit erfüllen würde, zum Vergehen macht."

Dieser Satz stellt eine gewisse Kuriosität in den Untersuchungen des Verfassers dar: Während die zahlreichen Analysen verwaltungsgerichtlicher Urteile zuverlässig immer wieder einen gewissen –wenn auch geringen – Prozentsatz generalisierter Einzelmeinungen enthielten, waren dergleichen nur in den beiden untersuchten *Beschlüssen* und mit recht geringem Anteil feststellbar. Satz

35 stellt eine solche generalisierte Einzelmeinung dar, die wir deshalb etwas genauer beleuchten wollen. Der Richter formuliert hier wie selbstverständlich eine Handhabung des § 315c StGB, die den Klang eines Rechtssatzes hat. Er verortet diese Regel sowohl textlich als auch begründungsstrukturell zwischen zwei mit Nachweisen verstärkten Dogmen (Satz 33 und Satz 36 des Beschlusses). Ohne die enthymematische Aufschlüsselung der Argumentation fiele es nicht ganz so leicht, diesen Satz als Eigenkreation des Richters auszumachen. Damit aber nicht genug, bereitet der Satz doch den Weg zum Ergebnis des Richters, dass der Beschuldigte zwar nachweislich zu schnell fuhr, dabei aber keine Gefährdung verursachte. Dem Umstand, dass der in Satz 35 inhärente Begründungsansatz nicht dieselbe Höhe erreicht wie die der flankierenden Dogmen, wird hier mit mittelwertigem Figureneinsatz (FA 153) abgeholfen, der beinahe das gesamte Spektrum der Figurentypen abdeckt.

Satz 37: „Dieses Qualifikationsmerkmal ist also nicht verwirklicht, wenn das Vorhandensein der in § 315c Abs. 1 Nr. 2d StGB bezeichneten Straßenstelle und die mit ihr wesensmäßig verbundene besondere Gefahrenlage zum Eintritt der konkreten Gefahr nicht beigetragen hat, das heißt wenn diese Straßenstelle hinweggedacht werden kann, ohne daß damit die Herbeiführung einer konkreten Gefahr durch das zu schnelle Fahren entfällt (HK StVR-Griesbaum, 2. Aufl., § 315c StGB Rn. 30).“

Bei unterdurchschnittlichem Logosanteil setzt der Richter hier eine Formulierung ein, die 36 rhetorische Figuren auf 71 Wörter vereint und damit einen über dem Durchschnitt liegenden Anteil von 208 FA erreicht. Der Satz stützt im Ergebnis die lange entwickelte Passage, die mit dem allgemein formulierten Satz 41 den Hintergrund für das Resultat des Beschlusses (keine vorläufige Entziehung der Fahrerlaubnis aufgrund fehlenden dringenden Tatverdachts) abrundet. Der geringe Logosanteil ist dabei allerdings weniger einer schwachen oder gar fehlenden Begründung, sondern vielmehr der Länge des Satzes geschuldet, in dem, gemessen an der Ausdrucksbreite, „nur“ drei Stützen zu finden sind. Die hohe Figurendichte ist, wiewohl nicht kaschierend im Einsatz, dennoch bemerkenswert und stärkt die Wirkung auch dieser Rechtsregel auf das geneigte Publikum durch ungewöhnliche Formulierungsweise.

Satz 39: „Im vorliegenden Fall war unter Berücksichtigung des bisherigen Ermittlungsergebnisses die von dem Beschuldigten eingehaltene Geschwindigkeit, bei der er nach dem Akteninhalt bei ausreichender Aufmerksamkeit und Reaktionsbereitschaft nötigenfalls innerhalb der für ihn einsehbaren und als hindernisfrei erkannten Strecke hätte anhalten können, nicht wegen der Unübersichtlichkeit der Stelle, sondern deshalb zu hoch, weil sie ihm – unabhängig von den Sichtverhältnissen – infolge seiner Unachtsamkeit ein gefahrloses Anhalten innerhalb der übersehbaren Strecke unmöglich machte."

Während der FA hier den fünfthöchsten Wert erreicht, sinkt der SAT auf etwa die Hälfte des Mittelwertes ab. Ein derart deutliches Auseinanderfallen erfordert einen genaueren Blick auf den in Rede stehenden Satz auch aus inhaltlich-juristischer Perspektive. Zunächst aber ist augenfällig, dass die schiere Länge des Satzes auch dem aufmerksamen Leser den Zugriff auf seinen Sinn verstellt. Sodann wird deutlich, dass die Aussage sein soll: Nicht die unübersichtliche Stelle war das Problem, sondern die Unachtsamkeit des Beschuldigten bei zu hoher Geschwindigkeit. Nun ist dieses Verdikt nicht schlicht ausgeschlossen, aber expliziert wird dieser Gedanke nicht. Warum also nicht die Stelle unübersichtlich war, sondern der Beschuldigte lediglich unachtsam, bleibt dem Beschlussleser ein Rätsel. Satz 40 setzt zu einer Begründung an, enttäuscht aber dann durch einen an sich gegen den Inhalt von Satz 39 sprechenden Inhalt. Fazit: Statt zu begründen, wird massiv Pathos eingesetzt.

Satz 41: „Verunfallt der Täter ungeachtet der Sichtverhältnisse aufgrund zu hoher Geschwindigkeit oder wegen eines Fahrfehlers, so geht er unter dem Aspekt des § 315c Abs. 1 Nr. 2d StGB straffrei aus."

Der Befund des Auseinanderfallens der Kurven erhellt sich hier mit einem Blick in die Visualisierung: Satz 41 ist ein im Hintergrund plausibilisierendes Dogma und als solches nicht in direkt begründender Funktion eingesetzt. Der FA in diesem Satz indes fällt mit 171 überdurchschnittlich aus. Dies nimmt nicht wunder, da Satz 41 trotz seiner Eigenschaft als nur plausibilisierender Rechtssatz den tragenden Gedanken der Entscheidung hervorbringt: Straffreiheit für den zu schnellen Beschuldigten. Will der Richter dieses Dogma auch nicht direkt als Begründung einsetzen, so ist dies immerhin ein im Hintergrund des Schlusses plausibilisierender, aus unterschiedlichen nachgewiesenen Rechtssätzen gebildeter Grundsatz, auf den Richter doch mit erhöhtem Figureneinsatz den Fokus lenkt.

Satz 44: „Soweit dem Beschuldigten indes eine tateinheitlich begangene dreifache fahrlässige Körperverletzung nach § 229 StGB zur Last liegt, muß es der Hauptverhandlung vorbehalten bleiben, ob diese Straftat eine Entziehung der Fahrerlaubnis rechtfertigt."

Satz 44 enthält einen beinahe dem doppelten Durchschnitt entsprechenden FA, dafür aber gar keine begründenden Elemente. Dies liegt zum einen daran, dass Satz 44 *zu begründende Behauptung* und nicht *stützende Begründung* ist: Er ist vorgreifliche Rechtfertigung für den erwarteten Einwand der Staatsanwaltschaft, dass sich dringender Tatverdacht auch aus einem fahrlässigen Körperverletzungsdelikt ergeben könnte, dessentwegen bei einer wahrscheinlichen Verurteilung des Beschuldigten ihm ebenfalls die Fahrerlaubnis entzogen werden könnte. Während der Richter dem bereits mit seinem Hinweis in Satz 17 („..., auf den die Staatsanwaltschaft ihren Entziehungsantrag gestützt hat ...") entgegengetreten ist, expliziert er hier und im folgenden Satz, dass jedenfalls die Entscheidung über eine *vorläufige* Entziehung in diesem Fall getroffen wurde. Um dies angemessen zu betonen, nicht aber, um eine Begründung zu ersetzen, hebt er die Figurendichte auf 19 Figuren verteilt auf 31 Wörter an.

Fazit zu Beschluss 1: Wie in den drei zuvor analysierten Urteilen lassen sich in Beschluss 1 keine syllogistischen, sondern allein enthymematische Argumentationsstrukturen ausmachen. Eine Besonderheit des Beschlusses ist, dass die Entwicklung der Falllösung, die auf breiter Rechtsprechungsbasis stattfindet, in der horizontalen Argumentebene, also im Übergang zwischen Behauptungen und Begründungen stattfindet. Bei der Untersuchung des gemeinsamen Steigungsverhaltens der Figuren- und Logosanteilkurve konnte in nur einem Fünftel der Fälle ein Zusammenwirken beider Wirkmittel zur Hervorhebung eines wesentlichen Entscheidungssatzes festgestellt werden; in vier von fünf Fällen wurden indes noch wichtige Überlegungen und entscheidungsleitende Rechtsgedanken in den Fokus gerückt. Wo die Figurenkurve bei gleichzeitigem Abfallen der Stützenkurve anstieg, stellte sich in drei von acht untersuchten Fällen der Eindruck ein, dass eine schwache Argumentation (oder ihr gänzliches Fehlen) mit Figureneinsatz aufgefangen werden sollte.

VI. Beschluss 2 – Der falsche Name

Gericht	Amtsgericht Bremen
Aktenzeichen	73 (75) Ds 120 Js 7826/01
Entscheidungsart	Beschluss

Sätze	71
Wörter	1569
Längster Satz (Wörter)	Satz 54 (53)
Kürzester Satz (Wörter)	Satz 67 (4)
Mittlere Wortanzahl/Satz	22
Mittlerer Figurenanteil	156,52
Höchster Figurenanteil (Satz)	437,50 (Satz 17)
Durchschnittliche Figuren/Satz	12,1
Mittlerer Logosanteil	91,92
Höchster Logosanteil (Satz)	555,56 (Satz 70)
Durchschnittliche Logosmerkmale/Satz	1,89
Gemeinsame Peaks Stützen und Figuren (Sätze)	5, 9, 11, 19, 25, 40, 50, 57, 62, 67
Gegensatzverhalten Stützen und Figuren (Sätze)	2, 14, 17, 21, 29, 34, 35, 37, 42, 44, 53, 54, 65, 71

Die letzte Entscheidung der vorliegenden Untersuchungsreihe verwehrt die Eröffnung des Hauptverfahrens gegen einen Angeschuldigten, den die Staatsanwaltschaft wegen mittelbarer Falschbeurkundung, Betruges und Urkundenfälschung anzuklagen versucht hatte. Der aus dem Libanon stammende Angeschuldigte hatte sich nämlich unter falschen Personalien eine Meldebestätigung ausstellen lassen und Sozialhilfe beantragt.

Entscheidungstext:

Die Eröffnung des Hauptverfahrens wird abgelehnt.

Die Kosten des Verfahrens sowie die notwendigen Auslagen des Angeschuldigten fallen der Staatskasse zur Last.

Soweit dem Angeschuldigten vorgeworfen wird, eine mittelbare Falschbeurkundung begangen zu haben, indem er gegenüber der Meldebehörde wahrheitswidrig angab, D. M., geb. 01.01.1941 in B.-Libanon, ungeklärter Staatsangehörigkeit zu sein, fehlt es an der Beurkundung dieser Angaben i.S.d. § 271 StGB (1.).

Dasselbe gilt, soweit dem Angeschuldigten vorgeworfen wird, eine mittelbare Falschbeurkundung begangen zu haben, indem er unter den falschen Personalien einen Sozialhilfeantrag stellte (2.).

Andere Straftatbestände wurden ebenfalls nicht verwirklicht (3.).

1. Nach § 271 StGB wird bestraft, wer die Beurkundung eines unwahren Sachverhaltes in einer öffentlichen Urkunde oder einem öffentlichen Register herbeiführt.

Durch seine Angaben anlässlich der Ummeldung am 19.10.2001 (Bl. 140 d. A.) bewirkte der Angeschuldigte die Eintragung der fehlerhaften Personalien in das Melderegister. Das Melderegister ist kein öffentliches Register. Es bildet vielmehr eine innerdienstliche Grundlage für die Aufgabenerfüllung der Meldebehörden und genießt daher keinen öffentlichen Glauben (Schönke/Schröder, StGB, 26. Aufl., § 271 Rn. 14, 14a; Das Deutsche Bundesrecht, Bd. I E, 60, MRRG, Erläuterungen zu § 1 MRRG S. 25, Rn. 16). Soweit der Angeschuldigte aufgrund seiner Angaben bei der Ummeldung am 19.10.2001 (Bl. 140 d. A.) die Ausstellung einer Meldebestätigung nach amtlichem Muster (VO über die Muster der Meldescheine vom 04. Mai 1987, Brem.GBl. S. 155) mit den falschen Personalien veranlasste, liegt darin keine mittelbare Falschbeurkundung. Hinsichtlich der Richtigkeit der Angaben zur Person besteht keine erhöhte Beweiswirkung. Die Meldebestätigung erbringt nur Beweis dahingehend, dass sich eine Person zu der angegebenen Zeit unter Angabe der genannten Personalien und des Wohnortes angemeldet hat. Die Meldebestätigung als solche ist eine öffentliche Urkunde (BGH LM § 348 Abs. 2 StGB Nr. 8; Tröndle/Fischer, StGB, 52. Auflage, § 271 Rn. 14). Aber nicht jede in einer öffentlichen Urkunde enthaltene Angabe, die ein Außenstehender durch Täuschung des Amtsträgers bewirkt, kann Gegenstand einer Straftat nach § 271 StGB sein. Beurkundet im Sinne des § 271 StGB sind nur diejenigen Erklärung, Verhandlungen und Tatsachen, auf die sich der öffentliche Glaube, d.h. die volle Beweiswirkung für und gegen jedermann, erstreckt. Welche Angaben dies im Einzelfall sind, kann sich aus den gesetzlichen Bestimmungen ergeben, die für Errichtung und Zweck der Urkunde maßgeblich sind. Dabei ist die Anschauung des Rechtsverkehrs zu beachten. Bei der Prüfung, ob es hiernach gerechtfertigt ist, die erhöhte Beweiskraft der öffentlichen Urkunde auf eine darin angeführte Tatsache zu beziehen, muss ein strenger Maßstab angelegt werden. Eine Beweiswirkung für und gegen jedermann kann nur angenommen werden, wenn kein Zweifel besteht, dass dies unter Berücksichtigung der Verkehrsanschauung dem Sinn und Zweck des Gesetzes entspricht (BGHSt 22, 201, 203; BGH NJW 1996, 2170). Nach § 1 MRRG sowie § 2 Gesetz über das Meldewesen (MG) haben die Meldebehörden die in ihrem Zuständigkeitsbereich wohnenden Personen zu registrieren, um deren Identität und Wohnungen feststellen und nachweisen zu können. Entsprechend besteht nach §§ 13, 19 MG eine gemäß § 35 MG bußgeldbewehrte Verpflichtung des Meldepflichtigen zu vollständigen und richtigen Angaben. So sollen Richtigkeit und Aktualität des Melderegisters gewährleistet werden. Hieraus folgt noch nicht, dass durch die Meldebestätigung die Angaben zur Person des Meldepflichtigen mit Beweiskraft für und gegen jedermann beurkundet werden. Laut § 17 Abs. 4 MG erhält der Meldepflichtige eine kostenfreie Bestätigung über die Meldung (amtliche Meldebestätigung). Die amtliche Meldebestätigung dient dem Nachweis der An-, Um- oder Abmeldung und zur Vorlage bei Behörden (Das Deutsche Bundesrecht, Bd. I E, 60, MRRG Erläuterungen zu § 11 MRRG S. 46 Rn. 12). Ein über die Bestätigung der Anmeldung hinausgehender Nachweis der Richtigkeit des Personalien des Meldepflichtigen ergibt sich hieraus nicht. Gegen eine erhöhte Beweiskraft der Meldebestätigung hinsichtlich der Personalien sprechen auch Inhalt und Wortlaut des amtlichen Musters der Meldebestätigung. Das amtliche Muster enthält neben dem Einzugsdatum und der Meldeadresse den Familiennamen sowie den Vornamen des Gemeldeten. Weitere Angaben zur Identität sind nicht vorhanden. Über die in der Meldebestätigung enthaltenen Angaben hinausgehende Informationen u.a. zu Geburtstag, -ort, Familienstand und Staatsangehörigkeit werden gemäß § 18 Abs. 1 MG in dem der Anmeldung zugrunde liegenden Meldeschein abgefragt. § 18 Abs. 2 MG sieht aber nur die eingeschränkte Übernahme der Daten in die Meldebestätigung vor. Die unvollständige Übernahme der Personalien und die sich hieraus ergebenden Verwechslungsmöglichkeiten lassen Zweifel an dem Willen des Gesetzgebers aufkommen, den öffentlichen Glauben auf die Angaben zur Person zu erstrecken (BGHSt 22, 201, 203 zum Kraftfahrzeugschein). Weiter deutet auch der Wortlaut der Meldebestätigung mit der Formulierung „Für die Wohnung … haben sich gemeldet", daraufhin, dass sich die erhöhte Beweiskraft der Urkunde nur darauf bezieht, dass sich die bezeichnete Person unter Angabe des Wohnortes angemeldet hat. Die erhöhte Beweiskraft bezieht sich nicht auf die Tatsache, dass der Angemeldete tatsächlich an dem angegeben Ort wohnt, sondern nur auf die Tatsache der Anmeldung (BGH Urteil vom 29.08.1973 – 3 StR 337/72, Bl. 5; Tröndle in Leipziger Kommentar, StGB, 10. Aufl., § 271 Rn. 41). Beweist die Meldebestätigung für einen Wohnort schon nicht die Richtigkeit des Wohnsitzes, den sie bestätigt, kann die erhöhte Beweiskraft danach erst recht nicht für die Richtigkeit des Namens gelten. Gegen die Annahme der erhöhten Beweiskraft spricht zudem, dass die Meldebestätigung, anders als andere von der Rechtsprechung auch hinsichtlich der Personalien als öffentliche Urkunden qualifizierte Papiere (zur Bescheinigung der Aufenthaltsgestattung nach § 63 AsylVfG: BGH NJW 1996, 2170), nicht als Ausweispapier dient. Als Identitätsnachweis ist die Meldebescheinigung wegen der eingeschränkten Angaben zur Person und des fehlenden Lichtbildes auch praktisch unbrauchbar. Hinzu kommt, dass nach Auskunft der Meldebehörde Bremen nicht in allen Fällen die Möglichkeit besteht, die Richtigkeit der Personalangaben zu prüfen. Sind die Unterlagen zur Person des Meldepflichtigen verloren oder zerstört, kann die Anmeldung in Einzelfällen auf den Angaben der Betroffenen beruhen. Nach BGH NJW 96, 470 kann die Beweiskraft der Urkunde nicht weiter reichen als die Prüfungsmöglichkeiten des beurkundenden Amtsträgers. Es fehlt deshalb an der für die Verwirklichung des Tatbestandes des § 271 StGB wesentlichen Voraussetzung, dass die Eintragung, um die es sich handelt, die eingetragene falsche Tatsache zu öffentlichem Glauben beweist.

In der Rechtsprechung findet sich diese Ansicht zum Teil bestätigt.

Laut OLG Hamburg JR 50, 629, 630 betrifft die per Stempel auf dem Anmeldeschein erteilte Anmeldebestätigung nicht die in dem Anmeldeschein enthaltenen Personenangaben, insbesondere fehlerhafte Geburts- und Bekenntnisangaben, sondern lediglich die Tatsache, dass sich derjenige, welcher den Schein ausgefüllt habe, bestimmungsgemäß polizeilich angemeldet habe. Eine öffentliche Urkunde hinsichtlich der Personenangaben liege nicht vor.

Das Reichsgericht sprach in der Entscheidung RG 74, 291, 292 das Vorliegen einer mittelbaren Falschbeurkundung durch Erwirkung einer unrichtigen Meldebestätigung für den Fall der Anmeldung nicht existenter Personen nicht an. Erörtert wurde lediglich die Möglichkeit, dass das Unterzeichnen des wahrheitswidrig ausgefüllten Anmeldescheines mit fremdem Namen den Tatbestand des § 267 StGB erfülle.

Die anders lautende Entscheidung des BGH, Beschluss vom 27.04.1983 – 3 StR 84/83 (S), Bl. 4, wonach derjenige, der bewirkt, dass ihm unter falschem Namen eine Anmeldebestätigung ausgehändigt und eine Aufenthaltserlaubnis erteilt wird, nach § 271 StGB strafbar sei, steht nicht entgegen. Dem Betroffenen wurde neben der Meldebestätigung auch eine Aufenthaltserlaubnis erteilt. Das Gericht hat bei der Begründung der Strafbarkeit nicht zwischen den verschiedenen Urkunden differenziert. Die Strafbarkeit ergibt sich schon aus der Erteilung der falschen Aufenthaltserlaubnis.

Die Entscheidung des BGH LM § 348 Abs. 2 StGB Nr. 8, wonach für den Fall, dass Anmeldebescheinigungen für Personen ausgestellt werden, die in der Gemeinde nie gemeldet waren, falsche öffentlich Urkunden i.S.d. § 348 StGB angenommen wurden, steht nicht entgegen.

Da die Personen sich nicht angemeldet hatten, war die Tatsache der Anmeldung zu öffentlichem Glauben fehlerhaft beurkundet. Auf die Richtigkeit der Personenangaben kam es nicht an.

Die entgegenstehende Entscheidung des BGH, Urteil vom 12.12.1978, 1 StR 568/78, Bl. 5, wonach eine auf einen falschen Namen ausgestellte Anmeldebestätigung des Einwohnermeldeamtes eine öffentliche Urkunde i.S.d. § 271 StGB sei, entbehrt einer Begründung zu der Frage, ob sich die erhöhte Beweiskraft auch auf die Richtigkeit der Personalien erstreckt.

Aus o.g. Gründen kann der Entscheidung nicht gefolgt werden.

2. Aufgrund der Tat zu Ziff. 2 der Anklage vom 28.01.2003 ist durch das Amt für Soziale Dienste keine öffentliche Urkunde erstellt worden.

3. Andere Tatbestände wurden nicht verwirklicht.

Soweit der Angeschuldigte sich unter falschen Personalien meldete und Sozialhilfe beantragte, um Sozialleistungen zu erhalten, scheidet eine Strafbarkeit wegen Betruges nach § 263 StGB aus. Für einen Leistungsanspruch kommt es nicht auf die Identität des Antragstellers, d. h. auf seine richtigen Personalien an, sondern nur auf dessen Bedürftigkeit und dessen formal rechtmäßigen Aufenthalt im Bundesgebiet. Eine etwaige Täuschung des Antragstellers über seine Personalien führt deshalb nicht zu einem Irrtum des Sachbearbeiters, da dieser sich insoweit keine Vorstellung macht.

Soweit der Angeschuldigte die Erklärungen gegenüber der Meldebehörde und dem Amt für Soziale Dienste unter falschen Personalien abgab, scheidet eine Strafbarkeit nach § 267 StGB aus. Die Urkunden sind nicht unecht. Der Angeschuldigte hat lediglich über seinen Namen, nicht über seine Identität getäuscht. Eine Identitätstäuschung liegt erst vor, wenn über die Person des wirklichen Ausstellers ein Irrtum erregt und auf einen Aussteller hingewiesen wird, der in Wirklichkeit nicht hinter der in der Urkunde verkörperten Erklärung steht (BGHSt 33, 159). Ein Name, der ständig von einer Person genutzt wird, kann aufgrund dessen schon zu einem Identitätsmerkmal für diese Person geworden sein (BGH NStZ-RR 1997, 359). Eine bloße Namenstäuschung liegt vor, wenn der Urheber der Urkunde auch bei Gebrauch eines ihm nicht zustehenden Namens so gekennzeichnet ist, dass über seine Person kein Zweifel bestehen kann.

So liegt es hier.

Der Angeschuldigte hat die genannten Personalien seit seinem Aufenthalt in der Bundesrepublik genutzt, sodass jeder sie mit seiner Person in Verbindung gebracht hat. Aufgrund dessen konnte jederzeit auf ihn als wahren Aussteller zurückgegriffen werden.

Die Eröffnung des Hauptverfahrens war aus rechtlichen Gründen abzulehnen.

Die Kostenentscheidung beruht auf § 467 StPO.

Abbildung 37: Visualisierung der Argumentationsstruktur Beschluss 2.

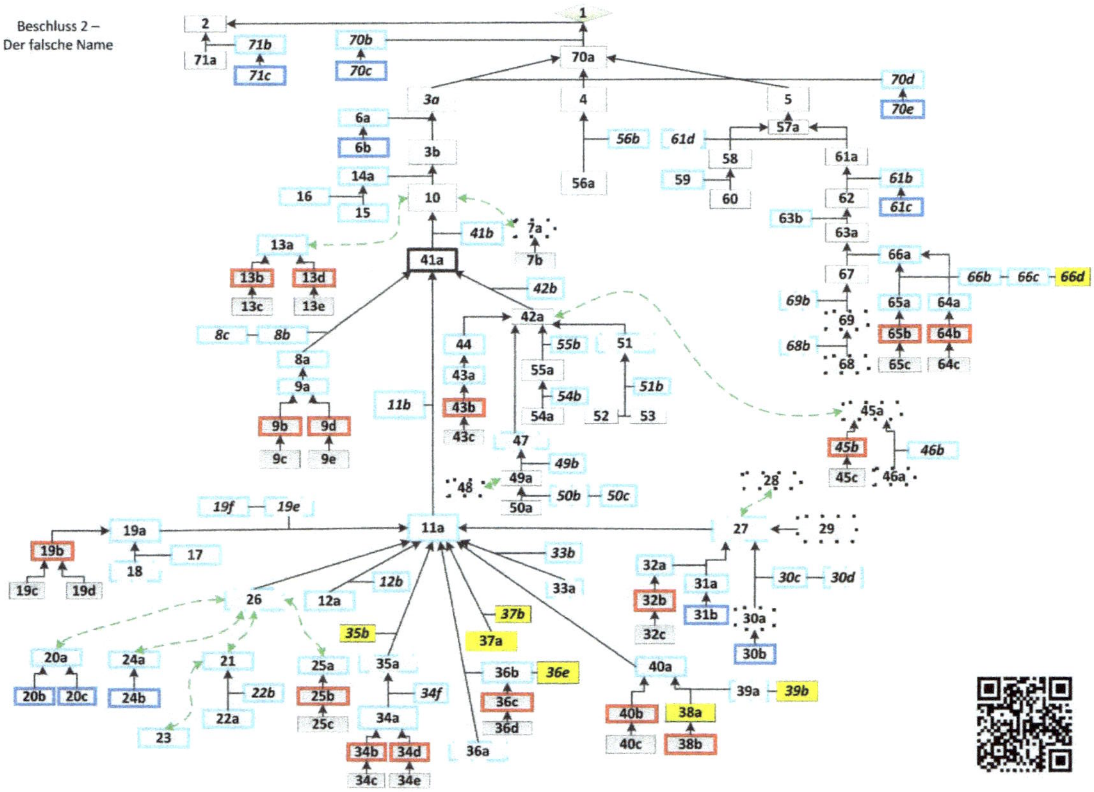

Analyse:

Bei diesem Nichteröffnungsbeschluss scheinen sich die in der Analyse des Beschlusses 1 gemachten Beobachtungen zu wiederholen und insofern zu bestätigen. Anders als bei den drei analysierten Urteilen ist diese Entscheidung argumentativ monostringent; sie hat nur einen relevanten und zu begründenden Tenor, bei dem alle Argumentationsstränge des Entscheidungstextes zusammenlaufen. Das visualisierte Argumentationsbild zeigt aber nicht nur diese Tatsache ganz deutlich, sondern liefert Hinweise auf eine sehr geordnete Argumentationsweise, die – wie die genauere Analyse zeigen wird – etwa durch Figuren wie die Ordinatio und Proekthesis auch rhetorisch zum Ausdruck kommt. Die Anordnung der Begründungsstränge demonstriert eine klar sortierte Prüfung nach Hauptvorwurf und Hauptproblem (öffentliche Beweiskraft der Meldebestätigung) und den Nebenvorwürfen, die, soweit sie dasselbe Problem betreffen, nicht mehr separat begründet abgelehnt werden, und soweit sie andere Probleme beherbergen, nur summarisch abgeprüft und ebenfalls verworfen werden. Zwar entsteht durch diesen Aufbau der Nebeneffekt, dass die Argumentation insofern unbalanciert wirkt, als sehr viel Argumentationsaufwand in die Bewältigung nur *eines* Problems fließt, allerdings erscheint dies zumindest in diesem Fall textökonomisch, weil das Problem zwei Vorwürfe betrifft und somit bei der Begründung der Nichterfüllung des Tatbestands des zweiten Tatvorwurfs uneingeschränkt auf die Argumentation zum ersten Tatvorwurf zurückgegriffen werden kann und in der Tat auch wird. Was in der Visualisierung ebenfalls augenfällig ist und sich in der Begründungsmodiaufteilung bestätigt, ist die hohe Anzahl an Autoritätsargumenten. Diese Beobachtung erscheint konstant mit der bereits aufgestellten These, dass die Entscheidungsbegründung immer dann eine erhöhte Zahl solcher Argumente aufzuweisen scheint, wenn das Kernproblem der Entscheidung ein rechtliches ist, wie auch in diesem Fall, nämlich die Frage nach der öffentlichen Beweiskraft einer Meldebestätigung. Einen analytischen Blick wert ist in diesem Beschluss die den Abgleich mit der Rechtsprechung einleitende Passage, in der der Richter – schon im Ausdruck vorsichtig – seine Ansicht als „sich zum Teil mit der Rechtsprechung deckend" bezeichnet (Satz 42). Seine Ansicht unterstützend führt der Richter eine Entscheidung des OLG Hamburg ins Feld, in der entschieden wurde, dass die Angaben im Meldeschein nur beweisen, dass sich der Ausfüllende polizeilich gemeldet habe, und gerade keinen Nachweis über darin angegebene Personalien erbringe. Unter normalen Umständen würde dieser Hinweis auf das Urteil des OLG als zusätzlich unterstützende Begründung für die Argumentation des Richters völlig ausreichen. Der Richter sieht aber seine bisherige Überzeugungsarbeit als nicht zureichend an, wenn er im weiteren

Verlauf sein Ergebnis mit vier höchstrichterlichen Entscheidungen des Bundesgerichtshofs und sogar des Reichsgerichts abgleicht und diese Entscheidungen als für die in Rede stehende Rechtsfrage nicht pertinent deklariert. Es handelt sich insofern nicht um eine Argumentation für seine vertretene Ansicht, sondern um eine Widerlegung erwarteter Gegenargumente (Refutatio). So haben also die Feststellungen des Richters, dass die angeführten höchstrichterlichen Entscheidungen *nicht gegen* die vertretene Ansicht sprächen, lediglich Indizwirkung bezüglich der Wahrscheinlichkeit der „Richtigkeit" der richterlichen Rechtsansicht, ganz wie Beispielsenthymeme, die *partibus pro toto* ein fragmentarisches Bild von Plausibilität generieren: Die Rechtsansicht des Richters lässt sich durch die höchstrichterliche Rechtsprechung zwar nicht direkt verifizieren, aber die angeführten Beispiele widerlegen sie „jedenfalls" – so die makroargumentative Lesart des Überzeugungsversuchs – auch nicht. Wie die Feinanalyse zeigen wird, ist an denjenigen Stellen, an denen der Abgleich mit der entgegenstehenden Rechtsprechung stattfindet, eine Diskrepanz von Figureneinsatz und Stützenanteil zu deutlichen Gunsten des pathetischen Mittelspektrums festzustellen. Aus Sicht des Verfassers überzeugt das Urteil aber nicht durch gehobenen Figurenanteil und auch nicht durch die zahlreichen Ethosanteile, sondern vor allem durch eine stringente und nachvollziehbare Argumentation zur Frage der öffentlichen Beweiskraft einer Meldebescheinigung (Sätze 12 bis 40).

Ein letztes Mal soll unter den in der Untersuchung etablierten Kriterien ein Blick auf Figuren, Begründungsmodi und rhetorische Zusammensetzung geworfen werden:

Abbildung 38: Figurentypen Beschluss 2 in Prozent.

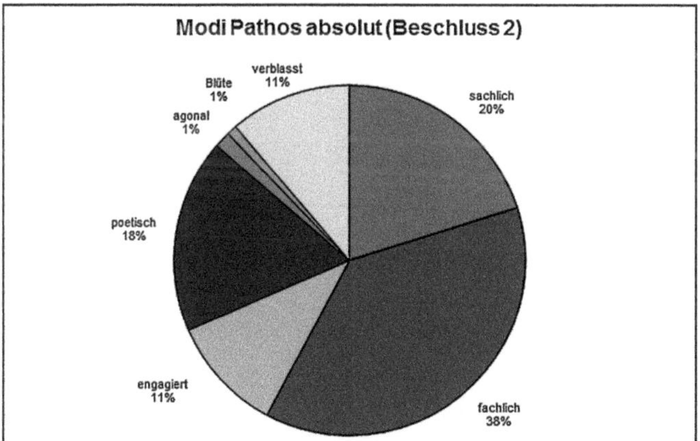

Entscheidende Unterschiede zu den Befunden der anderen untersuchten Texte sind bereits auf den ersten Blick nicht ersichtlich. Wie zuvor dominieren sachliche und insbesondere fachliche Ausdruckweisen mit zusammen 58 % aller verwendeten Figuren. Der Anteil des verblassten Pathos bewegt sich mit 11 % im für diese Untersuchung beobachteten Normbereich von 6 bis 12 %. Die sprachlichen Fehler und uneigentlichen Ausdrücke (1 %) fallen, ebenso wie die kämpferischen Figuren (1 %) kaum ins Gewicht. Die engagierten Figuren beanspruchen etwas weniger Raum als in den anderen Entscheidungstexten, ihr Anteil (11 %) ist, so kann man die Grafik interpretieren, ungefähr in dem Maße gesunken wie die fachlichen Ausdrücke zugenommen haben. Zuletzt fehlt es aber auch in dieser Entscheidung nicht an den poetischen Wendungen, die mit 18 % Aufkommen knapp ein Fünftel der insgesamt eingesetzten Figuren ausmachen. Insoweit kann und soll auf die zuvor gemachten Ausführungen zur Gruppierung der Figurentypen zurückgegriffen werden.

Der Blick in die verwendeten Begründungsmodi und die Verteilung derselben in der eigentlichen Begründung fördert das Folgende zutage:

Abbildung 39: Gesamtverteilung der Aussagen – Beschluss 2.

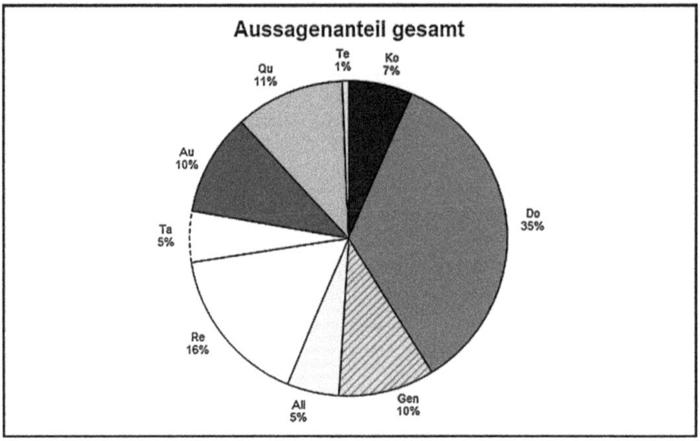

Abbildung 40: Verteilung der begründenden Argumentationsmodi – Beschluss 2.

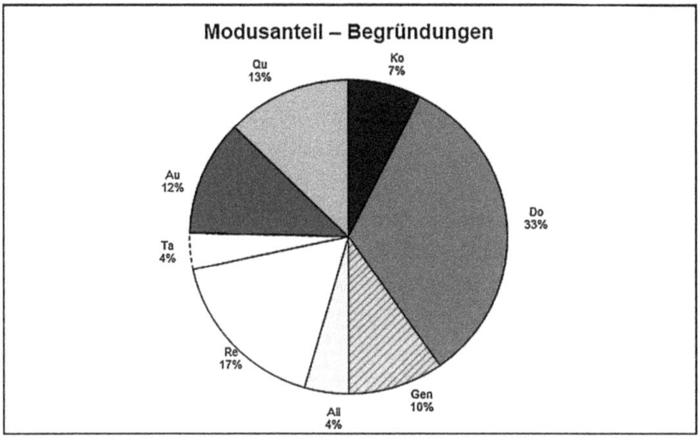

Hier bietet sich schon ein anderes Bild als bei den drei betrachteten Urteilen und ein ähnliches wie bei Beschluss 1: Insgesamt sind mehr Dogmen (35 %) vorhanden, die ganz offenbar zum größten Teil nicht aus Kodifikationen fließen, sondern eher allgemeiner Natur oder Ergebnis der zitierten Rechtsprechung sind. Die Begründung dieser Entscheidung wird zu einem überwiegenden Teil mit Rechtssätzen bestritten (ein Drittel), was zum einen daran liegt, das einzelne Rechtsaussagen sich aus diesen Dogmen ergeben, soweit sie sich auf Hinweise zur vorhandenen Rechtsprechung beziehen. Als Beispiel sei das Enthymem 44→42 herangezogen, in dem es heißt: „In der Rechtsprechung findet sich diese Ansicht zum Teil bestätigt" (42, rechtliche Einzelaussage), denn „Eine öffentliche Urkunde hinsichtlich der Personenangaben liege nicht vor" (44). Zum Nachweis der fallbezogenen Aussage zur im Beschluss vertretenen Ansicht zieht der Richter begründend einen Rechtssatz aus einer Entscheidung des Oberlandesgerichts Hamburg heran. Dies ist also streng genommen kein Fall der Begründung eines fallbezogenen Schlusses mit einem Rechtssatz, sondern der Nachweis eines allgemeinen Rechtssatzes als gültig und der Ansicht des Richters entsprechend. Die dem Fall inhärente Frage nach der Beweiskraft der Eintragung, die der Angeschuldigte hatte tätigen lassen, ist dazu eine allgemeine: Sie betrifft alle derartigen Eintragungen, und die Antwort auf sie – „Hinsichtlich der Richtigkeit der Angaben zur Person besteht keine erhöhte Beweiswirkung", Satz 11 – kann in der Tat als Begründung für Einzelfälle herangezogen werden, da sie allgemeine Gültigkeit für alle zu diesem Thema versammelten Einzelfälle besitzt. Da es in diesem Beschluss, wie bereits im vorhergehenden, vornehmlich um Rechtsfragen und weniger um das Tatgeschehen selbst geht, treten einzelfallbezogene Rechtsaussagen (17 % begründend) und insbesondere die Tatsachen (5 % absolut, gar nur 4 % begründend) in den Hintergrund. Hervorzuheben ist dagegen der Anteil an Ethos erzeugenden Argumenten (Autorität und Quelle), die in der Begründung gut ein Achtel der Argumentation ausmachen; dabei begründen die Quellen die Autoritäten durch Nachweis, die Autoritäten die Dogmen, die in Rechtsprechung und einschlägiger Literatur vertreten werden. Während der Prozentsatz der Alltagssätze hier fast zu vernachlässigen ist, sticht besonders der Anteil an Generalisierungen in der Begründung hervor (immerhin 10 %); dies wird in der anschließenden Satzbetrachtung (Satz 35) noch einmal interessieren.

Abbildung 41: Figuren- und Begründungskurve – Beschluss 2.

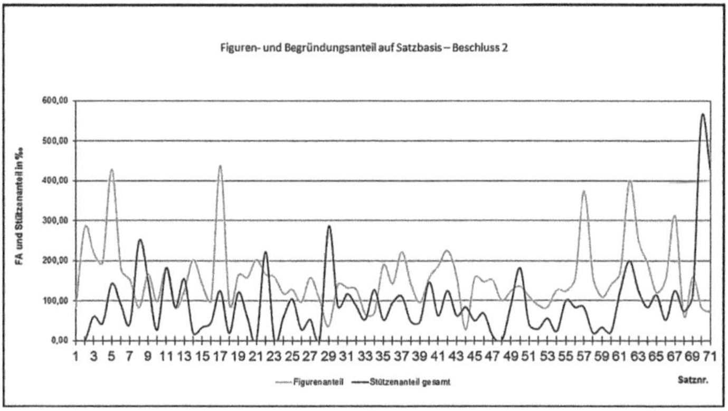

Für die Betrachtung gemeinsamer Maxima in den Figuren- und Stützenanteilen sollen im Folgenden die Sätze 5, 9, 11, 17, 19, 37, 42, 57, 62, und 67 herangezogen werden. Sodann wird ein letztes Mal das Auseinanderfallen der Kurven mit hohem Figurenanteil betrachtet: 2, 14, 17, 21, 35 und 54. Die Instanzen mit relativem Logosmaximum sollen hierbei aus oben bereits erläutertem Grund erwähnt, aber nicht weiter beleuchtet werden: Dies sind die Sätze 29, 34, 44, 53, 65 und 71.

Gemeinsame Peaks der Figurenanteils- und Stützenanteilskurve:

Satz 5: „Andere Straftatbestände wurden ebenfalls nicht verwirklicht (3.)"

Mit dem zweithöchsten Figurenanteil im gesamten Beschluss (rund 429 FA) und dem Anderthalbfachen (143) des Logosanteildurchschnitts stellt der Richter gleich zu Beginn des Beschlusses diesen Satz rhetorisch heraus. Ohne vertiefte juristische Kenntnisse wird auch gleich offenbar, warum dies so ist: Im Grunde ist dieser Satz die Quintessenz der Entscheidung. Der Richter erklärt hier, dass keine anderen Straftaten auf das Verhalten des Angeklagten passen, und stellt mit der Bemerkung „ebenfalls" noch einmal zusammenfassend klar, dass auch die anklagegegenständlichen Taten des Angeschuldigten nicht strafbewehrt sind. Einer der zentralen Sätze des Beschlusses wird demnach gleichermaßen durch begründendes Logos und verstärkendes Pathos stark hervorgehoben.

Satz 9: „Es bildet vielmehr eine innerdienstliche Grundlage für die Aufgabenerfüllung der Meldebehörden und genießt daher keinen öffentlichen Glauben (Schönke/Schröder, StGB, 26. Aufl., § 271 Rn. 14, 14a; Das Deutsche Bundesrecht, Bd. I E, 60, MRRG, Erläuterungen zu § 1 MRRG S. 25, Rn. 16)."

An dieser Stelle des Beschlusses vereinen sich pathetische Wendungen mit einem Wert von insgesamt 166 FA (leicht überdurchschnittlich) mit einem Stützenanteil von 152 SAT (über anderthalbfacher Durchschnitt). Die agonale Correctio „vielmehr" hebt diesen Satz anteilig am meisten hervor und suggeriert Gegensatz und vor allem *Richtigkeit* gegenüber dem zuvor Gesagten. Damit liegt der Fokus bereits pathetisch auf diesem grundsätzlichen Satz, der eine zentrale Frage des Falls klären soll; der öffentliche Glaube, durch den Urkunden ihre intrinsische Beweiskraft erst entfalten, darf nicht durch Handlungen Einzelner geschmälert werden – da liegt es nahe, den vom Angeschuldigten manipulierten Urkunden diesen Glauben mithilfe der Rechtsprechung gleich abzusprechen. Der hohe Stützenanteil kommt durch die quasi vertypte Kette von Dogma, Autoritäten (2) und Quellen (ebenfalls 2) zustande. Diese gerade für Juristen überzeugend wirkende Begründungskette wird verstärkt durch die in ihr zum Einsatz kommenden Figuren, sodass damit offenkundig ein wichtiger Punkt des Beschlusses hervorgehoben werden soll.

Satz 11: „Hinsichtlich der Richtigkeit der Angaben zur Person besteht keine erhöhte Beweiswirkung."

Bereits der Stützungsbaum stellt diesen Satz als tragende Säule des Beschlusses dar; hierauf fußt die gesamte Begründung auch der Ablehnung anderer Straftatbestände als nicht verwirklicht. Sowohl Pathos (182 FA) als auch Logos (182 SAT) sind hier überdurchschnittlich am Werk und stellen damit dieses Ergebnis langer Erwägungen (Inhalt der Sätze 12 bis 32) heraus.

Satz 17: „Dabei ist die Anschauung des Rechtsverkehrs zu beachten."

Hier findet sich der höchste Figureneinsatz des gesamten Beschlusses, gepaart mit einem überdurchschnittlichen Logoseinsatz, der im Vergleich zu den

Nachbarsätzen ein relatives Maximum bildet. Ist dies ein entscheidender, ergebnislenkender Satz? An sich nicht. Jedoch: In diesem Satz findet sich einer *der* Topoi des Rechtswesens schlechthin: der Hinweis auf den Rechtsverkehr. Als wichtiges Auslegungsmittel für unbestimmte Rechtsbegriffe und andere ungeklärte Phänomene des Rechtsalltags nimmt dieser Satz einen hohen Stellenwert in der Ergebnisherleitung ein, indem er eine anerkannte Methode zur Problemlösung liefert. Der Satz ist selbst nicht relevant für die unmittelbare Entscheidungen, bereitet aber den Weg für deren Begründung. Das Schlagwort „Rechtsverkehr" beschwört Assoziationen, die im Einklang mit dem Einsatz von öffentlichen Urkunden stehen. Dieser Satz ist insofern eine Verneigung des Richters vor den Erwartungen des Fachpublikums, die Gepflogenheiten des Rechtsverkehrs als Orientierungspunkt diskutiert oder mindestens angesprochen zu sehen. Dabei ist der hohe Figurenwert sicherlich auch durch die Kürze des Satzes zu erklären, aber nicht allein. Die Personifizierung des Abstraktums „Rechtsverkehr", dessen „Anschauung" zur Hilfe beschworen wird, ist kein Zufall, sondern absichtsvolle Betonung eines sehr (im besten Sinne der Topik) praktischen, gesellschaftsorientierten, flexiblen Topos zur Lösung von Definitions- und Einordnungsfragen.

Satz 19: „Eine Beweiswirkung für und gegen jedermann kann nur angenommen werden, wenn kein Zweifel besteht, dass dies unter Berücksichtigung der Verkehrsanschauung dem Sinn und Zweck des Gesetzes entspricht (BGHSt 22, 201, 203; BGH NJW 1996, 2170)."

Satz 19 weist mit 164 FA und 121 SAT eine ähnliche Beschaffenheit wie Satz 11 auf und ist Teil der umfangreichen Begründung dieses Satzes. Während Logosanzahl (4 Stützen und 2 Hauptaspekte) und Figureneinsatz (18) für eine intendierte Betonung des Satzes im Gesamtzusammenhang sprechen, muss inhaltlich indessen erkannt werden, dass es sich hier allenfalls um einen Nebenkriegsschauplatz handelt; die Begründung zu Satz 11 umfasst insgesamt neun argumentative Stränge unterschiedlicher Komplexität, Satz 19 ist dabei nur einer der vielen Gründe, warum Satz 11 gelten soll. Im Ergebnis heißt dies, dass Pathos und Logos hier zwar gemeinsam betonen, es sich aber nicht um einen wesentlichen entscheidungsleitenden Satz handelt.

Satz 37: „Als Identitätsnachweis ist die Meldebescheinigung wegen der eingeschränkten Angaben zur Person und des fehlenden Lichtbildes auch praktisch unbrauchbar."

Zwei Dinge machen diesen Satz mit seinem leicht überdurchschnittlichen Figureneinsatz und leicht unterdurchschnittlichem Logosanteil für die Analyse interessant: Er ist für die Begründung eher nebensächlich und wie Satz 19 nur einer von 9 den wesentlichen Satz 11 begründenden Aspekten. Er ist aber ein ganz alltägliches Argument ohne Rechtsbezug; kurz gefasst, sagt der Satz aus: Kein Foto plus wenig Information gleich schlechter Ausweis. Die eigentliche Schwäche dieses durchaus praktisch gut nachvollziehbaren Arguments ist seine fehlende Ausführung: Er ist eher Behauptung denn Begründung und bedarf deshalb besonderer Formulierung (Pathos), um nicht weiter hinterfragt zu werden. Der Satz hat also durchaus die Merkmale einer pathosunterstützten schwachen Argumentation, diese schlägt sich aber nicht in einer großen Diskrepanz von Logos und Pathos nieder (da der Alltagssatz ja durchaus plausibel ist), sondern lediglich in einer inhaltlichen Betrachtung. Damit hat die Pathosanalyse hier immerhin einen Untersuchungshinweis geliefert, ohne dass eine argumentative Schwäche sich in den Logoszahlen bemerkbar gemacht hätte.

Satz 42: „In der Rechtsprechung findet sich diese Ansicht zum Teil bestätigt."

Der überdurchschnittliche Logosanteil dieses Satzes (125) ist trügerisch: Der Satz liefert eine Stütze und einen zu ihr gehörenden Hauptaspekt bei einem FA von 225 (also ebenfalls überdurchschnittlich), ist indes relativ kurz und schon daher mit hohen Werten versehen. Betrachtet man nun das Argument genauer, findet man dahinter den plausiblen Satz, dass die Ansichten anderer, insbesondere höherer Gerichte, zur Unterstützung von Begründungen herangezogen werden können. So weit, so gut. Der rhetorisch störende Teil des Satzes ist die Formulierung „zum Teil", der nun einmal suggeriert, dass eine volle Bestätigung nicht stattfindet. Und in der Tat geht es nach diesem kleinen Logoshöhepunkt mit der Argumentationskurve bergab, während der Richter zu erläutern versucht, dass zwar kein Gericht seine Ansicht teilt, aber auch von einigen Urteilen jedenfalls nicht behauptet werden könne, dass sie seiner Einschätzung widersprechen. Überzeugende Argumentation sieht anders aus, bedarf sie doch näherer Erläuterung, um nachvollzogen zu werden. Immerhin: Die Passage, die dieser Satz einleitet, ist ein wichtiger Stützfaktor für die Argumentation des Richters, dass eine Meldebestätigung keine öffentliche Urkunde im Sinne des Verständnisses des Strafrechts ist, sie ist nur nicht sonderlich gelungen, aber mit viel Pathos versehen, um wenigstens die Hauptaspekte (Heranziehung von und Abglich mit Rechtsprechung anderer Gerichte) zu unterstreichen.

Satz 57: „3. Andere Tatbestände wurden nicht verwirklicht."

Ein leicht überdurchschnittlicher Stützenanteil von 83 SAT in diesem Satz wird vom vierthöchsten Figurenanteil des Beschlusses (375 FA) regelrecht überschattet. Da im Ergebnis nur der Inhalt von Satz 5 wiederholt wird, kann das hierzu Gesagte auch für Satz 57 gelten. Die Besonderheit des Beschlusses, der Einsatz von Ordinatio (Nummerierung) und Proekthesis (Vorschau), macht sich hier wie dort im Figurenanteil bemerkbar und auch der Stützungsbaum weist die dem Beschluss schriftlich gegebene Struktur durch die frühe Aufspaltung des Hauptstranges nach. Zu diesem Satz gehört die Kritik, dass er das Ergebnis, das in Entscheidungen voranzustellen ist, hier nochmals zusammenfasst. Dies ist in der Praxis häufig beobachtbar, wird indes nicht empfohlen. Dazu *Meyer-Goßner/Appl*: „Auch eine Schlussformel […] bleibt besser weg. Eine sachliche Bedeutung hat sie nicht und eines Schlusses wie der deutsche Aufsatz bedarf das Urteil nicht.“[230] Die Wiederholung als pathetisches Element aber schlägt mit solchen Zusammenfassungen auf den Pathosgehalt durch und lässt den Satz umso wichtiger erscheinen.

Satz 62: „Die Urkunden sind nicht unecht.“

Platz 3 auf der Figurenkurve belegt dieser Satz mit 400 FA, auf der Stützenkurve rangiert er mit 200 SAT immerhin noch auf dem fünften Platz. Aufmerksame Leserinnen und Leser werden hier die richtige Vermutung äußern: Der Satz ist kurz, die Anteile groß. Dies ist bislang immer ein Ergebnis der rhetorischen Entscheidungstextanalyse gewesen, für beide Werte gewiss immer nur dann, wenn der Satz auch begründende Funktion hat. Betrachtet man aber diese kurzen Sätze, dann fällt auf, dass sie – wenn sie nicht gerade kurze Tatsachenbeschreibungen in den Feststellungen sind (bspw. Urt. 3, Satz 9) – häufig ein konzises Präsentieren des Ergebnisses einer wichtigen Subsumtion sind oder gar die Subsumtion selbst konstituieren. Diesen Sätzen ist allesamt gemein, dass sie zentrale Begründungen für den Ausgang des verhandelten Falls enthalten und insofern eine gewisse Berechtigung mit sich tragen, sie rhetorisch in ein besonderes Licht zu rücken. In diesem Fall des Satzes 62 stellt der Richter den wesentlichen Unrechtsgehalt einer Urkundenfälschung nach § 267 StGB (nämlich ihre Unechtheit) für den vorliegenden Fall kurz und knapp in Abrede. Die hohen Anteile an Begründung und Betonung sind also nicht rein mathematischer, sondern jedenfalls hier auch inhaltlicher Natur.

Satz 67: „So liegt es hier.“

Das soeben Dargestellte gilt, abgesehen von den unterschiedlichen Werten der Figuren- und Stützenanteile, für diesen kurzen Satz entsprechend. Diese knappe „Subsumtion“ zieht die volle Aufmerksamkeit des Lesers auf sich. Die apodiktische Formulierung dieses kurzen Schlusses lässt eine gewisse Finalität

230 *Lutz Meyer-Goßner/Ekkehard Appl*, Fn. 215, Rn. 257.

aufscheinen, die dem Leser die Gelegenheit raubt, Zweifel an diesem Ausspruch zu verspüren. Es handelt sich um eine summarische Abkanzelung einer potenziell langen und komplexen Prüfung einzelner Merkmale.

Dieser Peak-Untersuchung soll nun ein abschließendes Mal eine Untersuchung der Diskrepanzpunkte gegenübergestellt werden, an denen das Pathos Maxima erreicht, während der Logos schwächer wird.

Auseinanderfallen der Figurenanteils- und Stützenanteilskurve:

Satz 2: „Die Kosten des Verfahrens sowie die notwendigen Auslagen des Angeschuldigten fallen der Staatskasse zur Last."

Dadurch, dass der Satz keine Stützen enthält und dabei ziemlich kurz ist, steigt die Pathoskurve hier bereits in beträchtlichem Maße an, während die Logoskurve einen Wert von 0,00 SAT aufweist. Die Bedeutung des Satzes als Kostenentscheidung für den Beschluss selbst ist dabei derart nebensächlich, dass hier nicht davon gesprochen werden kann, das Pathos wolle eine schwache Begründung überdecken.

Satz 14: „Aber nicht jede in einer öffentlichen Urkunde enthaltene Angabe, die ein Außenstehender durch Täuschung des Amtsträgers bewirkt, kann Gegenstand einer Straftat nach § 271 StGB sein."

Dieser Satz ist ein Hauptaspekt und als solcher zwar keine direkte Begründung, aber als plausibilisierender Enthymembestandteil für den Logos relevant. Aufgrund der relativen Länge des Satzes ist sein Logosanteil mit nur einem Merkmal bei 19 recht niedrig; demgegenüber steht ein Figurenanteil von rund 202. Mit diesem überdurchschnittlichen Ergebnis soll der Inhalt dieses Satzes pathetisch unterstützt werden, allerdings wiederum nicht wegen fehlender Begründung: Diese wird nämlich in den Folgesätzen nachgeliefert. Die Betonung liegt hier auf der durch Satz 14 aufgestellten Behauptung, die eine diesen Gedankengang begründende Textpassage einleitet.

Satz 21: „Entsprechend besteht nach §§ 13, 19 MG eine gemäß § 35 MG bußgeldbewehrte Verpflichtung des Meldepflichtigen zu vollständigen und richtigen Angaben."

Satz 21 hat für den Gang der Entscheidung kaum Bedeutung, sondern ist nur ein kleines Glied in einer Argumentkette, und noch dazu eines, das keinen eigenen Beitrag zum Ergebnis leistet (daher 0,00 SAT). Das hohe Pathos kommt durch die umständliche, unnötig umschweifige Formulierung des Gedanken zustande. Fazit: Die Intention des Richters, die aus diesem Satz erhellt, ist bereits nicht zentral begründend, daher ist das Pathos auch nicht eingesetzt, um eine Schwachstelle in der Argumentation zu überbrücken.

Satz 35: „Beweist die Meldebestätigung für einen Wohnort schon nicht die Richtigkeit des Wohnsitzes, den sie bestätigt, kann die erhöhte Beweiskraft danach erst recht nicht für die Richtigkeit des Namens gelten."

Anders verhält es sich bei Satz 35. Hier wird ein tatsächlich entscheidungserheblicher Schluss gezogen, der die erhöhte Beweiskraft von der Korrektheit des verwendeten Namens abkoppelt. Bei genauer Betrachtung fällt auf: Die Ausdrucksweise in diesem Satz ist assertorisch und emphatisch, er ist als Regelhaftigkeit formuliert. Damit entsteht der Eindruck eines Rechtssatzes, wobei dieser Ausspruch lediglich eine Schlussfolgerung des Richters ist (generalisierte Einzelmeinung). Inwiefern für diesen fehlgegangenen Erst-Recht-Schluss eine Vergleichbarkeit, insbesondere ein qualitatives oder quantitatives Missverhältnis zwischen Wohnsitzbeweis und Namensbeweis, gegeben ist, wird nicht *sinnlogisch* deutlich, sondern allein die besonders pathetische Formulierungsweise legt die Offenkundigkeit dieses Schlusses nahe. Der Satz hält demnach einer gezielten Begründungsanalyse nicht stand, sodass dies ein weiterer Fall ist, in dem gesteigertes Pathos schwachen Logos überspielen soll.

Satz 54: „Die entgegenstehende Entscheidung des BGH, Urteil vom 12.12.1978, 1 StR 568/78, Bl. 5, wonach eine auf einen falschen Namen ausgestellte Anmeldebestätigung des Einwohnermeldeamtes eine öffentliche Urkunde i.S.d. § 271 StGB sei, entbehrt einer Begründung zu der Frage, ob sich die erhöhte Beweiskraft auch auf die Richtigkeit der Personalien erstreckt."

Dieser Satz ist ein Vertreter der zuvor angesprochenen Begründungskette (Satz 42 ff.). Der Logosanteil fällt auf nur noch ein Viertel des Beschlussdurchschnitts, das Pathos erreicht immerhin trotz der Länge des Satzes eine Höhe von gut 80 % des FA-Durchschnitts. Der Abfall des Logosanteils liegt wieder darin begründet, dass die Logosanalyse diesen Satz als nur wenig plausibel aufgefasst hat. Der Satz mag in sich stimmig sein (die Entscheidung steht nicht entgegen, weil sie sich zum Problem ausschweigt), ist aber zur Begründung des Satzes 42 (zur Erinnerung: „In der Rechtsprechung findet sich diese Ansicht zum Teil *bestätigt*."), und dies muss die Intention des Richters hier sein, nach Ansicht des Verfassers völlig ungeeignet. Allein die konstruierte Regelhaftigkeit (Hauptaspekt 54b) verhindert ein gänzliches Sich-Entfernen von einer halbwegs nachvollziehbaren Begründung. Gerade diese Schwäche wird aber mit einem Einsatz von tatsächlich 30 Figuren in den Hintergrund gerückt.

Fazit zu Beschluss 2: Zum fünften Mal lautet das Ergebnis: Enthymem statt Syllogismus. Das Ergebnis der Analyse des Beschlusses 1 bestätigt sich hier insofern, als die Befassung mit Rechtsfragen offenbar einen wesentlich höheren Dogmen- und Autoritätenbezug zeitigt und Tatsachen und Zeugenaussagen ihre prominente Rolle im Gegensatz zu anderen Entscheidungsarten einbüßen. Der Beschluss selbst zeigt an einigen Stellen mittlere bis deutliche Begründungdefizite, die die rhetorische Analyse aufdecken konnte. Gegen den häufigen Habitus der Richterschaft wurde der Entscheidungstext allerdings leserfreundlich gegliedert und die Entscheidung nochmals verdeutlichend wiederholt. In sieben von zehn untersuchten gemeinsamen Spitzen von Pathos und Logos konnten wesentliche Stellen des Beschlusses ausgemacht werden, die somit durch gute, das heißt plausible Begründung und flankierenden Figureneinsatz hervorstachen. In zwei von sechs untersuchten Fällen stellte sich heraus, dass ein erhöhtes Figurenaufkommen bei gleichzeitigem relativem Logosanteilminimum tatsächlich Schwachstellen in der Begründung überbrücken zu wollen schien.

F. Erkenntnisse über die Darstellung des Herstellungsprozesses von erstinstanzlichen strafrechtlichen Entscheidungen

„Quidquid praecipies, esto brevis."
(Was auch immer du lehren wirst, fasse dich kurz.)

— QUINTUS HORATIUS FLACCUS (HORAZ)

Zu Beginn dieser Analyse wurden Fragen in den Raum gestellt, die der Verfasser mit dieser Untersuchung beantwortet zu haben hofft.

Die erste Frage betraf das Maß, in dem rhetorische Wirkmittel in Entscheidungstexten überhaupt eingesetzt werden. Die nunmehr vorliegenden Zahlen zeigen, dass die rhetorischen Wirkmittel des Logos, des Pathos und des Ethos einen angestammten Platz in juristischen Entscheidungstexten zu haben scheinen, wobei die errechneten Anteile keine quantitative Aussage ermöglichen, da die drei Wirkmittel grundsätzlich wesensverschieden sind und sich kaum ein echter Vergleich anstellen lässt, wenn man die Wirkmittel weiter auf die Anzahl der Wörter bezieht. Wörter sind eine sinnvolle mathematische Maßeinheit, aus linguistischer Sicht wäre es beim Pathos sicherlich sinnvoller, wenngleich ungleich komplexer, in Figurenwirkspektren zu rechnen, um dem Unterschied von Figuren und Tropen gerecht zu werden. Andererseits müsste für eine Logosanalyse in Teilsätzen gerechnet werden, aus denen die Stützen hervorgehen. Ein solches Unterfangen setzt allerdings weitere Jahre der interdisziplinären Forschung voraus, auf die zum Zeitpunkt der Fertigstellung dieser Arbeit nicht zurückgegriffen werden konnte. Bei der Beziehung auf den durch seine Wortanzahl definierten Satz als Einheit ließ sich über fünf Entscheidungen ein mittlerer Figurenanteilsdurchschnitt von 146,30 (durchschnittlich 11 Figuren pro Satz) ermitteln, dem ein Logosanteil von 106,99 (durchschnittlich 1,86 Stützen pro Satz) gegenübersteht. Da Ethos in der Methode als von Autoritätsargumenten und Quellen ausgehend definiert ist und diese Modi immer begründende Qualität aufweisen, ist der Ethosanteil bereits mit in den Stützen verrechnet. Der in anderen Untersuchungen zutage getretene Figurenanteilsdurchschnitt liegt bei 50 FA. Dass das vorläufige Ergebnis dieser Studie um das Dreifache höher ist, kann verschiedene Faktoren haben. Der erste wäre eine Tendenz der Strafrichterschaft, wesentlich mehr Pathos einzusetzen, als dies etwa ein Verwaltungsrichter tut. Bei sechs Analysen, die einem Ergebnis von über 50 Analysen gegenüberstehen, ist es allerdings weit wahrscheinlicher, dass sich ein anderer, vermutlich geringerer statistischer Mittelwert einstellte, wenn ebenso 50 strafrechtliche Entscheidungen einer Analyse unterzogen würden. Hinzu tritt der Faktor der subjektiven Empfindung sowohl bei der Identifikation der Figuren als auch bei der Einschätzung ihrer situationsbezogenen Intensität. Doch selbst wenn man diese Subjektivität als Faktor anerkennt, muss das erste – kleine – Gesamturteil lauten: *Alle drei* Wirkmittel sind in strafrechtlichen Entscheidungstexten jedenfalls mit nicht unerheblicher Anzahl nachweisbar.

Mit dieser Erläuterung ist auch die zweite Frage bereits aufgegriffen und beantwortet, wenn auch die Anteile lediglich in schwerlich Vergleiche erlaubenden Maßeinheiten ausgedrückt werden (müssen).

Zur dritten Frage, nämlich ob strafrechtliche Entscheidungstexte Enthymeme als argumentatives Grundschema verwenden, lautet der umfassende Befund: ja. Zu Recht könnte eingewendet werden, dass eine Analysemethode, die auf strukturierende Maßnahmen angewiesen ist, die sie selbst entwickelt hat, nichts beweise, weil sie schließlich den Text *suo modo* kategorisiere und unterteile. Dass Enthymeme aufscheinen, liege dann doch darin begründet, dass die Methode die Sätze so anordne, dass daraus Enthymeme würden, und damit selbstreferenziell wäre. Diesem nicht aus der Luft gegriffenen Vorwurf kann indes mit folgendem Ergebnis entgegengetreten werden: Der Versuch, Entscheidungstexte, auch die hier untersuchten, mit den Grundsätzen *syllogistischer* Schlussformen zu rekonstruieren, geht fehl. Auch der *modus ponens* bringt keine zufriedenstellende Argumentstruktur ans Licht. Dies liegt nach Ansicht des Verfassers insbesondere daran, dass beide Schlussformen keine der schriftlichen Argumentfolge entsprechende Kettenstrukturdarstellung erlauben. Wie bereits erläutert, scheitern auch Versuche, streng nach *Toulmins* Modell die Begründung nachzuvollziehen, weil hierdurch „*warrants*" offenbart werden, die trotz offensichtlicher Zusammengehörigkeit von Behauptung und Begründung statt einer „Regel" häufig semantischen Unsinn hervorbringen. In Ermangelung weiterer Schlussformen und bei Betrachtung der langen rhetorischen Tradition im Recht kann das vorläufige Ergebnis einer Begründungsstrukturuntersuchung in juristischen Entscheidungstexten also nur wie hier festgestellt lauten.

Die Antwort auf die vierte Frage muss differenziert betrachtet werden: Bei der Untersuchung, ob das Zusammenspiel von Logos und Pathos Rückschlüsse auf die tragenden Gründe des Urteils erlauben, bieten die Ergebnisse der Einzelanalysen ein gemischtes Bild. In insgesamt 83 % der Fälle hat der gleichzeitig Anstieg von Figuren- und Stützenanteil zu einem relativen Maximum der durch sie beschriebenen Kurven in diesen Instanzen ein die Entscheidung wesentlich tragenden Aspekt identifiziert. Mit geringem Aufwand und einem gewissen Judiz konnten die aus diesem Schema herausfallenden Okkurrenzen schnell ausfindig gemacht werden, was nichts anders bedeutet, als dass eine rhetorische Entscheidungstextanalyse in mehr als drei von vier Fällen die wichtigsten Sätze eines Urteils zuverlässig zu ermitteln imstande ist. Stellt man nun die Frage, ob hoher Figureneinsatz bei geringem Stützenwert eine Schwachstelle der Argumentation identifizieren kann, so ergab die Betrachtung in nur rund 40 % der Fälle, dass das hohe Pathosaufkommen in der Tat im Verdacht stand, Begründungsschwächen überdecken zu wollen. *Dass* es solche Stellen gibt, wurde immerhin nachgewiesen. Eine Trefferquote von unter 50 % bedeutet indes, dass durch eine rhetorische Analyse nur Hinweise auf solche Stellen aufgedeckt werden können, die sodann weiterer Untersuchung (wie etwa hier geschehen) bedürften. Die Untersuchung hat in Bezug auf die Satz-für-Satz-Analyse auch eine Schwäche der Methode aufgedeckt, die immer dann aufscheint, wenn die Untersuchung sich auf einen *kurzen* Satz bezieht. Obgleich hierzu bereits vereinzelt Stellung genommen worden ist, soll in diesem Ergebnisprotokoll noch einmal zusammengefasst werden, welches Problem entsteht und wie ihm begegnet werden kann. Da Bezugspunkt der Formeln die Wortanzahl im Nenner ist, versteht es sich von selbst, dass bei Abnahme dieser Zahl der resultierende Wert umso höher ausfallen wird. Treten zählererhöhende Faktoren wie eine hohe Vollfigurenzahl oder mindestens eine Stütze oder ein Hauptaspekt im Logos hinzu, werfen die Formeln gemessen am Gesamtdurchschnitt extrem hohe Werte sowohl für Figuren- als auch Logosanteil aus, und zwar oft anscheinend unabhängig von der Bedeutung des Satzes für die Entscheidung in ihrer Gesamtheit. Der Analysator muss solche Stellen dann einer genaueren Betrachtung unterziehen: Oft zeigt eine knappe und konzise Ausdrucksweise eine prägnante Konklusion eines angestrengten Begründungsstranges an; häufig liegt in dieser *Brevitas* eine Crux der Entscheidung, zumal Juristen nicht gerade für ihre Wortkargheit bekannt sind; ein kurzer Satz kann also absichtlich auffallen wollen. Handelt es sich jedoch um Tatsachenschilderungen in knappen Sätzen etwa in den Angaben zur Person des Angeklagten oder in den Feststellungen, wird das Ergebnis einer inhaltlichen Betrachtung lauten müssen, dass der untersuchte Satz mit seinem hohen Niederschlag in den Anteilkurven ein rein mathematisches und kein rhetorisches Phänomen im Sinne einer intendierten Herausstellung ist. In den Fällen relativer Satzkürze kann und sollte die Textanalyse mithin zunächst „nur“ als Hinweisgeber für weitere und inhaltliche Betrachtung der Textstelle dienen.

Ehe nun zum abschließenden Komplex geschritten wird, sollen noch zwei Ergebnisse der Analyse beleuchtet werden, die nicht im Bestreben des Unterfangens lagen, aber quasi als Nebenkriegsschauplätze von Interesse sein dürften. Eingangs wurde erläutert, dass Pathos und Logos (also Figuren und Begründungen) in Entscheidungstexten anhand der Methode der rhetorischen Urteilsanalyse gut erfassbar und darstellbar seien, das Moment der Überzeugung durch Ethos aber nur insofern, als es in Autoritätsargumenten und Quellen enthalten sei. Dennoch hat sich im Laufe der Analyse herausgestellt, dass vieles, was im und um das Gerichtsverfahren geschieht, auch auf der Ebene des Ethos Wirkung entfaltet. Es beginnt mit dem offiziellen Landeswappen auf gerichtlicher Korrespondenz, das dem Adressaten signalisiert, dass es sich um eine hoheitliche, offizielle (sprich: ernste) Sache handelt. Dieser Eindruck verfestigt sich bei Betreten des Gerichtsaales, bei Ansichtigwerdung der richterlichen Amtsbekleidung und Wahrnehmung des Tonfalls und gehobenen Sprachstils der staatsseitlichen Teilnehmer am Verfahren. Der im Entscheidungstext gepflegte Duktus ist nur die Kumulation des zuvor mit ähnlichem Sprachschatz geführten Verfahrens. Er transportiert, wie in der Analyse festgestellt, Expertise, Ausbildung und Erfahrung des Richters und erzeugt damit zusätzlich zum Umfeld Respekt vor der Robe, dem Amt und der Institution. Aus diesem Konglomerat heraus wirken die platzierten Autoritätsargumente als Hinweis auf Wissens- und Erfahrungsschätze, die die Lösung des Falles bereits vorgezeichnet, jedenfalls angedeutet haben. Wer sich auf Autorität beruft, so entsteht der Eindruck, erscheint selbst als Autorität. Der „Charakter des Redners" überzeugt demnach mit, zwar nicht *eo ipso*, aber doch unterstützend. Damit kann festgestellt werden, dass auch im Strafprozess betont verstandesbezogen argumentiert wird, aber dieser Logos wird von Emotionalität und Moralität flankiert und augmentiert.

Ein weiteres Unerwartetes hat die Analyse ergeben: Die untersuchten Entscheidungen behandeln verschiedene Straftaten mit divergierender gesellschaftlicher Brisanz und von unterschiedlicher Schwere. Sie reichen von einer alltäglichen, beinahe banalen Leistungserschleichung über Betrugsdelikte und durchaus schwerwiegendere Verkehrsstraftaten bis hin zu einer zwar im Hinblick auf den angedrohten Strafrahmen wenig gewichtigen, wohl aber wegen ihrer moralischen Implikation schwerer anmutenden Tat, dem Exhibitionismus (Urteil 1). Trotzdem festgestellt werden konnte, dass die untersuchten Urteile ein nicht unerhebliches Maß an Figuren aufweisen, und trotzdem unter diesen Figuren auch nicht unbeträchtliche Spuren des leidenschaftlichen Pathos zu finden waren, scheint der Stil der Entscheidungen kaum voneinander abzuweichen. Wer also pathosbeladene, auf die jeweiligen Delikte zugeschnittene Moralisierungen erwartet, die den gesellschaftlichen Verachtungsgrad mit Blick auf die jeweilige Tat transportieren, wird enttäuscht. Dieser Befund ist aber nicht allein Ergebnis eines aufmerksamen Lesevorgangs und eines diffusen literarischen „Gefühls", sondern lässt sich auch numerisch entdecken: Der sein Genital entblößende Täter des Urteils 1 wird mit annähernd der gleichen sachlichen und fachlichen Kühle abgeurteilt (48 % der Figuren) wie der ohne Fahrausweis busfahrende Delinquent des Vergleichsurteils (46 % der Figuren). Vergleicht man bei diesen beiden Entscheidungen die Figurentypen, die geeignet wären, eine moralisierende Abmahnung wirkungsvoll zu transportieren (engagierte, aber vor allem poetische Figurengruppen), so kommt man zu dem Ergebnis, dass der Anteil der poetischen Figuren beider Entscheidungen noch unter dem Gesamtdurchschnitt aller sechs Entscheidungen von 18,5 % liegt. Zwar führen beide Entscheidungen die Tabelle des engagierten Figurenanteils mit je 26 % im Vergleich zum Gesamtdurchschnitt von ebenfalls 18,5 % an; jedoch lässt sich hieraus kaum schließen, dass dies ein Anzeichen für moralischen Einsatz des Richters im Sinne eines Sittenwächters wäre: Die hohe Zahl im Vergleichsurteil rührt schließlich von dem Versuch her, den Angeklagten über für ihn verständliche Vokabeln zu erreichen[231], und nicht von einem Versuch, ihn soziomoralisch für die Übertretung der Leistungserschleichung zu sensibilisieren. Ein Erklärungsversuch könnte anführen, dass diese emotionale Indifferenz aus der Tatsache fließt, dass es Aufgabe des Strafrichters ist, unter Strafe stehendes Verhalten sachlich zu beurteilen und sodann zu ahnden, und nicht den Angeklagten zu „erziehen" (was sich im Jugendstrafrecht, das maßgeblich gerade kein Straf-, sondern „Erziehungsrecht" ist, anders verhalten dürfte). Möglich ist auch, dass die ausdrückliche Unaufgeregtheit des Urteilsstils aus der aus Imitation gelernten Ausdrucksweise des Juristen fließt, dessen Texte den Versuch unternehmen, größtmögliche Distanz zwischen der Judikative und den mit ihr befassten und ihr unterworfenen Bürgern zu schaffen. Dies gelingt durch die so häufig eingesetzten Figuren des Totum pro parte, der Passivkonstruktion, der Periphrase, der Nominalisierung (Funktionsverbgefüge) usw. Letztlich wäre es denkbar, dass diese vorgefundene Gleichförmigkeit der Texte bezüglich unterschiedlicher Delikte die landläufige Interpretation des Gebotes darstellen, die Gründe mögen „ruhig und sachlich sprechen"[232], dass diese „Sine-ira-et-studio"-Formel sich mit anderen Worten nicht auf den Verzicht auf rhetorisches Pathos bezieht – es wurde ohnehin auch gezeigt, dass dies nicht möglich sein dürfte –, sondern auf eine sprachlich transportierte emotionale Distanz zum Gegenstand und zu den Personen des Verfahrens, die nach Ansicht des Verfassers zumindest in den vorliegenden sechs Entscheidungen durchaus deutlich wird.

Und was ist mit der Architektur? Lässt sich eine rhetorische Blaupause für Urteile konstruieren aus den Erkenntnissen dieser Arbeit? Die schlichte Antwort lautet „Nein", die elegante Antwort lautet „Ja". Zunächst dürfte deutlich

231 S. E.I.: Analyse.
232 Vgl. Fn. 220.

geworden sein, dass sich aufgrund der letztlich geringen Anzahl der untersuchten Entscheidungen Verallgemeinerungen jeglicher Art aus seriöser Perspektive verbieten. Alle hier präsentierten Ergebnisse bleiben tendenziös, solange sie nicht durch entsprechende Quantität bestätigt werden können. Dennoch zeichnen sich auch in sechs Untersuchungen bereits Muster ab, die die Vermutung nahelegen, dass strafrechtliche Entscheidungen einem gemeinsamen Bauplan folgen. Die ganz offenbaren sollen vorweg genannt werden: Es wurde festgestellt, dass strafrechtliche Entscheidungen enthymematisch aufgebaut sind und durchgängig Pathos und Ethos verwenden, um die Argumentation jedenfalls zu unterstützen. Durch die Eigenart des Aufbaus, der mit seinen sechs Schritten recht starr daherkommt, offenbart sich in der Begründungsvisualisierung die von den Untersuchungen anderer Rechtszweige abweichende Tendenz einer Strafentscheidung, zwei voneinander unabhängige Argumentationsstränge zu entwickeln, die die Notwendigkeit abbilden, die Begründung des Schuldspruchs von der Begründung seiner Höhe zu trennen. Die Anzahl an Hauptsträngen wächst mit der Anzahl der zu begründenden Nebenentscheidungen an. Beobachtet werden konnte eine ähnliche Verteilung der Begründungsmodi wie schon die untersuchten Verwaltungsgerichtsentscheidungen sie aufwiesen. Mit steigendem rechtlichem Argumentationsaufwand erhöht sich die Anzahl an begründenden Dogmen und an unterstützend herangezogenen Autoritäten. Der Blick auf die Mikro-Enthymemstruktur erlaubt die Identifikation von Schwächen in der Argumentation dergestalt, dass aufgedeckt werden kann, wann eine weitere Erläuterung notwendig scheint und wann ein Schluss nicht plausibel (hier: *lege artis*) begründet worden ist. Die Untersuchung hat ebenfalls gezeigt, dass den Zumessungserwägungen viel Raum gegeben wird, was angesichts der verfassungsmäßig garantierten Rechte, die ein Strafurteil für das Individuum typischerweise einschränkt, richtig und wichtig ist. Besonders begründungsbedürftige Passagen profitieren von der juristischen Aspektetrias Dogma – Autorität – Quelle, wobei dies für alle juristischen Entscheidungstexte gelten muss. Nun lassen sich aus den hier versammelten Merkmalen einer Strafentscheidung, besonders aus den Visualisierungen, jedenfalls Anfangspunkte rekonstruieren, von denen aus jeder Fachkundige (inklusive Studierende) eine Entscheidungsblaupause für sich entwickeln kann.

Die letzte aufgeworfene Frage nach den Konklusionen, die sich aus dieser Untersuchung für die Methodenlehre und die Praxis der Jurisprudenz ziehen lassen, möge das folgende und letzte Kapitel beleuchten.

G. Cui bono?

„Das Leben kann nur
in der Schau nach *rückwärts* verstanden,
aber nur in der Schau nach *vorwärts* gelebt werden.

— Søren Kierkegaard

Nach alledem sollte die – berechtigte – Frage aufgekommen sein, wem diese Erkenntnisse wie nützen sollen. Vier Gedanken sollen helfen, diese Frage zu beantworten, ein fünfter, der mitschwingt, soll den Anfang machen:

I. Petitio Principii

Zunächst bewegen wir uns einmal weg von der Frage nach dem „Wem?“ hin zu der Überlegung „Warum überhaupt?“. Warum untersucht man den Einsatz rhetorischer Mittel in Entscheidungstexten quasi *contra animum communem*? Ein eristisches „Warum nicht?“ kann den Anfang geben, aber keine Antwort sein. Der Topos der „ Wissenschaft um ihrer selbst willen“ (in sich auch eine *petitio principii*) führt da vielleicht schon weiter. Die Wissenschaft, wie die Kunst, ist frei und darf in alle Richtungen betrieben werden, ganz losgelöst von Gedanken von Gewinn und Erkenntnis. Diese Untersuchung als akademische Ereiferung darf das freilich nicht (unumschränkt).

II. Rhetorische Rechtstheorie

Eine erste Annäherung an die Antwort, wem denn mit einer Untersuchung wie der vorliegenden gedient sein könnte, liegt im Ansatz der theoretischen Grundlage dieser Arbeit. Die Untersuchung erweitert nämlich, wenn auch in sehr bescheidenem Maße, das Repertoire der Rhetorischen Rechtstheorie im Hinblick auf bereits untersuchte Phänomene und Beweisbarkeit des rhetorischen Ansatzes überhaupt. Sie zeigt, dass zum Teil massiv pathetisch formuliert wird, sie zeigt auch, dass Elemente des Ethos Anstöße zur Überzeugung beisteuern, sie zeigt zuletzt, dass der rhetorische Schluss in allen untersuchten Entscheidungstexten gleichsam überpräsent ist. Damit ist ein Stück weit nachgewiesen, dass alle Kritiker der heutigen Methodenlehre im Denkansatz richtig liegen: Es wird etwas anderes gelehrt, als tatsächlich in der Praxis geschieht. Dies ist keine neue Erkenntnis, aber diese Untersuchung ist ein neuerlicher Nachweis dafür, dass diese Erkenntnis weiterhin brisant ist. Diese Untersuchung beweist ferner, dass das Instrumentarium der Rhetorik geeignet ist, die Rhetorizität des Rechts sichtbar zu machen – eine noch so engagierte rhetorische Untersuchung schlüge fehl, wo nichts Rhetorisches zu finden wäre.

III. Jurisprudenz

Wie häufig erwähnt, ist es nicht Ziel der Rhetorischen Rechtstheorie, der Praxis vorzuschreiben, wie sie etwas zu tun hat. Niemand, auch der Verfasser dieser Arbeit nicht, maßt sich an, einem Richter einen Leitfaden der idealen rhetorischen Urteilskonstruktion zu oktroyieren. Das ist, wie bislang alle Entscheidungstextuntersuchungen gezeigt haben, auch gar nicht nötig. Es *wird* Pathos und Ethos eingesetzt, es *wird* enthymematisch begründet und es *wird* ein intuitives Maß für jedes Wirkmittel erzielt, was Rückschlüsse auf ein intuitives Augenmaß der Richterschaft für derartige Dinge zulässt. Die Messungen der Untersuchung in Bezug auf durchschnittliche Figurendichte und Begründungshöhe zeigen, sicher nicht zufällig, dass sich die sechs untersuchten Entscheidungen von Figureneinsatz und Begründungsintensität erstaunlich ähnlich sind, obwohl sie aus unterschiedlichen Federn stammen und ganz verschiedene Straftaten auf diverse Arten behandeln. Und doch kann eine zweite Antwort auf die eingangs gestellte Frage lauten, dass ein rhetorisch geschulter Vertreter der Jurisprudenz, der sein Blickfeld auf gezieltes Pathos, das richtige Maß an Ethos und eine stringent enthymematische Begründungsweise erweitert, möglicherweise in der Lage wäre, *noch* überzeugendere Entscheidungen zu verfassen und auch „instanzenfest“ zu gestalten, wenn es ihm gelänge, die sich doch zuweilen einschleichenden Plausibilitätsbrüche im Vorfeld ausfindig zu machen und zu tilgen.

IV. Theorie der Praxis

Eine dritte Adressatengruppe ist kein Personenkreis, sondern ein abstraktes, seit Jahrzehnten im Entstehen begriffenes, womöglich in selbigem steckengebliebenes Konstrukt: der Versuch, eine Theorie der Praxis der Jurisprudenz zu entwickeln. Bisherige Versuche, wenigstens eine Theorie der juristischen Argumentation zu entwickeln, sind zwar immerhin ob ihrer Verbreitung und Akzeptanz als erfolgreich zu bezeichnen[233], inkorporieren aber die Erkenntnisse der Rhetorischen Rechtstheorie (wenig überraschend) nicht oder kaum. *Alexy*

233 Statt vieler etwa *Robert Alexy*, Theorie der Juristischen Argumentation. Die Theorie des rationalen Diskurses als Theorie der juristischen Begründung, 3. Aufl., Frankfurt am Main 1996, oder *Ulfrid Neumann*, Fn. 86.

jedenfalls tut ihre Ansichten, jedenfalls die Topik als Quelle der Prämissenfindung, auf ganzen fünf Seiten essenziell als zu ungenau und damit zu beliebig ab,[234] wohingegen *Neumann* sich etwas intensiver mit der Topik auseinandersetzt.[235] Diese Versuche, so sehr sie von der hier vertretenen Auffassung auch abweichen mögen, sind lobenswert und nicht ohne praktischen Wert, sind indes im Ergebnis für die Suche nach einer Theorie der *Praxis* jedenfalls falsch verortet, wie sich schon in den Titeln erahnen lässt und sich im Inhalt fortsetzt. Eine Theorie der Praxis der Jurisprudenz hätte ihr Augenmerk nämlich zuvörderst auf eine Ist-Beobachtung und gerade nicht auf einen Soll-Vorschlag zu richten. Eine solche Ist-Beobachtung könnte sich zur Generierung einer Theorie selbstredend nicht in einzelnen Untersuchungen erschöpfen, sondern erforderte eine ganze Reihe von Analysen, deren Quintessenz zu einer holistischen Durchleuchtung der Praxis führen und die – vorsichtige – Formulierung einer empirisch belegten Argumentationstheorie dieser Praxis ermöglichen würde. Beachtet werden müssten auch die unterschiedlichen Gerichtszweige, zu denen dann spezielle Beobachtungen gemacht werden könnten, die die allgemeinen, gerichtszweigübergreifenden Ansätze ergänzen würden. Diese Beobachtungsreihen sind, wie bereits erwähnt, eingeleitet, geplant oder sogar schon abgeschlossen, müssten aber eine bedeutende Ausdehnung erfahren, ehe der Versuch einer Hypothesenformung unternommen werden könnte. Die vorliegende Untersuchung mag einen kleinen Beitrag zu dieser Analysereihe leisten und der Formulierung dieser Theorie eine weitere bescheidene Wegbereiterin sein.

V. Juristische Hochschuldidaktik und Methodenlehre

Die wohl gewichtigste Antwort allerdings, die vierte „Wem-Gutes"-Gruppe, ist die Schar von Studierenden der Rechtswissenschaft, die sich Semester um Semester durch verschiedene Methodenlehren, Lehrbücher, Falllösungssammlungen, Urteile, Beschlüsse, Vorlesungen, Klausuren und Hausarbeiten und letztlich zwei Staatsprüfungen kämpfen müssen. Das bedeutet, dass nicht das *Ergebnis* all dieser Studien, die sich in Entscheidungstexten niederschlagen, verändert werden müsste – die Analyse zeigt, dass das Lernsystem von Imitation und Implementation mal mehr und mal weniger, aber im Großen und Ganzen dann doch zu den gewünschten Ergebnissen führt. Angesetzt werden müsste vielmehr am Weg dorthin. Kaum ein Student begreift die Sinnhaftigkeit der Erlernung und Ausformulierung des Gutachtenstils, rebelliert doch der gesunde

234 Vgl. *Robert Alexy* a. a. O., S. 39–43.
235 *Ulfrid Neumann* a. a. O., S. 54 ff.

Sprachverstand gegen dessen klobige und repetitive Formulierungsweise. Kaum ein Dozent verdeutlicht, dass der Gutachtenstil als quasisyllogistische Denkoperation aus ergebnisorientierter Sicht ein sehr wohl geeignetes *analytisches*, aber aus sprachlicher Sicht völlig ungeeignetes *expressives* Instrument ist. Aus Sicht der Praxis jedenfalls ist die Ausformulierung von Texten im Gutachtenstil kaum brauchbar, sieht man einmal von einigen wenigen Ausnahmen ab. Der Richter ist an den Urteilsstil gebunden, und auch der Rechtsanwalt formuliert Klageschriften, Widersprüche, Widerklagen und Klageerwiderungen in der Abfolge Behauptung – Beweisantritt (also im Ergebnis quasi-enthymematisch). *Ein* praktischer Gebrauch der Reihe von rhetorischen Untersuchungen könnte also sein, die universitäre Lehre insoweit zu verändern, als zumindest auch andere Schluss- und Ausdrucksformen gelehrt werden, auf die Studierende im Berufsleben zuverlässig und geschult und je nach Bedarf zurückgreifen könnten. Ein Nebeneffekt der hier vollzogenen Methode lässt sich in der praktischen Lehre beobachten: Während man häufig den Eindruck hat, vielleicht auch aus eigener Erfahrung, dass sich Studierenden trotz aufmerksamer Lektüre Urteile nicht immer vollständig erschließen und es ihnen schwerfällt, die Begründungen im Einzelnen nachzuvollziehen und auch problematische Stellen zu erkennen, haben Seminare mit rhetorisch-analytischer Grundlage bereits einige Male ein besseres Verständnis der Begründungszusammenhänge allein durch die Anwendung der hier vorgestellten Methode der Logosanalyse hervorgebracht, wie die Studierenden zum Teil selbst angegeben und zum anderen Teil mindestens bestätigt haben. Eine Implementation der Methode in die universitäre Lehre verspricht damit auch das Potenzial, den wichtigen Ausbildungsteil der kritischen juristischen Urteilsanalyse sprachlich zu flankieren. Freilich geht der Effekt des besseren Verständnisses eines Urteils durch die Anwendung der rhetorischen Textanalyse auf die eingehende Beschäftigung mit dem jeweiligen Urteil zurück, die sich sonst sicherlich zum Teil in der einfachen oder zweifachen Lektüre des Textes erschöpft. Aber: Solange die Methode der rhetorischen Urteilsanalyse die Studierenden dazu bewegt, sich eingehend mit einer Entscheidung zu befassen und ihnen dabei noch eine Anleitung zu dieser Beschäftigung an die Hand gibt, ist dies kaum ein valides Argument *gegen* eine Implementation in den Studienbetrieb.

Von diesen praktischen Aspekten losgelöst ist die dennoch mit ihnen zusammenhängende Frage, wie die universitäre Lehre den Studierenden die Art und Weise der Rechtserzeugung nahebringt. Der von der Rhetorischen Rechtstheorie monierte Mangel an Pragmatismus schlägt auch hier durch, wenn von „Ableitung aus dem Gesetz" oder gar von „Begründung aus dem Gesetz" die

Rede ist. Spätestens mit Vorstellung der Konzepte der Regelbeispiele, der ungeschriebenen Tatbestandsmerkmale und der unbestimmten Rechtsbegriffe schlägt jedenfalls diese Anleitung fehl. Als Lösung werden Auslegungskanon, ständige Rechtsprechung und herrschende Meinung angeboten – allesamt legitime juristische Vorgehensweisen zur Rechtsfindung, allesamt topisch-rhetorisch konzipiert und ausgestaltet. Sicherlich soll Wissen vermittelt werden, und zwar sowohl Partikularwissen im Sinne von tradierten Rechtstheorien, Ausnahme- und Sonderfällen und gängigen Meinungen; dieses Wissen ist für die Ansätze zu einer praxisfesten Lösung eines Falls auch unerlässlich, wenn es auch gesammelt in Kommentarliteratur und Fallsammlungen zusammengestellt ist. Gleichzeitig, und so versteht der Verfasser die eigentliche Zielrichtung der juristischen Ausbildung, soll den Studierenden aber das juristische Handwerkszeug vermittelt werden, das in dem Maße an Wichtigkeit gewinnt, in dem gerade keine tradierten Meinungen für eine Falllösung vorliegen, sei es, weil es nach einem neuen Gesetz zu entscheiden gilt oder weil der Fortschritt von Gesellschaft und Technik eine Anpassung der Rechtsprechung und damit auch ihrer Begründung zeitigt[236]. Es versteht sich von selbst und bedarf insofern keiner weiteren als den bereits gemachten Ausführungen, dass Kenntnisse der problemorientiert-situativ angelegten Topik und des rhetorischen Schlusses das traditionell vermittelte Handwerkszeug praxisgerecht ergänzen.

Freilich stellt sich sodann die Frage, wie die Prämissen, Methode und Erkenntnisse einer beobachtenden Rhetorischen Rechtstheorie Eingang in den universitären Fachbetrieb finden sollen. Obwohl die Antwort hierauf nicht Kern der vorliegenden Arbeit ist, soll ein abschließendes *obiter dictum* hierzu einige Ideen[237] aufwerfen. Vorstellbar sind drei Ansätze, von denen zwei bereits im Laufe der Untersuchung angeklungen sind. Der wohl einfachste ist die Einrichtung von Workshops, in denen die Studierenden die Methode der rhetorischen Urteilsanalyse erlernen und ausüben; verknüpfbar wäre hiermit die kritische

236 Aktuelles Beispiel etwa BGH, Urt. V. 24.1.2013, AZ III ZR 98/12, in dem der Bundesgerichtshof feststellt, dass ein Internetzugang zu den heutigen Lebensgrundlagen gehört und dessen Ausfall insofern den Anbieter schadensersatzpflichtig macht. Noch vor einiger Zeit wäre ein solches Urteil angesichts der engen Definition der „Lebensgrundlage" und der hierzu tradierten Rechtsprechung (Wohnung, Kfz) wohl undenkbar gewesen.

237 Dass es hierzu der Überzeugung der meisten Methodenlehrer, der Universitätsverwaltungen, der Dekanate und letztlich des Gesetzgebers bedürfte, der die Ausbildungsgesetze und -ordnungen anpassen müsste, ist dem Verfasser klar, soll aber hier nicht gegenstandsleitend sein.

Betrachtung klassischer ausbildungsrelevanter Urteile wie etwa des Nassauskiesungsbeschlusses des Bundesverfassungsgerichts[238] oder etwa die *All-time Favourites* des Strafrechts wie Sirius[239], Katzenkönig[240] und Korrektur des Rücktrittshorizontes[241]. Die Schwierigkeit dieser einfach erscheinenden Maßnahme bestünde indessen darin, geeignete Dozenten in ausreichender Menge zu finden. Eine weitere Möglichkeit ist die persistente Durchdringung der Ausbildungsliteratur und, besser noch, der Repetitorien mit Hinweisen auf die pragmatischen und analytischen Vorteile der rhetorischen Urteilsanalyse und der topischen Denkweise. Angesichts der verhältnismäßig wenigen Verfechter ist auch dies eine Herkulesaufgabe. Den effektivsten, aber auch schwierigsten Weg, die Rhetorische Rechtstheorie Eingang in die Juristenausbildung finden zu lassen, hat *Andrea Heups* mit ihrer erwarteten Dissertation ins Auge gefasst: die Wiedereinführung eines an die Moderne angepassten Triviums, das alle Studierenden der Rechtswissenschaft propädeutisch durchlaufen sollen, ehe sie *in medias res* des eigentlichen Rechtsstudiums eintauchen[242]. Modifiziert werden müsste dieses Modell im Hinblick auf den Bestandteil der *Grammatik*, die sicherlich wichtig, aber eher in voruniversitären Institutionen verortet ist. Ihren Platz könnte die Topik einnehmen, die nach Ansicht des Verfassers einen konkreteren Bezug zum avisierten Lehrstoff eines rechtswissenschaftlichen Studiums aufweist. Auch die *Dialektik*, der zweite Bestandteil des Triviums, müsste zumindest insofern überdacht werden, als über die bloße Proponent-Opponent-Konstruktion hinaus beispielsweise Debattierübungen oder -clubs eingerichtet würden, wie es in den Vereinigten Staaten schon lange gang und gäbe ist. Überhaupt wäre ein Blick über den Atlantik bei einer solchen Umstellungsintention hilfreich, ist dort doch das *legal reasoning*[243] in verschiedenen Erscheinungsformen seit jeher fester Bestandteil der Juristenausbildung. Der dritte Teil des Triviums, die *Rhetorik*, könnte selbstredend, da sie das ideestiftende Objekt der Implementation einer

---

238 BVerfGE 58, 300 ff.

239 BGHSt 32, 38 ff.

240 BGHSt 35, 347 ff.

241 Z. B. BGH NStZ 2010, S. 146.

242 Zur Reform der modernen Juristenausbildung nach diesem Vorbild *Andrea Heups*, Diss. Hagen (in Arbeit).

243 Statt vieler etwa Harvard Law School (http://www.extension.harvard.edu/courses/13631, zuletzt aufgerufen am 28. Februar 2013), Stanford Law School (narrative skills; http://lawreg.stanford.edu/stanford/prereg/CourseDetails.asp?cClschedid=+26186, zuletzt aufgerufen am 28. Februar 2013) und Berkeley Law School (law and rhetoric; http://www.law.berkeley.edu/178.htm, zuetzt aufgerufen am 28. Februar 2013).

ähnlichen Ausbildung ist, als Eckstein und Kurs verbleiben, wobei ihr Lehrstoff für die Zwecke eines rechtswissenschaftlichen Studiums so verändert werden müsste, dass er bereits Bezüge zum später aufzugreifenden juristischen Lehrstoff beinhalten müsste.

VI. Schlusswort

Dass die aufgeführten Gruppen, seien sie nun echte Menschen oder abstrakte Konstrukte, Nutznießer der rhetorischen Untersuchungen juristischer Entscheidungstexte und in Sonderheit der vorliegenden Untersuchung sein könnten, ist freilich mehr frommer Wunsch des Verfassers als reelle *probabilitas*. Die aufgezeigten Tendenzen in strafrechtlichen Entscheidungen bekräftigen aber die Sicht der Rhetorischen Rechtstheorie auf die heutige Rechtslehre – dass ihr nämlich der Pragmatismus fehle und sie die Rhetorizität des Rechts unterschätze, wenn nicht gänzlich verkenne – und ebnen den Weg, einen mühsamen Stein nach dem anderen, für die Ankunft einer handhabbaren Theorie der Praxis, die sich mit jeder mit sie stützenden Ergebnissen abgeschlossenen Untersuchung einer Manifestation annähert.

Diese Untersuchung und ihre Ergebnisse sind nicht das Ende der rhetorischen Entscheidungsanalyse. Es bleibt die Hoffnung, dass noch viele weitere Werke in viele weitere Gerichtszweige rhetorische Einsicht nehmen und Ergebnisse zutage fördern, die die hier gemachten Entdeckungen perpetuieren, sukzedieren und promulgieren. Die Disziplin ist noch verhältnismäßig jung und hat bei allem Gegenwind dennoch das Potenzial, bei kritischen und reflektierten Denkern einen deliberativen und alternativen Funken metatheoretischer Rechtsbetrachtung zu entfachen. Es ist also nicht das Ende. Aber es ist *ein* Ende.[244]

244 Frei nach *Robert Jordan/Brandon Sanderson*, A Memory of Light, The Wheel of Time Book 14, New York 2013.

Literaturverzeichnis

Aichele, Alexander: Enthymematik und Wahrscheinlichkeit. Die epistemologische Rechtfertigung singulärer Urteile in Universaljurisprudenz und Logik der deutschen Aufklärung: Christian Wolff und Alexander Gottlieb Baumgarten, in: Das Enthymem: Zur Rhetorik des juridischen Begründens, Rechtstheorie, 42. Jahrgang, hrsg. v. Katharina von Schlieffen, 4/2011, S. 495 ff.

Alexy, Robert: Theorie der Juristischen Argumentation. Die Theorie des rationalen Diskurses als Theorie der juristischen Begründung, 3. Aufl., Frankfurt am Main 1996.

Aristoteles von Stagira: Erste Analytik, Ausgabe A. J. Jenkinson, Electronic Text Center, University of Virginia Library, 2001 (http://etext.lib.virginia.edu/etc bin/toccernew2?id=AriPrio.xml&images=images/modeng&data=/texts/eng lish/modeng/parsed&tag=public&part=all).

Aristoteles von Stagira: Nikomachische Ethik, Ausgabe H. Rackham: Aristotle: Nicomachean Ethics, Perseus Digital Library, Tufts University, Medford (http:// www.perseus.tufts.edu/hopper/text? doc=Perseus%3Atext%3A1999.01.0054).

Aristoteles von Stagira: Poetik, übers. u. hrsg. v. Manfred Fuhrmann, Stuttgart 1994.

Aristoteles von Stagira: Rhetorik, Ausgabe Rapp (übers. u. erl. von Christof Rapp, 2 Hlbbd., Berlin 2002).

Aristoteles von Stagira: Topik, übers. u. kommentiert von Tim Wagner/Christof Rapp, Stuttgart 2004.

Burton, Gideon: Silva Rhetoricae – The Forest of Rhetoric, 2007 (http://rhetoric. byu.edu/).

Cicero, Marcus Tullius: Topik, übers. v. Tobias Reinhardt, Oxford 2003.

Cicero, Marcus Tullius: De Oratore (Über den Redner), Ausgewählte Werke Bd. IV, hrsg. u. übers. v. Theodor Nüßlein, Düsseldorf 2008.

Cullmann, Timo: Autoritätsargumente in der Rechtsprechung des deutschen Bundesverwaltungsgerichtes und des englischen Court of Appeal, Diss. Hagen 2008.

Eisenhut, Werner: Einführung in die antike Rhetorik und ihre Geschichte, 5. unver. Aufl., Darmstadt 1994.

Esser, Josef: Vorverständnis und Methodenwahl in der Rechtsfindung. Rationalitätsgrundlagen richterlicher Entscheidungspraxis, durchges. u. erg. Aufl., Frankfurt a. M. 1972.

Finster, Reinhard: Organon, in: Joachim Ritter (Hrsg.), Historisches Wörterbuch der Philosophie, Bd. 6, Basel/Stuttgart 1984, Sp. 1363–1368.

Gabriel, Gottfried /Gröschner, Rolf: Subsumtion: Schlüsselbegriff der Juristischen Methodenlehre, Reihe Politika, Tübingen 2012.

Gast, Wolfgang: Juristische Rhetorik, 4., neub. u. erw. Aufl., Heidelberg 2006.

Georges, Karl Ernst: Ausführliches lateinisch-deutsches Handwörterbuch, aus den Quellen zusammengetragen und mit besonderer Bezugnahme auf Synonymik und Antiquitäten unter Berücksichtigung der besten Hilfsmittel ausgearbeitet. Unveränderter Nachdruck der 8. verbesserten und vermehrten Auflage, von Heinrich Georges, 1. Bd, 1998 (Neudruck der Ausgabe 1913).

Heups, Andrea: Diss. Hagen 2014 (in Arbeit).

Heyder, Udo: Gültigkeit und Nutzen der besonderen juristischen Schlussformen in der Rechtsfortbildung, ...Bonner Rechtswissenschaftliche Abhandlungen, Neue Folge, Bd. 6, Göttingen 2010.

Jordan, Robert /Sanderson, Brandon: A Memory of Light, The Wheel of Time Book 14, New York 2013.

Käding, Hauke: Diss. Hagen 2013 (in Arbeit).

Kaufmann, Arthur: Das Verfahren der Rechtsgewinnung. Eine rationale Analyse, München 1999.

Knape, Joachim/Schirren, Thomas: Aristotelische Rhetorik-Tradition: Akten der 5. Tagung der Karl-und-Gertrud-Abel-Stiftung vom 5.–6. Oktober 2001, Tübingen.

Kraus, Manfred: Deduktion, Reduktion, Kontradiktion: Rhetorische Theorien des Enthymems, in: Rechtstheorie, 42. Jahrgang, hrsg. v. Schlieffen, 4/2011, S. 417 ff.

Kraus, Manfred: Enthymem, Historisches Wörterbuch der Rhetorik, Bd. 5, hrsg. v. Gert Ueding, Tübingen 2001, Sp. 624 ff.

Krawietz, Werner/Morlok, Martin: Vom Scheitern und der Wiederbelebung juristischer Methodik im Rechtsalltag – ein Bruch zwischen Theorie und Praxis?, Rechtstheorie 32 (2001), Heft 2/3.

Martin, Josef: Antike Rhetorik. Technik und Methode, München 1974.

Meyer-Goßner, Lutz/Appl, Ekkehard: Die Urteile in Strafsachen, 27. Auflage, München 2002.

Morier, Henri: Dictionnaire de Poétique et de Rhétorique, Paris 1961.

Neumann, Ulfrid: Juristische Argumentationslehre, Erträge der Forschung Bd. 244, Darmstadt 1986.

Nierhauve, Christian: Über die Rechtsklugkeit, Diss. Hagen 2013 (in Arbeit).

Peacham, Henry: The Garden of Eloquence, orig. v. 1577, Nachdruck 1977, Menston, Yorkshire, England.

Perelman, Chaïm: Juristische Logik als Argumentationslehre, übers., bearb. u. erg. v. Jan M. Broekman, München 1979.

Quintilianus, Marcus Fabius: Ausbildung des Redners (institutio oratoria), lateinisch und deutsch, hrsg. u. übers. v. Helmut Rahn, einbd. Sonderausgabe, 5. Aufl. 2011.

Rapp, Christof: Aristoteles, Rhetorik, übers. u. erl. von Christof Rapp, 2 Hlbbd., Berlin 2002.

Robling, Franz-Hubert: Ethos, in: Historisches Wörterbuch der Rhetorik, Bd. 2, hrsg. v. Gert Ueding, Tübingen 1994, Sp. 1516 f.

Rodingen, Hubert: Von der Rationalität der Topik, in: Ottmar Ballweg/Thomas-Michael Seibert (Hrsg.), Rhetorische Rechtstheorie, München 1982, S. 181 ff.

von Schlieffen, Katharina: Rhetorische Rechtstheorie, in: Gert Ueding (Hrsg.), Historisches Wörterbuch der Rhetorik, Bd. 8, Tübingen 2007, Sp. 197 ff.

von Schlieffen, Katharina: Wie Juristen begründen, JZ 3/2011, S. 109 ff.

von Schlieffen, Katharina: Das Enthymem: Zur Rhetorik des juridischen Begründens, Rechtstheorie, 42. Jahrgang, hrsg. v. Katharina von Schlieffen, 4/2011.

von Schlieffen, Katharina: Zur topisch-pathetischen Ordnung juristischen Denkens. Resultate empirischer …Rhetorikforschung, in: Die Sprache des Rechts Bd. 2, hrsg. v. Kent D. Lerch, Berlin/New York 2005, S. 405 ff.

von Schlieffen, Katharina: Rhetorik und Stilistik in der Rechtswissenschaft, in: Rhetorik und Stilistik, hrsg. v. Ulla Fix/Andreas Gardt/Joachim Knape, 2. Hlbbd., Berlin 2009, Sp. 1811.

von Schlieffen, Katharina: Rhetorik, in: Volker Römermann/Christoph G. Paulus (Hrsg.), Schlüsselqualifikationen …für Jurastudium, Examen und Beruf. Ein Lehrbuch, München 2003, § 36.

von Schlieffen, Katharina: Recht rhetorisch gesehen, in: Juristische Arbeitsblätter (JA) 1/2013, S. 1 ff.

von Schlieffen, Katharina: Rhetorische Analyse des Rechts, in: Rouven Soudry (Hrsg.), Rhetorik: Eine interdisziplinäre Einführung in die rhetorische Praxis, Heidelberg 2006, S. 42 ff.

von Schlieffen, Katharina: „Sie bringen mir ganze Bogen, und ich verstehe nichts davon“ – Altes und Neues zur Rechtssprache als Fachsprache, in: Festschrift für Ulrich Eisenhardt zum 70. Geburtstag, hrsg. v. Ulrich Wackerbarth/ Thomas Vormbaum/Hans Peter Marutschke, München 2007, S. 87 ff.

von Schlieffen, Katharina: Wie überzeugt der Richter sein Auditorium?, in: Justice – Justiz – Giustizia 3/2009.

von Schlieffen, Katharina/Michaelis, Lars Oliver: Schlüsselqualifikation Rhetorik, in: JA 8/9 2003, S. 718 ff.

Schopenhauer, Arthur: Die Kunst, Recht zu behalten (urspr. um 1830), 3. Auflage, Hamburg 2010.

Seibert, Thomas-Michael: Gerichtsrede. Wirklichkeit und Möglichkeit im forensischen Diskurs, Schriften zur Rechtstheorie Heft 222, Berlin 2004.

Smith, Robin: Aristotle's logic, in: Stanford Encyclopedia of Philosophy, grundl. überarb. 2011 (http://plato.stanford.edu/entries/aristotle-logic/#AriLogWorOrg).

Sobota, Katharina: Sachlichkeit. Rhetorische Kunst der Juristen, Frankfurt a. M. 1990.

Sobota, Katharina: Rhetorisches Seismogramm – eine neue Methode in der Rechtswissenschaft, in: JZ 5/1992, S. 231 ff.

Sobota, Katharina: Argumente und stilistische Überzeugungsmittel in Entscheidungen des Bundesverfassungsgerichts, in: Joachim Dyck/Walter Jens/Gert Ueding (Hrsg.), Rhetorik. Ein internationales ...Jahrbuch, Bd. 15, Juristische Rhetorik, Tübingen 1996, S. 115 ff.

Sobota, Katharina: Reflexion und Imitation in der Rechtsmethodik, in: Kritik und Vertrauen. Festschrift für Peter Schneider zum 70. Geburtstag, hrsg. v. Erhard Denninger/Manfred O. Hinz/Peter Cornelius Mayer-...Tasch/Gerd Roellecke, Frankfurt a. M. 1990, S. 501 ff.

Solbach, Markus: Politischer Druck und richterliche Argumentation, Recht und Rhetorik 2, hrsg. v. Katharina von Schlieffen, Frankfurt am Main 2003.

Starck, Christian in: Gerd Roelleke/Christian Starck/Rupert Scholz/Eberhart Schmidt-Assmann (Hrsg.), Die Bindung des Richters an Gesetz und Verfassung,

Veröffentlichungen der Vereinigung der Deutschen Staatsrechtslehrer (VVDStRL) Bd. 34, Berlin/New York 1976, § 19.

Stepputat, Caroline: Diss. Hagen 2013 (in Arbeit).

Stree, Walter/Kinzig, Jörg in: Adolf Schönke/Horst Schröder (Hrsg.), Strafgesetzbuch. Kommentar, 28. Auflage, München 2010.

Toulmin, Stephen E.: The Uses of Argument, Updated Edition, New York 2003.

Ueding, Gert: Historisches Wörterbuch der Rhetorik, 10 Bände, Tübingen 1987 bis 2012.

Viehweg, Theodor: Topik und Jurisprudenz. Ein Beitrag zur rechtswissenschaftlichen Grundlagenforschung, 5., durchges. und erw. Aufl., München 1974.

White, James Boyd: Heracles' Bow: Essays on the Rhetoric and Poetics of Law, University of Wisconsin Press, Madison, WI., (Neudruck 1989).

White, James Boyd: Law as Rhetoric, Rhetoric as Law: The Arts of Cultural and Communal Life, in: *The University of Chicago Law Review* Vol. 52, 3/1985, S. 684–702.

Winhart, Heike: Funktionsverbgefüge im Deutschen. Zur Verbindung von Verben und Nominalisierungen, Diss. phil. Tübingen 2002.

Markus H. Wörner: Enthymeme – ein Rückgriff auf Aristoteles in systematischer Absicht, in: Ottmar Ballweg/Thomas-Michael Seibert (Hrsg.), Rhetorische Rechtstheorie, München 1982, S. 73 ff.

van Zantwijk, Temilo: Das Enthymem: Fragmentarische Ordnung und rhetorische Wahrscheinlichkeit, in: Das Enthymem. Zur Rhetorik des juridischen Begründens, hrsg. v. Katharina von Schlieffen, Rechtstheorie, 42. Band, 4/2011, S. 437 ff.

Zundel, Eckart: Clavis Quintilianea. Quintilians „Institutio oratoria" aufgeschlüsselt nach rhetorischen Begriffen, Darmstadt 1989.

Abbildungsverzeichnis

Recht und Rhetorik

Herausgegeben von Katharina Gräfin von Schlieffen

Band 1 Ottmar Ballweg: Analytische Rhetorik. Rhetorik, Recht und Philosophie. Herausgegeben von Katharina Gräfin von Schlieffen. 2009.

Band 2 Markus Solbach: Politischer Druck und richterliche Argumentation. Eine rechtsrhetorische Analyse von Entscheidungen des Bundesverfassungsgerichts. 2003.

Band 3 Agnes Launhardt: Topik und Rhetorische Rechtstheorie. Eine Untersuchung zu Rezeption und Relevanz der Rechtstheorie Theodor Viehwegs. 2010.

Band 4 Frank Puchert: Entscheidungsfaktoren in der öffentlichen Verwaltung am Beispiel der Windenergie im Landkreis Aurich. 2010.

Band 5 Lewis Atholl Johnston: Die rhetorische Architektur erstinstanzlicher Strafentscheidungen. 2015.

www.peterlang.com

www.ingramcontent.com/pod-product-compliance
Ingram Content Group UK Ltd.
Pitfield, Milton Keynes, MK11 3LW, UK
UKHW021823290926
8980IPUK00004B/233